D1718425

Aufbruch in die Moderne

Die Delmenhorster Rathausanlage des Bremer Architekten Heinz Stoffregen 1908/1925

Gerhard Kaldewei und Birgit Lohstroh (Hg.)

Aufbruch in die Moderne

Die Delmenhorster Rathausanlage des Bremer Architekten Heinz Stoffregen 1908/1925

110 Abbildungen

EDITION TEMMEN

Impressum

Konzeption:
Gerhard Kaldewei

Mitarbeit:
Nils Aschenbeck, Günter Bott, Egon Büsing, Kornelia Buhr, Dieter Evers, Torsten Franke, Werner Garbas, Norbert Gerdes, Adam Haase, Margarethe Haberecht, Gerda Hartmann, Matthew Jefferies, Alfred Löhr, Johannes Lukowitz, Michael Mende, Hans-Hermann Precht, Ursula Maria Schute, Gerd Thume und Claudia Turtenwald

Herausgeber und Redaktion:
Gerhard Kaldewei und Birgit Lohstroh

Übersetzung aus dem Englischen:
Birgit Lohstroh

Gestaltung und Satz:
Katja Philipsenburg

Fotografien:
Norbert Gerdes

Gesamtherstellung:
Edition Temmen
Hohenlohestr. 21 – 28203 Bremen
Tel. 0421/34 84 30 – Fax 0421/34 80 94
Mail: info@edition-temmen.de
Internet: www.edition-temmen.de

ISBN 3-86108-393-0

Alle Rechte vorbehalten

© 2003 Edition Temmen, Bremen, die Autoren und Fotografen
© 2003 für die abgebildeten Werke von Peter Behrens, Braque, Ludwig Mies van der Rohe, Pablo Picasso bei VG Bild-Kunst, Bonn

Inhalt

Zur Geschichte des Rathauses zu Delmenhorst – *Gerhard Kaldewei*

16 »Das stolze Wahrzeichen Kalkars«

17 »In castro nostro Delmenhorst...« 1259

18 »... zum gebewte unses Rathauses« zu Delmenhorst 1627

20 Das erste Delmenhorster Rathaus »bey der Zollboten« 1699

21 Von der »Schließerei« zum Rathaus 1821

21 Delmenhorster Rathauswettbewerb 1908

22 Von der »Wehre« zum Marktplatz

24 »... noch einer baulichen Lösung harrende Platz« 1920/25

24 »Die Arkaden sind ein optisches Hindernis ...« – Abriss 1955

25 »Vorschläge für die zukünftige Bebauung der Rathausumgebung« in den 1960er Jahren

27 »Im Zuge der Verbesserung des Images der Innenstadt...« – Neugestaltung des Rathausplatzes in den 1970er Jahren

27 »Aufbruch in die Moderne« – Das Delmenhorster Rathaus von 1909/14

29 Stoffregens Delmenhorster Rathausanlage: »prächtige Harmonie« (1930) von »herbem Charme« (1985)

Rathäuser im Oldenburger Land – *Ursula Maria Schute*

36 Rathäuser im Oldenburger Land

Das Neue Rathaus in Hannover von 1913 – *Michael Mende*

46 Der Auftritt des bürgerlichen Souveräns

47 Das Ergebnis gut einhundertjährigen Bemühens

49 Die Wahl geeigneter Vorbilder

51 Die Repräsentation von Macht und Eintracht

55 Stilwechsel zum Abschluss einer Epoche

Das Neue Rathaus in Bremen (1913) – *Ernst Ehrhardt*

60 Das Neue Rathaus in Bremen

Das Wilhelmshavener Rathaus – *Claudia Turtenwald*

68 Die »Burg am Meer«

70 Das Rathaus als Bauaufgabe

70 Die Wettbewerbe zum Rathaus in Wilhelmshaven

71 Das erste Projekt für die Bebauung der Zentralanlagen von 1911 bis 1913

72 Der Plan von Martin Wagner

73 Der Plan von Heinz Stoffregen

73 Das Ergebnis des Wettbewerbs

74 Das zweite Projekt von 1915-1918

74	Das Ergebnis des Projekts
74	Das dritte Projekt von 1926 bis 1927
75	Das vierte Projekt ab 1927
76	Der Bauverlauf
76	Der Ausbau des Wilhelmshavener Rathauses
78	Die Ausgestaltung des Inneren
79	Der Rathausplatz
79	Zwei Pläne für Rathausplatz- und Rathausgartengestaltung
80	Vergleichbare Rathausprojekte der Zwanziger Jahre
82	Anmerkungen

Die Erfahrungen einer einfachen Stadt – *Matthew Jefferies*

90	Delmenhorsts »unvorhergesehener Vorteil«
92	Erich Kochs »Städtischer Sozialismus«
95	Linoleum: Ein echtes Kulturprodukt?
97	Heinz Stoffregen und das Neue Delmenhorst
102	Heinz Stoffregen und die Anker-Marke

Stadtkrone Delmenhorst – *Nils Aschenbeck*

108	Unordnung
109	Personen und Projekte
111	Neuordnung
116	Tempelbezirk
116	Wasserturm und Feuerwache
116	Hauptflügel
118	Markthalle
118	»Kriegerehrung«
118	Stadtkrone
121	Anmerkungen

Über den Rathaus-Wettbewerb in Delmenhorst (1909) – *Emil Högg*

| 124 | Über den Rathaus-Wettbewerb in Delmenhorst (1909) |

Die Delmenhorster Rathausanlage – *Gerd Thume/Egon Büsing*

134	Archaischer Torso Apollos
135	Literatur
136	Abbildungsverzeichnis

zum Delmenhorster Rathaus-Projekt 2003

»... alles, was zu (...) dieser Stadt Besten gereichen kan«

aus der Delmenhorster Bürgereidformel um 1700

Links:
Bogenöffnung am Arkadengang zwischen
Rathausgebäude und früherem Feuer-
wehrgebäude der Delmenhorster Rat-
hausanlage

Rechts:
Die Rathausanlage Delmenhorst, aus der
»Präsentationsmappe« von H. Stoffregen

Das Rathaus zu Münster in einer kolorierten Feder-
zeichnung um 1800 (Stadtmuseum Münster).

Vorwort

Zu allen Zeiten war das Rathaus nicht nur im »Alten Reich«, sondern auch im »alten Europa«, nicht allein ein kommunales Verwaltungsgebäude – es symbolisierte in seiner Architektur und mehr oder weniger aufwändigen Innenausstattung das Selbstverständnis, die Macht und den Reichtum der jeweiligen Stadt bzw. des Stadtstaates. So ist es auch fast banal, festzustellen, dass jedes Rathaus aufs engste mit der Geschichte seiner Kommune verknüpft ist, ja auch diese sich oftmals und in vielfältigen Aspekten in dessen Architektur und Ausstattung widerspiegelt.

Beispielhaft herausgegriffen sei in diesem Zusammenhang das berühmte Rathaus der westfälischen Haupt- und Hansestadt Münster, die sich ja schon seit der Zeit Karls des Großen vor 800 aus einer fränkischen Klostergründung und einer entsprechenden Marktsiedlung an der Aa zu einer bedeutenden Stadtansiedlung entwickelte, die erstmals 1137 als »civitas« bezeichnet wurde. Das erste Rathaus wird schon für 1250 genannt.

Um 1350/80 wird dieses Münsteraner Rathaus dann umgebaut und erhält seine gotische Schaufassade zum Prinzipalmarkt hin. Mit seinem filigranen Treppengiebel und dem großartigen Skulpturenprogramm galt es als ein Hauptwerk des gotischen Profanbaus in Europa. Es spiegelte somit in seiner herausragenden Architektur auch die Bedeutung und Macht der überregional wirkenden Handelsstadt im Zeichen der Hanse wider. Stellung und Funktionen eines solchen spätmittelalterlichen Rathauses werden z.B. auch in einem überkommenen historischen Objekt wie dem »Türwärterstab« (heute im Besitz des Stadtmuseums Münster) symbolisiert: Dies ist ein hölzerner, mit Silberbeschlägen versehener, teilweise vergoldeter, langer Stab, der vor 1545 angefertigt worden ist und dem städtischen Türwärter als Zeichen seines Amtes diente.

Der Türwärter war nach dem Syndikus und dem Stadtsekretär der wichtigste städtische Beamte: Er war für die Ordnung der Ratskammer zuständig, rief die Parteien vor die Schranken des Ratsgerichts, war Vorgesetzter der städtischen Büttel und Polizisten und Hausmeister des Rathauses; in dieser Funktion beaufsichtigte er auch das Ratssilber, die Rüstkammer sowie die Arbeiten an städtischen Gebäuden. Ähnliche Objekte für vergleichbare Funktionen (»Ratsdienerstäbe«) sind auch noch aus dem historischen Rathaus der Stadt Köln überliefert (heute im Besitz des Kölnischen Stadtmuseums).

Von ganz besonderer Bedeutung für die Stadt Münster und damit auch für das Rathaus derselben wurden die langjährigen Friedensverhandlungen zur Beendigung des Dreissigjährigen Krieges ab 1643, die dort und im Rathaus zu Osnabrück stattfanden. Zuvor wurde das Rathaus zu Münster umfassend renoviert und teilweise im zeitgemäßen Renaissance-Stil neu gestaltet. Hier fanden dann auch 1648 die Feierlichkeiten zum Abschluss des Westfälischen Friedens statt. Dafür wurde die alte Ratsstube des Rathauses aufwändig umgestaltet und neu vertäfelt – es entstand der heute noch berühmte »Friedenssaal« zu Münster.

Welche Bedeutung die Stadt Münster ihrem einstmaligen Symbol kommunaler Selbständigkeit beigemessen hat, wird auch und insbesondere in der »Wiederaufbauzeit« nach dem Ende des Zweiten Weltkriegs 1945 deutlich. Wie die meisten Bauwerke der historischen Altstadt von Münster wurde auch das Rathaus 1944 durch einen schweren Bombenangriff weitgehend zerstört. Schon zur 300-Jahrfeier des Westfälischen Friedens 1648/1948 wurde der »Friedenssaal« wieder eingebaut, ab 1948 dann auch der Wiederaufbau des Rathauses mit Hilfe der örtlichen Kaufmannschaft in Angriff genommen: »Wie einst das stolze Rathaus auf den Grundfesten des Gemein-

oben:
Erich Koch-Weser (1875–1944), Bürgermeister in Delmenhorst von 1901 bis 1909.

unten:
Wiederaufbau des Rathauses zu Münster, Entwurfszeichnung von Heinrich Benteler, 1949.

sinns der Bürger erwuchs und wie auch der Wiederaufbau des Friedenssaales im Jahre 1948 der Initiative und tätigen Mitwirkung münsterischer Bürger zu danken war, so müssen auch Bürgerstolz und Opfersinn das Werk vollenden und das münsterische Rathaus wiedererstehen lassen als Wahrzeichen echten Bürgersinns und eines der Vergangenheit ebenso wie der Zukunft verpflichteten westfälischen Bewußtseins, ›Ehr is Dwang nog!‹«

Bei der notwendigen Neugestaltung des Ratssaales orientierte man sich an denjenigen der historischen Rathäuser in Lüneburg und Bremen als Vorbilder. Schlussendlich war 1954 der Außenbau und 1958 auch der Innenausbau fertig gestellt – das »historische« Rathaus zu Münster war wiederaufgebaut.

Bedeutung und Größe der jeweiligen Stadt spiegeln sich vornehmlich in der Architektur des Rathauses wider; die vielfältigen Funktionen des »alten Rathauses« kann man teilweise noch heute in den inneren Räumlichkeiten, der Ausstattung bzw. den überkommenen historischen Objekten erkennen.

Das Rathaus diente in früheren Zeiten auch als Gerichtsort, als Handelsplatz, als Festsaal, sogar als Gefängnis, vielerorts gab es einen »Ratskeller«, auch das Stadtarchiv befand sich zumeist dort, und daneben war es der angemessene Ort der kommunalen Selbstverwaltung. Ursula Maria Schute betont also ganz zu Recht, dass das »altdeutsche Rathaus (...) nur in geringem Umfange zu Verwaltungszwecken« diente.

Anstelle des leider nicht ausleihbaren o.e. Münsteraner »Türwärterstabs« als Symbol der Macht der alten Stadt zeigt die Sonderausstellung der Museen der Stadt Delmenhorst auf der Nordwolle aus Anlass des 100jährigen Jubiläums der Erhebung von Delmenhorst zur »Stadt 1. Klasse« 1903/2003 vom 7. 9. – 9. 11. 2003 unter dem Titel »Aufbruch in die Moderne – Die Delmenhorster Rathaus-Anlage des Bre-

mer Reformarchitekten Heinz Stoffregen 1908/2003« einen funktionell vergleichbaren »Ratsdienerstab«, der aus dem Kölner Rathaus stammt (heute im Besitz des Kölnischen Stadtmuseums) sowie beispielsweise einen »Eidkasten« aus dem Lüneburger Rathaus (heute im Besitz des Museums für das Fürstentum Lüneburg), welcher im ersten Drittel des 17. Jahrhunderts entstanden ist und zur Ableistung des Bürgereides – »Stadtluft macht frei!« – diente.

In der Stadt Delmenhorst z.B. konnte nach dem Bürgerrechtsstatut von 1591 nur ein »Qualificirter«, der ein Haus besaß, Bürger der Stadt werden. Die überlieferte Bürgereidformel hier lautete um 1700: ›Ich schwere hiermit zu Gott einen leiblichen Eyd, dahs ich (...) Bürgermeister und Raht dieser Stadt Delmenhorst in allen begebenheiten zu Fried- und Kriegszeiten, vornehmblich bei der Festung hieselbst, hold, getreu und gehorsam sey, auch alles, was zu (...) dieser Stadt Besten gereichen kan und mag, nicht verheln, sondern alhs einem getreuen unterthan und Bürger gebühret, offenbahren und befordern wil. So wahr helffe mir Gott und sein heiliges Wort.«

Ein »Richtschwert«, das im Jahre 1582 in Osnabrück käuflich erworben wurde für das Stadtgericht von Jever (heute im Besitz des Schlossmuseums Jever), steht für das alte Rathaus als Gerichtsort: Neben der Rechtsfigur der Justitia ist hier auf der Schneide ein Sinnspruch eingraviert: ›Ihr gottlose menschen Kinder,/ Unbußfertige Frevler Sünder,/ Schaut in wunder waß für Straffe,/ Treffen wird Dich Sündensklave./ Ich dass werckzeug, glaube mir,/ Treibe keinen Spott mit Dir./ Ich muß Straffen Dass verbrechen,/ Als mit Recht und Richter sprechen.« Für das alte Rathaus als Ort des Feierns und der Feste steht in Delmenhorst z.B. ein Zinnpokal, ein sog. »Zweimannsbecher«, der postum vom Bürgermeister Johannes Bödeker 1648 der St. Polycarpus-Bruderschaft von 1454 gestiftet worden ist. Einige Jahre später, 1656, stiftete dessen Sohn Berendt Bödeker, ein studierter Jurist

– auch er war Bürgermeister von Delmenhorst, nämlich in den Jahren 1655-1666 – ebenfalls einen »Zweimannsbecher« der Gilde (beide heute als Dauerleihgaben im Stadtmuseum Delmenhorst). Beide Bürgermeister mußten zuvor folgenden Eid ablegen:»Ihr sollet geloben und schweren (...), Wie auch dieser Stadt und weichbildt Delmenhorst und dehsen gemeiner bürgerschafft aufnehmen und gedeyen euch getreulich und vleihsig angelegen sein lahsen, den armen als den reichen recht thuen und verhelffen, So dan mit gemeinen Guthe dieser Stadt getreulich umbgehen, und es wol verwalten (...).« Die beiden o.e. Zinnbecher und weitere überlieferte 17 Pokale dienten vornehmlich zum Braunbiertrinken beim jährlichen Gildefest zu Johanni. In vielen früheren Rathäusern war oftmals ein Raum als »Wachtstube« eingerichtet, etwa so wie sie der Oldenburger Hofmaler Wolfgang Heimbach 1678 in einem Ölbild (heute im Besitz des Oldenburger Landesmuseums für Kunst und Kulturgeschichte) verewigt hat. Für die Stadt Delmenhorst können wir das erste erwähnte »Rathaus« 1663 in einem Gebäude lokalisieren, das neben dem ursprünglich mittelalterlichen Wildeshauser Tor als neues »Wachthaus« errichtet wurde. Ein weiterer Raum im »alten Rathaus« diente vielerorts als städtisches Archiv, wie z.B. die »Alte Kanzlei« im historischen Rathaus zu Lüneburg. Hier befand sich früher auch eine kleine »Brieflade«, ein farbig gefaßter, mit Eisenbeschlägen versehener Eichenholzkasten aus dem Anfang des 16. Jahrhunderts (heute im Besitz des Stadtarchivs Lüneburg). Auch in der »Minderstadt« Delmenhorst hat es ein solches »Stadtarchiv« früher gegeben: 1717 berichtet der Stadtsekretär Hellmann, er habe bei seinem Amtsantritt auf dem Rathaus (sic!) alles »in lauter confusion undt unordenunge« gefunden, aber trotzdem »auch manch schönes Documentum von gäntzlichen Verderb auhs dem Mause Schrot hervorgesuchet«.

Einer der selbstverständlichen Hauptzwecke sowohl des »alten« aber ebenso des »neuen« Rathauses war natürlich, der Ort zu sein, an dem die regelmäßig stattfindenden Stadtratssitzungen abgehalten wurden und werden. So wurde es z.B. in einem großformatigen Ölgemälde des Oldenburger Heimatmalers Bernhard Winter (1871-1964) im Kriegsjahr 1942 festgehalten: »Beratung mit den Beigeordneten der Stadt Oldenburg« (heute im Besitz des Stadtmuseums Oldenburg). Dieses Bild war übrigens eine Auftragsarbeit für die im Dritten Reich herrschende Oldenburger NSDAP.

Wenn man an diese unselige Zeit denkt, so wird auch deutlich, dass kommunale Selbstverwaltung – symbolisiert im Rathaus der Stadt – keineswegs immer und zu allen Zeiten tatsächlich dem Wohle der Bürger gedient hat. Und so hat es auch schon um 1338/39 der bedeutende Maler der italienischen Frührenaissance, Ambrogio Lorenzetti (1290-1348), in der Sala della Pace des berühmten Rathauses von Siena – dem zwischen 1288 und 1309 errichteten monumentalen Palazzo Pubblico an der berühmten Piazza del Campo – in einem großformatigen Fresko ausgedrückt, welches das Thema »des guten und des schlechten Stadtregiments« darstellt. Es zeigt einen Querschnitt des mittelalterlichen Alltags in und um Siena und sollte eine immerwährende Erinnerung an die hohe Verantwortung der Stadtväter sein, zum Wohle aller Bürger zu regieren: »Insbesondere die Erzählung von den Vorzügen eines guten Stadtregiments geriet derart eindrucksvoll, dass sie bis in unsere Zeit hinein ihre Ausstrahlungskraft beibehalten konnte. Dabei scheint das im Fresko thematisierte politische Programm der Utopie einer gelungenen städtischen Lebensweise ungebrochen« – so formulierte es der Bremer Kunsthistoriker Michael Müller in einem Aufsatz in einer Architekturzeitschrift 2001.

Dieses Gelingen einer urbanen Lebensweise zeitigte die »Werkbundstadt« Delmenhorst vor allem in der Epoche zwischen 1900 und 1933: die im letzten Drittel des 19. Jahrhunderts sehr schnell gewachsene Ackerbürgerstadt war zu einer der bedeutendsten Industriestädte in Nordwestdeutschland emporgestiegen: 1903 wurde sie zur »Stadt 1. Klasse« im Großherzogtum Oldenburg erhoben. Dieser umfassende »Aufbruch in die Moderne« ist verbunden vor allem mit der Ära (von 1901 bis 1909) des Delmenhorster Bürgermeisters und späteren Reichsministers in der Weimarer Republik, Erich Koch-Weser (1875–1944). Ihm im wesentlichen ist es auch zu verdanken, dass ab 1908 und bis 1925 in Delmenhorst die großartige und umfassende neue Rathausanlage des damals noch jungen Bremer Reformarchitekten Heinz Stoffregen (1879–1929) gebaut werden konnte. Ungefähr zur selben Zeit entstanden auch das Neue Rathaus in Hannover, die Rathauserweiterung des Alten Rathauses in Bremen unter Gabriel von Seidl und Ende der 1920er Jahre die »Burg am Meer«, das Rathaus der heutigen Stadt Wilhelmshaven.

Die Delmenhorster Rathaus-Anlage ist das herausragende architektonische, städtebauliche und kulturelle Symbol für den o.g. »Aufbruch in die Moderne« der Stadt. Das Delmenhorster Rathaus markiert also auch heute noch und ebenso für die Zukunft Anspruch und Möglichkeiten gediegener »Stadtbaukultur« in einer mittelgroßen Kommune mit langer und bedeutender Geschichte.

Delmenhorst, im Juli 2003
Dr. Gerhard Kaldewei
Museen der Stadt Delmenhorst

Oben:
Heinz Stoffregen (1879–1929)

Unten:
Logo des Bremer Reformarchitekten Heinz Stoffregen

Gerhard Kaldewei

Zur Geschichte des Rathauses zu Delmenhorst zwischen Früher Neuzeit und Moderne

Links:
Detail einer hölzernen Skulpturenleiste vom Sei-
teneingang (früher zum Standesamt).

Rechts:
Skizze zur Markthalle, aus der »Präsentations-
mappe« von H. Stoffregen

Oben:
Jan Joest, Tafelbild der »Auferweckung des Lazarus« (1509) vom Kalkarer Hochaltar in St. Nicolai

Vom »guten und schlechten Stadtregiment«

In Siena, der früheren toskanischen Stadtrepublik, fertigte um 1338/39 der bedeutende Maler der italienischen Frührenaissance, Ambrogio Lorenzetti (1290-1348), in der Sala della Pace des dortigen Rathauses – dem zwischen 1288 und 1309 errichteten monumentalen Palazzo Pubblico an der berühmten Piazza del Campo – ein großformatiges Fresko an, welches das Thema »des guten und des schlechten Stadtregiments« darstellt:[1] es zeigt einen Querschnitt des mittelalterlichen Alltags in und um Siena und sollte eine immerwährende Erinnerung an die hohe Verantwortung der Stadtväter sein, zum Wohle aller Bürger zu regieren: »Insbesondere die Erzählung von den Vorzügen eines guten Stadtregiments geriet derart eindrucksvoll, dass sie bis in unsere Zeit hinein ihre Ausstrahlungskraft beibehalten konnte. Dabei scheint das im Fresko thematisierte politische Programm der Utopie einer gelungenen städtischen Lebensweise ungebrochen.«[2]

In den mittelalterlichen europäischen Stadtrepubliken, aber auch in vielen anderen wichtigeren Städten war das Rathaus – neben den Kirchen, Kathedralen oder Domen – das bedeutendste öffentliche Gebäude. Neben den sakralen Gebäuden waren sie die profanen Zentren politischer Macht und kommunaler Selbstverantwortung. Das Rathaus blieb »unter allen Staatsbauten immer das vornehmste Gebäude; in kein anderes wurde so viel an Ideen und Ausschmückung investiert.«[3] Die Dimension des Gebäudes, die Architektur und die Ausstattung waren selbstverständlich vom Ansehen, von der Bedeutung und vom Reichtum der jeweiligen Stadt abhängig. So sind bis heute die gewaltigen und äußerst prunkvollen Rathäuser italienischer Stadtrepubliken wie eben Siena oder Venedig bzw. deutscher reichsfreier Städte wie Augsburg oder Nürnberg höchst markante Symbole machtvollen Bürgertums. Dies gilt aber vielfach auch für viele kleinere Städte im Alten Reich.

»Das stolze Wahrzeichen Kalkars«

Beispielhaft herausgegriffen sei hier die niederrheinische Stadt Kalkar im früheren Herzogtum Kleve-Jülich-Berg und Mark.[4] Der Begründer der Volkskunde in Deutschland, Wilhelm Heinrich Riehl, bezeichnete 1869 in seinem »Wanderbuch« das backsteinerne Kalkarer Rathaus am Marktplatz als »das einfach schöne gotische« Gebäude; der Kalkarer Stadtarchivar Pfarrer J.A. Wolff erklärte 1893 »das stattliche Gebäude mit seinen einfach edlen Bildungen und seinen so fein abgewogenen Verhältnissen« gar als »ein wahres Muster seiner Gattung«;[5] der Düsseldorfer Kunst- und Architekturhistoriker Richard Klapheck nannte es 1930 dann »das stolze Wahrzeichen Kalkars«, welches »in seiner Geschlossenheit wie eine kleine Festung im Ort, wie ein trutziger toskanischer Stadtpalast« wirke.[6]

Es wurde in den Jahren 1436-1446 auf Kosten der Stadt und mit Hilfe reicher Bürger und Bruderschaften von Johann Wyrenbergh, dem Baumeister Herzog Adolphs von Kleve, errichtet. Diesem »Denkmal selbstbewußten Bürgerstolzes« (R. Klapheck 1930) wurde 1558 von Meister Claes aus Nimwegen ein reich gestaltetes Renaissance-Sandsteinportal vorgeblendet: bekrönt von einer Justitia-Skulptur ist im Portalgiebel der lateinische Sinnspruch »Diligite justiciam, qui judicatis terram« eingemeißelt – »Achtet die Gerechtigkeit, die ihr auf Erden Richter seid.« Dies korrespondierte mit einem großformatigen Ölbild – vermutlich von Henrich Nyelen um 1450 gemalt – welches ursprünglich zur Innenausstattung des Rathauses gehörte (heute im Städt. Museum) und »Das jüngste Gericht« zeigt.[7] Auch einer der bedeutendsten europäischen spätmittelalterlichen Maler, Jan Joest von Kalkar (ca. 1460-1519), aus Haarlem in den Niederlanden, der 1505 bis 1509 im Auftrag der Liebfrauenbruderschaft die Flügel des großartigen Hochaltarretabels in der Hauptpfarrkirche St. Nicolai zu Kalkar ausführte,[8] hat im Hintergrund einer Tafel mit der »Auferweckung des Lazarus« das Kalkarer Rathaus sehr realistisch dargestellt. Er verlegte die gesamte Lebens- und Leidensgeschichte Jesu unverkennbar in das spätmittelalterliche niederrheinische Kalkar um 1500, so wie Ambrogio Lorenzetti den toskanischen Alltag um 1340 ebenso unverkennbar vor der eindrucksvollen Stadtkulisse Sienas darstellte, dabei allerdings das Rathaus nicht abbildete.

Zentraler und bedeutendster Raum auch im Kalkarer Rathaus war der große Rathaussaal. Hier wurde z.B. der Landesherr auf Kosten der Bürgerschaft fürstlich bewirtet: so im Jahre 1522, als der Klever Herzog Johann III. zum ersten Mal Kalkar besuchte: »Für das Bankett wurde der große Ratssaal neu instandgesetzt und bemalt. Bis tief in die Nacht hinein wurde getrunken und getanzt. Die im Lichterschmuck leuchtenden Fenster bestrahlten die beglückten Untertanen auf dem Marktplatz. Pechfeuer auf den Zinnen des Rathauses hellten den Nachthimmel auf. Ein Renaissancefest am Niederrhein, wie eine Huldigung der reichen Gilden Flanderns und Brabants in üppigster Däftigkeit vor ihrem Landesfürsten.«[9]

»In castro nostro Delmenhorst...« 1259

Einer der Vorfahren jenes niederrheinischen Landesfürsten, Graf Dietrich VI. von Kleve, war auch beteiligt an dem einzigen Kreuzzug auf deutschem Boden gegen das Bauernvolk der Stedinger in der Wesermarsch, der 1234 in der entscheidenden Schlacht von Altenesch kulminierte, die unter Schwertführung Herzog Heinrichs von Brabant von diesem Kreuzfahrerheer gewonnen wurde.[10] Im Vorfeld jener Schlacht war schon zuvor die landesherrliche Burg Schlutter von den Stedingern zerstört worden. Graf Otto I. von Oldenburg – einer der Nutznießer der siegreichen Stedingerschlacht von 1234 – ließ nunmehr unweit von Schlutter ab 1247 wohl die neue Burg Delmenhorst errichten.[11] 1259 wird sie erstmals urkundlich erwähnt, ab 1278 residiert hier mit Graf Otto II. von Oldenburg und Delmenhorst eine Nebenlinie des alten Grafenhauses von Oldenburg. Im 15. Jh. wurde die Burg Delmenhorst vom Münsteraner Fürstbischof erobert, aber 1547 durch Graf Anton I. von Oldenburg zurückerobert. Dieser ließ nun »das Hauß bessern/darauff köstliche Gewelbe, Pallast, Saal und gemächer aus dem grund aufbauwen /...« (Hermann Hamelmann 1599): aus der mittelalterlichen Burg Delmenhorst wurde nun ein repräsentatives, großes Schloss im zeitgemäßen Stil der Weserrenaissance mit Gestaltungselementen,

die auf die Formensprache des Baumeisters Jörg Unkair zurückgehen.[12] Auch adlige Reisende des 16. und 17. Jahrhunderts nannten das Delmenhorster Schloss »eine schöne Burg« oder »ein schönes und festes Kastell«;[13] der Oldenburger Chronist Johann Just Winkelmann beschrieb es noch 1671 so: »Das Schloss an sich selbst ist rund mit einem hohen starkgewölbten Wall, Pasteyen, Unter- und Aussenwerken, auch doppelten Wassergraben befestiget und mit schönen Gebäuden, Gemächern und allerhand nothwendiger Kriegsrüstung, auch mit einem Thor, einem großen Aussenwerk wolversehen.«[14] Nachdem 1647 das Delmenhorster Grafenhaus an Oldenburg gefallen war und 1667 beide Grafschaften an das Dänische Königshaus (bis 1773) wurde ab 1712 das nun unnütze Schloss Delmenhorst abgerissen, 1787 fiel als letztes Bauteil der Gesamtanlage der sog. »Blaue Turm«.[15] Viele wertvolle und künstlerisch bedeutende Bauteile gelangten in Privatbesitz oder wurden zu profanen Zwecken mißbraucht – z.B. als Grabsteine: einiges davon ist heute wieder im 1997 eröffneten Stadtmuseum Delmenhorst auf der Nordwolle zu bewundern, wo auch die Burganlage in zwei großen Modellen sowie als »Virtuelle Burg Delmenhorst« in einer Computer-Installation zu studieren ist. In Wirklichkeit vor Ort ist die ehemalige Schlossinsel zwar noch innerhalb der historischen Doppelgraft zu erkennen, die erst im 20. Jahrhundert zu einer öffentlichen Parkanlage umgestaltet worden ist – das Schloss selbst ist gänzlich verschwunden. So schrieb der niedersächsische Heimatschriftsteller August Freudenthal 1895: »Dies war das Todesurteil der alten Burg Delmenhorst, die einst eine der stärksten Befestigungen Niedersachsens gewesen war und in den 465 Jahren ihres Bestandes so manche wechselvolle Schicksale erfahren hatte. Im Jahre 1712 wurde, wie bereits Eingangs bemerkt ist, die Festung bis auf die später erst beseitigten Reste des alten Turmes dem Erdboden gleich gemacht und das Abbruchsmaterial wurde für 6000 Reichsthaler verkauft. Sic transit gloria mundi!«[16]

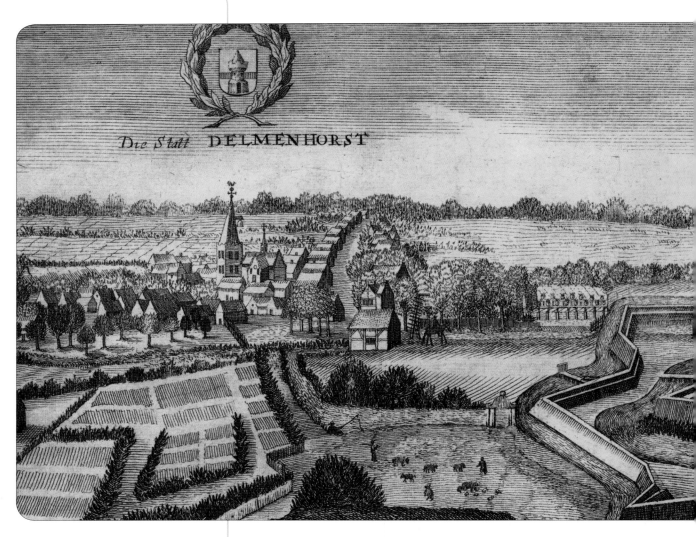

Johann Just Winkelmann (1620–1699), Kupferstich aus der Chronik von 1671

»... zum gebewte unses Rathauses« zu Delmenhorst 1627

Gewissermaßen im Schatten der Burg Delmenhorst entwickelte sich seit dem 14.
Jahrhundert auch die gleichnamige Stadt.
Sie erhielt zwar 1371 Stadtprivilegien nach
Bremer Recht, doch blieb sie recht eigentlich eine »Minderstadt«.[17] Im 14. und 15.
Jahrhundert »handelt es sich bei dieser
›Stadt‹ um ein in seinem Umfang sehr bescheidenes Gebilde, das damals weitgehend nur aus der ›Langen Straße‹ bestand,
die noch 1531 schlicht als des Bleckes
Strate bezeichnet wurde.«[18] In den Augen
der Grafen von Oldenburg und Delmenhorst
war sie im Sinne ihrer Herrschaftsansprü-

che selbstverständlich eine »Stadt«, doch
fehlten diesem »Flecken« Delmenhorst
wichtige Identifikations- und Qualitätsmerk-
male, die recht eigentlich erst eine Stadt
ausmachten, wie z.B. »der Markt, wirtschaftliche Kraft, angemessene Einwoh-
nerzahl, gerichtliche Selbständigkeit oder
Ummauerung.«[19] In einem Paragraphen der
Stadtrechtsprivilegien von 1371 wird auch
genauestens die Wahl der Ratsherren gere-
gelt: »*Ferner die zwölf Ratmannen, die nun
gekoren sind, die sollen an dem Rat bleiben, alldieweil dass sie leben; aber wenn
ihrer einer stirbt, so sollen sie einen anderen biederen Mann an die Stätte kiesen,
der der Stadt nützlich und paßlich sei, und
der soll uns und unseren Erben nachher
Gelöbnis leisten und schwören, also die an-*

deren vorher getan haben, und dieser Ratmannen sollen alle Jahre in gleicher Weise
vier an dem Rat bleiben (...).«²⁰

Doch wo dieser erste und die folgenden
Delmenhorster Stadträte tagten, ob in einem eigenen Rathaus und wo dieses im 14.
oder 15. Jahrhundert eventuell gestanden
hat, ist nicht bekannt.

Der Delmenhorster Stadtarchivar Edgar
Grundig führte dazu aus: »Ob der kleine
mittelalterliche Flecken ein Rathaus besessen, scheint mir bei der Enge der Verhältnisse mehr als fraglich, viel wahrscheinli-
cher hat man die notwendigen Geschäfte
in der Wohnung des jeweiligen sitzenden
Bürgermeisters erledigt, soweit nicht etwa,

wenn eine größere Anzahl Bürger an einzelnen Handlungen beteiligt war, die Kirche als
Versammlungsraum diente.«²¹ Urkundlich
erwähnt ist ein Rathaus in Delmenhorst erst
für das Jahr 1627, als der Rat »zum gebewte unses Rathauses« eine Schuld auf-
nahm.²² Auch dieses Gebäude des Delmenhorster Rathauses ist nicht bekannt – erst
1663 können wir ein Rathaus hier lokalisieren. Neben dem ursprünglich mittelalterlichen Wildeshauser Tor am westlichen Ende
der Langen Straße wurde 1663 ein neues
Wachthaus errichtet, das auch als Rathaus diente.²³ Dieses Gebäude beherbergte
auch die Wohnung des Wachmannes, den
Dachboden durfte sogar einer der Ratsherren privat nutzen.²⁴ Dieses Delmenhorster
»Rathaus« war sicher ein bescheidenes Ge-

bäude, hatte es doch noch nicht einmal die
Hälfte des protokollierten Gebäudewertes
des wertvollsten Delmenhorster Privatge-
bäudes.²⁵ Nach einigen Jahren wurde dieses Rathausgebäude auch baufällig, doch
hielt man es zumindest noch um 1702 teilweise in Benutzung.²⁶

In den ersten 300 Jahren ihrer Existenz hatte die »Minderstadt« Delmenhorst also kein
eigenes, repräsentatives Rathaus, wie es
nicht nur die großen Stadtrepubliken und
reichsfreien Städte sondern auch die vielen
mehr oder minder großen und wichtigen
Städte in deutschen Landen seit dem Mittelalter und in der frühen Neuzeit besaßen.
So wird das erste Rathaus der westfälischen Hauptstadt Münster schon für 1250

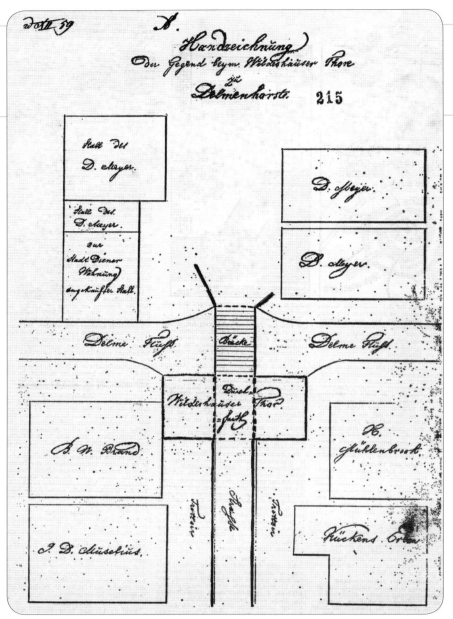

»*Lustgarten*« und eben dem »*Pomeranzen-haus*« und war 1588 schon als »*Lusthaus*« von Graf Anton II. über einem Brückenge-wölbe über der Delme anstelle einer älte-ren Zollbude errichtet worden, es wurde 1780 abgerissen.[29] Das frühere Pomeran-zen- bzw. Gewächshaus war eigentlich als Spritzenhaus für die Feuerwehr gekauft worden – ab 1699 verwandte man dieses dann auch als Rathaus. In einer zeitgenös-sischen Quelle heißt es dazu: »*Weilen das Rahthaus in Delmenhorst gantz baufällig, und dessen Reparation der Bürgerschaft ein grohses kosten würde, dahs, an statt des-sen das zu den Feuer-Materialien aus der Stadt Mitteln angekaufftes und dazu aptir-tes Haus zum Stadt- und Rahtshaus, doch dahs zu Verwahrung der Feuer-Materialien ein ander bequemer Ort wieder angeschafft werde, hinfuro gebrauchet werden soll und möge.*«[30] Auf dem bekannten Kupferstich des »*Schönen Lustgartens*« in der Winkel-mannschen Chronik von 1671 ist dieses spätere erste, »richtige« Delmenhorster Rat-haus oben rechts abgebildet. Winkelmann schrieb über diesen Lustgarten begeistert: »*Sonderlich ist berühmet der Lustgarten/ wegen seiner Kunst Ordnung/ Brunnen/ Wasserwerken/ Grabens voller grosser Carpen/ seltenen Kräutern und ausländischen Gewächsen/ zu deren Erhaltung das Po-meranzenhauß alle Jahr um St. Michaelis Tag aufgeschlagen/ und den ganzen Winter über mit verschiedenen Öfen eingewärmet wird.*«[31]

Dieses Delmenhorster Rathaus wur-de mehrfach um- und ausgebaut, so z.B. 1712, als der Stadtrat stöhnte: »*Wahs kos-tet nicht dahs Rathauhs, Ehs lieget der drit-te theill noch an der Erde, wir seindt nicht*

genannt.[27] Um 1350/80 wird dann das Münsteraner Rathaus umgebaut und erhält seine großartige gotische Schaufassade zum Prinzipalmarkt hin.[28] Vor dem Beginn der Friedensverhandlungen zur Beendigung des Dreissigjährigen Krieges ab 1644 wur-de das Rathaus zu Münster umfassend re-noviert und teilweise im Renaissance-Stil neu gestaltet. Hier im »Friedenssaal« – und im Rathaus zu Osnabrück – fanden dann

auch 1648 die Feierlichkeiten zum Ab-schluss des Westfälischen Friedens statt.

Das erste Delmenhorster Rathaus »bey der Zollbo-ten« 1699

1691 hatte die Stadt Delmenhorst dann das gräfliche Gewächshaus neben, d.h. »*bey der Zollboten*«, gekauft. Letzteres lag direkt an der Langen Straße westlich vom opulenten

vermögsam, solches auffzubauen, wan uns nicht von hoher Herrschaft dazu gegeben wird.«[32] 1775 baute man eine Gerichtsstube an, die aber nur wenige Jahre später schon baufällig war; 1802 war das Rathaus dann »sehr verfallen«, 1813 war nur noch ein einziges verfallenes Zimmer übrig. 1821 wurde dieses ehemalige *»Pomeranzenhaus«* abgerissen, das Grundstück kauften der Ratsherr Fitger und der Postverwalter Lückens, die darauf 1822 je ein eigenes Haus an der Langen Straße errichteten.

Heute befindet sich dort das Kaufhaus C&A.[33]

Von der »Schließerei« zum Rathaus 1821

1821 überließ die großherzogliche Staatsregierung in Oldenburg der Stadt dann die sog. »Schließerei« auf dem Markt, da diese durch den Bau eines neuen Gefängnisses am Bremer Tor überflüssig geworden war, um nach einem Umbau darin das neue Rathaus einzurichten. E. Grundig beschreibt dieses so: »So entstand durch Umbau das im Herbst 1821 vollendete Rathaus, ein schmuckloses, aber freundlich aussehendes Bauwerk dicht an der Delme, von der Langen Straße ein Stück zurückgesetzt, 36 Fuß lang, mit rotem Ziegeldach, von 2 Stockwerken, weiß angestrichen, mit schwarzen Kanten unten, grüner Flügeltür und Blitzableiter.«[34]

Dieses Delmenhorster Rathaus wurde dann allerdings von der Stadt für lange Jahrzehnte nicht mehr benötigt, da die Kommune dem Amt Delmenhorst unterstellt wurde – von 1854 bis 1867 wurde es sogar an die Zollverwaltung vermietet. Erst 1884 wurde das Bürgermeisterbüro wieder ins Rathaus verlegt.[35] In der Folge auch des schnellen und gewaltigen Wachstums der Stadt Delmenhorst im Zuge der Industrialisierung im letzten Drittel des 19. Jahrhunderts vergrößerte sich auch zwangsläufig die Stadtverwaltung immer mehr: So kaufte man 1895 zuerst das Haus Wieting am Markt, baute es

1896/97 aus und richtete hier das Rathaus II ein, nachdem man das alte Rathaus von 1821 abgerissen hatte. 1901 erwarb man noch das Haus Dr. Harbou auf dem Markt hinzu und funktionierte auch dieses zum Rathaus I um. Bis zur Jahrhundertwende um 1900 hat die Stadt Delmenhorst also zu allen Zeiten – eben auch vom 17. bis zum 20. Jahrhundert – weder ein neu gebautes, geschweige denn wirklich repräsentatives Rathaus besessen: immer waren es nur Um- oder Ausbauten älterer Gebäude, eigentlich nur Notlösungen.

Delmenhorster Rathauswettbewerb 1908

Von daher ist es schon überraschend, wenn der frühere Stadtarchivar Edgar Grundig 1960 feststellt: »Das bedeutungsvollste öffentliche Bauwerk zwischen 1848 und 1945 ist das Rathaus.«[36] Wenn dieses eine ganz allgemeine Feststellung ist, dann trifft es si-

Oben:
Kupferstich des »Lustgartens« aus der Winkelmannschen Chronik von 1671

Unten:
Ansicht des 1898 abgebrochenen alten Rathauses von 1821

cher auf die meisten Städte und Gemeinden zu; wenn dieses aber konkret auf die Stadt Delmenhorst bezogen ist, dann stimmt es zweifellos nur für die Zeit nach 1908: in jenem Jahr wurde nämlich von der Stadt Delmenhorst ein Wettbewerb zur Neugestaltung des alten Marktes und zum Neubau eines Rathauses mit einem Feuerwehrhaus und Wasserturm sowie Arkaden und Markthalle dortselbst ausgeschrieben, den schlussendlich der junge Bremer Reformarchitekt Heinz Stoffregen (1879-1929) – der zuvor 1905 in Delmenhorst das repräsentative Haus Coburg[37] gebaut hatte – gewann.[38] Einer der

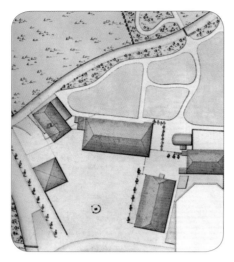

Oben:
*Lageplan des Marktplatzes, Aquarell von 1839
(Stadtarchiv Delmenhorst)*

Unten:
*Lageplan der zentralen Plätze in Delmenhorst
von H. Stoffregen 1909 (Stadtarchiv Delmenhorst)*

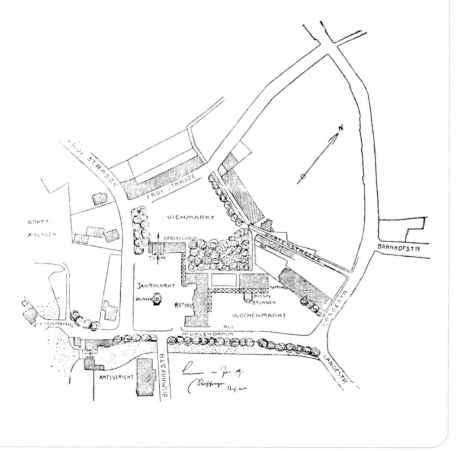

damaligen Fachpreisrichter, der Direktor
des Bremer Gewerbemuseums, Emil Högg
(1867-1954), äußerte1909 im Delmenhorster Kreisblatt u.a. dazu: »Die Stadt wird damit
einen Mittel- und Schwerpunkt erhalten, der
maßgebend für ihre künftige bauliche Umgestaltung und Gesundung werden kann, weil
er das Wesen einer neuzeitlichen aufstrebenden Industriestadt ganz vortrefflich zum Ausdruck bringt. Mögen andere deutsche Städte
sich Delmenhorst zum Vorbild nehmen – sie
haben es zumeist sehr nötig.«[39]

Von der »Wehre« zum Marktplatz

Hiermit bezog sich der Architekt Högg zum
einen auf die zeitgenössische Neugestaltung des Marktes in Delmenhorst zwischen
der Burginsel und der Langen Straße, zum
anderen auf die rasante Entwicklung der Industriestadt Delmenhorst im letzten Drittel
des 19. Jahrhunderts.

Der alte Marktplatz, der heutige Rathausplatz,[40] befand sich in der Stadtmitte südlich der Langen Straße, war jahrhundertelang unbefestigt und diente im Mittelalter
auch teilweise als Friedhof. Er diente auch
der sogenannten »Wehre«, d.h. der Verteidigung gegenüber potentiellen und wirklichen Angreifern. Dies hing mit seiner Lage
gegenüber der Burg bzw. dem Schloss Delmenhorst zusammen. Diese Wehre bzw. das
Glacis als Vorfeld einer Befestigungsanlage
hatte in Delmenhorst zeitweise eine besondere Bedeutung, da nach der erblichen
Übernahme der Grafschaft der Oldenburger Graf Anton Günther nach 1647 begann,
eine solche Fortifikaton – das »Kronwerk«
– anzulegen.[41] Diese wurde auch nach
dessen Tode 1671 vom Dänischen Königshaus[42] zwar fortgesetzt – so wurde 1710
noch ein Teil der neuen Kontreskarpe im
Norden um den Kronwerksgraben angelegt[43] – doch nach der Verpfändung Delmenhorsts an das Kurfürstentum Hannover
1711 nicht mehr vollendet.[44]

In der Zeit, in der Delmenhorst Garnisonsstadt war, wurde der Marktplatz militärisch genutzt: 1702 befahl man, »dahs ein fuder oder 30 Sandt mögen beygeführet und damit die niedrigen und schlimmen stellen guth und trucken gemachet werden, damit die Milice bey ihrer Wacht-Parade darauff stehen könne.«[45]

Bis dato war der Markt immer ein morastiger und sumpfiger Platz gewesen, der in Richtung der Wehre bzw. des Glacis der Burg abfiel und von Delmearmen durchzogen bzw. begrenzt wurde – Grundig nennt ihn deshalb »ein besondres Kreuz für Delmenhorst« durch die Jahrhunderte.[46] Zu jener Zeit zu Beginn des 18. Jahrhunderts machte die kleine Ackerbürgerstadt Delmenhorst insgesamt jedoch einen heruntergekommenen Eindruck, wie aus einem Bericht des Oberlanddrosten von 1703 hervorgeht: »Danach es so wol zu dortigen, den Nahmen einer Stadt führenden und zu einer berühmbten stetigen passage vieler frembden dienenden Orths, nicht geringer difformität daselbst befindlichen Mistfolte geleget und nicht weggeschaffet werden.«[47] im Verlauf des ganzen 18. Jahrhunderts änderten sich diese »Delmenhorster Verhältnisse« nicht wesentlich. 1808 berichtete der – allerdings wohl stockkonservative – Legationsrat des Landgerichts, von Witzleben, u.a.: »Ferner muhs ich bemerken, wie besonders die Sicherheit und Bequemlichkeit der Fußgänger sehr dadurch gefährdet ist, dahs wochenlang Misthaufen, Mistwagen, Eggen, Pflüge, Leitern, Ketten und allerley solch Gerumpel nicht allein bey Tage sondern auch des Nachts auf den hiesigen Strahsen geduldet werde, worüber denn wer gerade keine Leuchte mit sich führt, im Dunkeln leicht unglücklich werden kann (...) ... und dahs auch bey Sommerzeit Knaben und Mädchen durcheinander in einem Arm der Delme, die Furth genannt, hart an der Hauptstrahse sich baden, welches doch gegen allen Anstand und Schamhaftigkeit ist, und man sich schämen muhs, an einem solchen Orth zu wohnen.«[48] Zwar beschloss die Stadt 1704 schon, den Marktplatz zu pflastern, doch noch 1772 bezeichnete man

ihn als »wüst und sumpficht.« Erst 1773 wurde er dann tatsächlich gepflastert – damit verschwand auch der Galgen und 1784 wurde dort eine neue »Schließerei«, d.h. ein neues Gefängnis gebaut, die dann 1821 zum Rathaus umfunktioniert wurde. 1822 wurde noch ein öffentlicher Stadtbrunnen angelegt, der allerdings nur schlechtes Wasser lieferte und schon 1843 wieder beseitigt werden mußte.[49]

Zwar erhielt die Stadt Delmenhorst schon 1690 Marktrechte zugestanden, doch erst im Jahr 1826 fand der erste Wochenmarkt »auf dem Platz vor dem Rathaus« statt.[50] Nachdem sich dieser Wochenmarkt sehr gut entwickelt hatte, baute die Stadt 1896 in der Nähe des Rathauses eine Fachwerkmarkthalle, die nach dem Ersten Weltkrieg durch die neue backsteinerne Markthalle von Stoffregen ersetzt wurde. Im Jahre 1903 erwarb die Stadt das frühere Gelände des gräflichen »Küchengartens« – heute Hans-Böckler-Platz – südwestlich des Marktes[51], auf den die alte Dreckstraße, die spätere Gartenstraße, zuführte.[52] Ab 1905 fand hier dann regelmäßig der Viehmarkt von Delmenhorst statt.[53]

Nach dem Spruch der Rathaus-Jury 1908, zu der u.a. neben Högg der Direktor der Anker-Linoleumwerke und Ratsherr Gustav Gericke (1864-1935), der Oldenburger Stadtbaumeister Rauchheld, der Kölner Baubeigeordnete Rehorst, der Delmenhorster Stadtbaurat Kühn und der Delmenhorster Oberbürgermeister Erich Koch (1875-1944), 54) gehörten, sollte der neue Marktplatz und die Gebäudeverteilung nach den Plänen des 1868 in Gildehaus in der Grafschaft Bentheim geborenen Berliner Architekten Gerrit Emmingmann angelegt werden.[55] Der sehr engagierte Oberbürgermeister Koch, der seit 1901 in Delmenhorst vielfach segensreich tätig war,[56] äußerte sich in der entscheidenden Stadtratsitzung dazu: »Der den Stadtratsmitgliedern vorliegende Plan schaffe geräumige Plätze, die in schöner Verbindung ständen.«[57] Nils Aschenbeck bescheinigt dem Plan der Platzanlage eine »bemerkens-

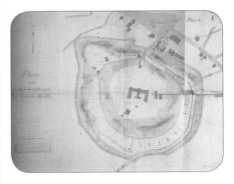

Oben:
Wasserturm imd Feuerwehrgebäude, von 1930

Mitte:
Bau des Wasserturms, 1908

Unten:
»Plan von der Promenade um die äußere Graft« von Stadtbaurat Kühn, 1906 (Stadtarchiv Delmenhorst)

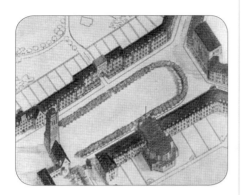

Bebauungsplan für den Neuen Markt von 1931, Zeichnung von Walter Brasch

werte Gliederung«: »Die verbindenden Arkadengänge schaffen eine Beziehung zwischen den eigenständigen Gebäudeteilen – Feuerwehr, Rathaus, später Markthalle – und dem umliegenden Raum, indem sie Teil dieser Gebäude sind und gleichzeitig vom Raum durchdrungen werden. Dazu ist die Platzaufteilung und die Anordnung der Baukörper in sich asymmetrisch und dynamisch.«[58]

1909 wurde mit dem Bau des Wasserturms begonnen, obwohl zuvor heftig dagegen polemisiert worden war: »(...) Sollen wir uns den schönsten Platz, den wir in Delmenhorst besitzen, durch einen Wasserturm, dessen Form und Gestaltung nach Ansicht vieler alles andere als schön ist, ferner durch ein damit verbundenes Spritzenhaus verunstalten lassen?«[59] 1910 war dieser fertiggestellt; anschließend wurde das Feuerwehrhaus gebaut; ab 1912 errichtete man das eigentliche Rathausgebäude: am 10. September 1914 tagte der Gesamtstadtrat zum ersten Mal im repräsentativen Ratssaal des Neuen Rathauses.[60]

»... noch einer baulichen Lösung harrende Platz« 1920/25

1919/20 folgte schlussendlich noch die runde Markthalle mit dem verbindenden Arkadengang zum Rathaus. Sie erfüllte auch »eine wichtige stadträumliche Funktion« (N.

Aschenbeck 1990), u.a. verbindet sie den neu gestalteten Rathausplatz mit der historischen Stadt, da sie von Stoffregen sicher ganz bewusst exakt in die Verlängerung der südöstlichen, uralten Achse der Langen Straße gesetzt wurde.[61] Schon in der Wettbewerbsausschreibung zur Rathaus-Anlage hatte die Stadt ja formuliert: »Die Hauptverkehrsachse der Stadtgemeinde ist die nördlich an dem Marktplatze vorbeiführende Lange Straße. Sie ist auch die Hauptverkehrszubringerin des Marktplatzes. Auf die Notwendigkeit gehöriger Zuwegungen von der Langen Straße zum Marktplatze ist Rücksicht zu nehmen.«[62]

Den tatsächlichen Abschluss der Rathausanlage von Stoffregen bildete dann das 1925 gebaute Ehrenmal für die Gefallenen des 1. Weltkrieges von 1914/18. Stoffregen selbst äußerte sich dazu 1927 rückblickend: »Nach dem Krieg wurde die fehlende Markthalle eingefügt und der zwischen Rathaus und Markthalle hinter einer schon erstellten Arkade noch einer baulichen Lösung harrende Platz mit dem Hintergrund eines alten schönen Baumbestands durch die Einfügung des Kriegerehrenhofs zur Vollendung gebracht (...).«[63]

Schon seit 1919 hatte man sich auch in Delmenhorst um eine solche Kriegerehrung bemüht, ebenso in sehr vielen anderen deutschen Städten und Gemeinden. 64) Die Weltkriegsdenkmäler der Zeit der Weimarer Republik unterschieden sich in Aussage und Gestaltung erheblich von den späteren des Dritten Reiches.[65]

In Delmenhorst präferierte ein Arbeitsausschuss zuerst die Errichtung eines Ehrenfriedhofs nach dem Entwurf des Oldenburger Stadtbaumeisters Adolf Rauchheld im Ziegelbusch an der Wildeshauser Straße – hier in der Nähe, am Lehmkuhlenbusch, wollte man einige Jahre zuvor (um 1908) ja schon einen großartigen Bismarck-Denkmalsentwurf von Peter Behrens realisieren. Doch dann entschied sich der Arbeitsausschuss für den Stoffregen-Entwurf am

Markt. Der höchst renommierte Berliner Architekt und Preußische Regierungsrat Hermann Muthesius urteilte dazu: »Es läßt sich über die Pläne nichts anderes sagen als Ausdrücke höchsten Lobes. Eine so reizende Anlage habe ich noch nicht kennengelernt. Es ist die ganze Sache so entzückend gemacht, daß es etwas besseres nicht geben kann ... Vorzüglich ist auch, daß er (Stoffregen) Einbauten in die freien Säulen der Arkaden macht und an der Seite den Platz durch ein Gitter absperrt.«[66] Am 25. Oktober 1925 wurde dieses Ehrenmal eingeweiht. Auch Stoffregen selbst war mit dieser Anlage sehr zufrieden: »(...) eine Ehrung, welche auch wieder durch Ausnutzung und Ausbau eines innerhalb der errichteten neuen städtischen Gebäude liegenden kleineren Platzgebildes eine der reizvollsten und würdigsten in Nordwestdeutschland geworden ist und bleiben wird.«[67]

Noch viel weiter gehende, umfassende Planungen zur Neugestaltung galten dem Neuen Markt. Der damalige Stadtbaurat Walter Brasch schrieb 1931 dazu u.a.: »Schon seit Jahren ist mit dem Bau des Rathauses, Finanzamts[68] und Polizeigebäudes[69] die städtebauliche Gestaltung des Stadtkerns in Angriff genommen. Durch mehrere Wettbewerbe sind die Grundlagen für den weiteren Ausbau des neuen Marktes festgelegt. Nach diesem für die Bebauung des neuen Marktes aufgestellten Plan wird jetzt als erster Bauabschnitt eine Wohnhausgruppe von 16. Wohnungen errichtet..«[70] Diese Neugestaltungsplanungen für den Neuen Markt, den alten Viehmarkt, aus den 1920er Jahren wurden in der Nachkriegszeit erst seit der Mitte der 1950er Jahre nicht mehr weiter verfolgt.

»Die Arkaden sind ein optisches Hindernis ...« – Abriss 1955

Die oben zitierte Überzeugung Stoffregens von 1927, der schon zwei Jahre später in Bad Tölz verstarb, dass die von ihm geschaffene Rathaus-Anlage samt Platzgebilde in Delmenhorst überdauern würde, hatte nur für dreißig Jahre Bestand: Sie überstand zwar den Zweiten Weltkrieg unversehrt, doch nicht die »Wiederaufbauzeit« der 1950er Jahre – 1955 wurden die Arkaden abgerissen. Der frühere Delmenhorster Oberstadtdirektor Jürgen Mehrtens schrieb dazu 2001 als Zeitzeuge: »Die Verbindung zwischen Rathaus und Markthalle bildeten die 1919 nach dem Plan von Stoffregen gebauten Arkaden. Sie wurden 1955 abgebrochen. Man wollte erreichen, dass die Vorderseite des Rathauses in ihrer ganzen Breite besser in Erscheinung tritt. Es hieß: ›Die Arkaden sind ein optisches Hindernis, das das Portal des Rathauses verschandelt und den linken Rathausflügel völlig bedeutungslos macht‹.«[71] Der damalige Stadtoberbaurat Brasch versprach sich vom Arkadenabriss »ein freieres und großartiges Stadtbild am Rathaus«.[72] Ein weiterer Grund dafür war »der zunehmende Verkehr«, der »eine Neuordnung der Platzverhältnisse in der Innenstadt erforderlich« machte. Weiter wurde der Wochenmarkt vom »Hindenburgplatz« auf den Neuen Markt verlegt. Der alte Markt wurde dann »als zentraler Knotenpunkt des Stadtomnibusbetriebes hergerichtet. Es wurde eine von einem Verkehrssachverständigen vorgeschlagene nierenförmige Halteinsel geschaffen, die den Linienbussen das An- und Abfahren erleichtert. Bei schlechter Witterung können die Fahrgäste Schutz in einer modernen Wartehalle finden.«[73]

Es gab sogar noch weitergehende Überlegungen, auch das Ehrenmal zu verlegen, die Markthalle abzureißen und die Geschäftshäuser bzw. Ladenlokale an der Südseite der Langen Straße zum Markt hin und an der Ostseite der Gartenstraße zu entfernen, um so einen vergrößerten, repräsentativen Rathausplatz zu bekommen.[74] Dies wurde aber derzeit nicht realisiert.

Seit Mitte der Fünfziger Jahre gab es offenbar in einigen Ratskreisen in Delmenhorst selbst die radikale Planungsidee, das ge-

Marktplatz mit Rathausanlage in einer »Fliegeraufnahme« um 1927

samte Stoffregen-Rathaus abzureißen und durch einen modernen Neubau zu ersetzen: einige waren wohl der Meinung, dass dieses »Jugendstil-Rathaus« altmodisch und »kitschig« geworden sei.[75] Vorbild für ein neues, modernes Rathaus soll das zwischen 1955 und 1958 errichtete Rathaus der niedersächsischen Autostadt Wolfsburg gewesen sein. Dieses hätte in der relativ jungen Industriestadt der städtebauliche Höhepunkt der ganzen Stadtanlage werden sollen.[76]

Wenn der Delmenhorster Stadtarchivar Edgar Grundig noch 1960 formulierte, dass er wenige Jahre zuvor zu denen gehört hatte, denen ein Abriss der Arkaden missfiel, doch mittlerweile zugab, dass dieses richtig gewesen sei, weil das Ehrenmal dadurch gewonnen habe, so wird daraus deutlich, dass zu jener Zeit die Reformarchitektur des Heinz Stoffregen zumindest wieder bzw. immer noch umstritten war.[77] Aber derselbe Stadthistoriker schreibt im selben Jahr an anderer Stelle über die Rathaus-Anlage auch resümierend: »Längst sind die Stimmen verstummt, die sich einst gegen den in seiner Schlichtheit so vornehm wirkenden Bau erhoben haben, (!) und der so geschmähte viereckige, wuchtige Wasserturm ist zum Wahrzeichen Delmenhorsts geworden. Außer dem Wilhelmshavener Rathaus hat das Oldenburger Land keins, das sich

dem unseren zur Seite stellen könnte, in ganz Nordwestdeutschland gehört es zu den besten der neuzeitlichen.«[78]

»Vorschläge für die zukünftige Bebauung der Rathausumgebung« in den 1960er Jahren

Auch im Jahre 1960 stellte der damalige Oberstadtdirektor Dr. Rathje im Stadtrat einen Plan vor, nach dem eine sog. Innentangente als Entlastungsstraße in Ost-West-Richtung Delmenhorst durchschneiden sollte. Der Städteplaner Prof. Schlums von der Technischen Hochschule Hannover, wollte diese »vor dem Rathaus«, (!) »also zwischen diesem und der Langen Straße« über den alten Markt vorbeiführen. Glücklicherweise »ergaben sich dann jedoch bei den Gutachten über die Gestaltung der Rathausumgebung andere Vorschläge«: die Hannoveraner Architekten und Professoren Walter Hämer und Wilhelm Wortmann »schlugen vor, diese Innenstadttangente hinter das Rathaus, also zwischen diesem und der Graft, zu legen.«[79]

Die Delmenhorster Rathausanlage in einem Linolschnitt von E. Logemann aus den 1930er Jahren

1961 wurden dann in einem Wettbewerb verschiedene Gutachten abgegeben, in denen »Vorschläge für die zukünftige Bebauung der Rathausumgebung« gemacht wurden: beteiligt waren neben den o.g. Hannoveranern Hämer und Wortmann auch die Architekten Gerhard Müller-Menckens aus Bremen und Ingeborg und Friedrich Spengelin aus Hamburg, Obergutachter war u.a. der Hannoveraner Stadtbaurat Hillebrecht. Ziel war, der Stadt »mit den bereits vorhandenen öffentlichen Gebäuden einen wirklichen Mittelpunkt und ein Verwaltungszentrum zu schaffen«. Auch eine anscheinend dringend notwendige »Erweiterung des Rathauses« war vorgesehen. »Folgende Gebäude« hätten »der Neuplanung weichen« können: u.a. die »Wassermühle mit allen Nebengebäuden«, »die alten städtischen Häuser an der Gartenstraße«, das »Ehrenmal«, das »Fitgerhaus« und die »Markthalle«. Erhalten bleiben bzw. neu gebaut werden sollten u.a.: die »Erweiterung Rathaus«, die »Feuerwehr«, die »Markthalle« (!), das Katasteramt und ein neues »Kriegerehrenmal als Ersatz für das gegenwärtig

zwischen Rathaus und Markthalle befindliche Ehrenmal«.

Das radikalste Gutachten lieferte das Hamburger Architektenehepaar Spengelin, das die geplante Innenstadttangente »südlich des Hindenburgplatzes« absenken, d.h. einen Autotunnel graben wollte und »mit einer breiten Fußgängerplattform« überbauen wollte.

Außerdem planten sie in Wechselbeziehung zum Wasserturm ein 55m hohes Gebäude für die Stadtverwaltung und das Bauamt sowie ein 35m hohes Gebäude für Gesundheits-, Kataster- und Staatshochbauamt: »Mit Beziehung zum Rathaus und zum neuen Verwaltungsgebäude entsteht ein großer repräsentativer Platz, auf dem der Wochenmarkt stattfinden soll. Ein Teil des Marktes soll aber auch auf der Plattform aufgebaut werden, um so über die trennende Straße hinweg in Verbindung mit der neuen Markthalle den Anschluss an die Kaufstraßen herzustellen. Der neue Marktplatz ist so gegliedert, dass er ein würdiger Rahmen sein kann für eine kulturelle oder politische Versammlung der Bürger. An der Nahtstelle des Platzes zur nördlichen Wasserfläche könnte ein als schlichtes Mahnmal aufgefaßtes Denkmal der Opfer der Kriege seinen bedeutungsvollen Platz finden.«

Die Gutachter Wortmann/Hämer aus Hannover vertraten »die Auffassung, dass das Rathaus und die nach dem ersten Weltkrieg hinzugefügte Markthalle in der städtebaulichen Komposition und baulichen Haltung Qualitäten haben und die Neuplanung Respekt vor dieser Leistung wahren muß.« (!) Der Rathausplatz sollte nach Verlegung des Omnibusbahnhofes wieder Marktplatz und durch Abbruch des Fitgerhauses erweitert werden: »Die Markthalle bleibt erhalten.(...) Der Marktplatz wird Fußgängerplatz. Das Stadthaus wird auf dem heutigen Hans-Böckler-Platz südlich des neuen Busbahnhofes errichtet. Die heutigen Räume der Feuerwehr können als Stadtmuseum (sic!) eingerichtet werden. (...) Maßstab und Charakter der Stadt Delmenhorst bleiben gewahrt. Das Ehrenmal bleibt erhalten. Das Rathaus bleibt Dominante.«

Die Obergutachter kamen dann zu dem einmütigen Ergebnis, das Gutachten von Wortmann und Hämer zu prämieren, u.a. weil die Planung »bewußt von den vorhandenen Gegebenheiten und insbesondere von der jetzigen Konzeption Rathaus/Markthalle« ausging und »sich mit Erfolg um Kontinuität und Wahrung des Maßstabes« bemühte: »Dabei behält das Rathaus erfreulicherweise seine übergeordnete Bedeutung, die es jetzt im Stadtbild hat.«[80]

Auf der Grundlage dieses Gutachtens wurde dann 1964 ein neuer Bebauungsplan für die Innenstadt veröffentlicht, in dem u.a. weitreichende verkehrliche »planerische Maßnahmen« aufgeführt wurden, die die Stadt Delmenhorst stark veränderten und bis heute – positive und negative – Auswirkungen zeitigen.

Schon 1959/60 hatte die Stadt einen weiteren Wettbewerb ausgeschrieben »zur Erlangung von Vorschlägen für die Bebauung der Burginsel mit einer Stadthalle mit Theater«: dort sollten u.a. ein Theatersaal, ein Konzert- und Vortragssaal sowie ein Restaurant mit Café in einem modernen Kulturzentrum errichtet werden. Den 1. Preis erhielt die

Hannoveraner Architektengemeinschaft A. Bayer und H. Leonhard. Zwar wurde nach Meinung der Gutachter »der Hauptzweck des Wettbewerbs ... voll erreicht«, doch die »Verwirklichung des Burginsel-Projektes« wurde vor allem aus finanziellen Gründen nie erreicht.[81]

»Im Zuge der Verbesserung des Images der Innenstadt...« – Neugestaltung des Rathausplatzes in den 1970er Jahren

Anfang der 1970er Jahre wurde die Lebensader von Delmenhorst, die Lange Straße, dem zeitgenössischen Trend in vielen deutschen Städten folgend, zur Fußgängerzone umgewandelt:[82] »Im Zuge der Verbesserung des Images der Innenstadt als Einkaufsstadt – insbesondere durch Schaffung des Fußgängerbereiches – wurde 1973 auch der Rathausplatz neu gestaltet. Ziel war, den Platz zu beleben, das Stadtbild zu bereichern, eine City-Atmosphäre zu schaffen und durch eine gepflegte Gastronomie in der Markthalle den Bürgern eine Stätte der Begegnung zu bieten.«[83]

Schon 1963 war das alte »Fitgerhaus« am Markt abgerissen worden, was viele Einwohner sehr bedauerten, denn »damit verliert Delmenhorst sein letztes und einziges historisches Gebäude, das den Anspruch erheben durfte, im Rahmen des kulturellen und wirtschaftlichen Lebens unserer Stadt im Zeitraum von mehr als 150 Jahren eine besondere Rolle gespielt zu haben«.[84] Auch an dessen Stelle wurden nun 1973 mehrere, eigenwillig geformte, spitzgieblige Baukörper auf den Platz gestellt, in denen verschiedene Ladenlokale untergebracht wurden.

Da diese und die entsprechenden Grundstücksflächen für ein Vierteljahrhundert auf Erbpacht an einen Privatinvestor vergeben worden waren, (!) hatten die Stadtväter von Delmenhorst bis zur Jahrtausendwende keine Möglichkeit mehr, dort – d.h. auf dem historischen Markt bzw. Rathausplatz – auf

Planungsmodell zur Neugestaltung der Delmenhorster »City« in einem Zeitungsfoto von 1972

sich verändernde Zeitumstände und neue städtebauliche Notwendigkeiten zu reagieren. Erst seit der Jahrhundertwende 1999/ 2000 gibt es wieder konkrete Bestrebungen und Planungen im Hinblick auf den »Umbau der in weiten Teilen harten 70er-Jahre-City in eine lebendige Erlebnisstadt«.[85]

Als die Stadt Delmenhorst 1971 das 600jährige Jubiläum der Verleihung der Stadtrechte feierte, verfasste der damalige Stadtbaurat – seit 1958 – Alexander Tamsen einen längeren Artikel im entsprechenden Sonderdruck des Delmenhorster Kreisblattes. Darin illustriert ein Foto die geplante Neugestaltung des Hans-Böckler-Platzes mitsamt dem riesigen City-Center am Ende der Langen Straße am früheren Wildeshauser Tor – dieser Vorschlag habe »inzwischen bereits viele Befürworter gewonnen«.[86] In einem weiteren längeren Artikel in diesem Sonderdruck beschäftigt sich auch der Städtische Direktor Berthold von Seebach mit dem Thema »Städteplanung und Städtebau als gemeinschaftsfördernde Aufgaben«. Auch darin ist ein Foto abgedruckt, das aus Höhe des heutigen »Kaufparks« an der Langen Straße einen Blick Richtung Wasserturm und Rathaus wirft – als Bildunterschrift steht: »Der Begriff von der ›Stadt im Grünen‹ wird hier zur Farce: Kann es sich

Delmenhorst heute noch leisten, inmitten seines Zentrums so viel ›grüne‹ und häßliche Hinterhöfe zu besitzen? (...)«[87] Dreißig Jahre später verursachen genau die hier so begrüßten großflächigen Umbaumaßnahmen in der Delmenhorster City bei breitesten Teilen der Bevölkerung ein Unbehagen, was der Frankfurter Psychoanalytiker Alexander Mitscherlich schon 1965 mit dem heute noch bzw. wieder so populären Begriff von der »Unwirtlichkeit unserer Städte« belegte.[88]

Auch das Delmenhorster Rathaus wird seit dem Jahr 2001 in mehreren Bauabschnitten einer umfassenden und gründlichen, aber selbstverständlich denkmalgerechten Restaurierung unterzogen, die bis zum Herbst 2003 dauert – recht eigentlich zum ersten Mal seit seiner Erbauung im ersten Viertel des vergangenen Jahrhunderts.

Detailansichten des Wasserturms mit Rissebildern,
Städtisches Hochbauamt Delmenhorst 1999

»Aufbruch in die Moderne« – Das Delmenhorster Rathaus von 1909/14

Der Kunsthistoriker Martin Damus schrieb in seiner einschlägigen Rathaus-Studie von 1988, dass mit dem Stadtrat »die mächtigsten Männer des Gemeinwesens ganz unmittelbar das Rathaus« prägten. Es sollte »Ausdruck und Symbol gemeindlicher Demokratie und Manifestation der bürgerschaftlichen Selbstverwaltung« sein.[89] Gerade dieses zu Recht Festgestellte trifft auf kaum ein Rathaus so zu wie auf das von Delmenhorst, das der Bremer Reformarchitekt Heinz Stoffregen von 1909-14 errichtete.

Am 1. Mai 1903 wurde die im letzten Viertel des 19. Jahrhunderts stark an Bevölkerung und Bedeutung gewachsene nordwestdeutsche Industriestadt Delmenhorst von der großherzoglichen Oldenburger Staatsregierung zur »Stadt 1. Klasse«, d.h. zur kreisfreien Stadt, erhoben.[90] Maßgeblicher Mann in diesem Prozess war der junge Jurist und Delmenhorster bürgermeister Erich Koch, der in seiner Amtsperiode von 1901-1909 den Delmenhorster »Aufbruch in die Moderne« entscheidend mitinitiierte – anlässlich der Verleihung der Ehrenbürgerschaft der Stadt Delmenhorst an den nunmehrigen liberal-konservativen Reichsminister in der Weimarer Republik, der sich jetzt E. Koch-Weser nannte, äußerte sich dieser 1928 über seine »Keimzeit« dort: »Die Stadt mit ihren damals 13.000 Einwohnern war wie weiches Wachs. Überall, sei es in der Statutgebung, sei es im Finanzwesen, sei es in der Behördenorganisation, war es meine Aufgabe, aus dem Nichts zu schaffen.«[91]

Ebenfalls im Jahr 1903 wurde in Delmenhorst der sog. ›Rote Dom‹ vom Münsteraner Bischof Hermann Dingelstad geweiht – der backsteinerne Sakralbau zählte »damals zu den schönsten und größten Kirchen des Oldenburger Landes«.[92] Er wurde zu einem architektonischen Symbol des durch die Zuwanderung in die große Industrie nach Delmenhorst erstarkten Katholizismus.[93]

Die ehemalige kleine Residenzstadt der Grafschaft Delmenhorst war im 18. und 19. Jahrhundert auf das Niveau einer biedermeierlichen Ackerbürgerstadt im Oldenburger Fürstentum herabgesunken. Nachdem 1867 die Bahnlinie von Bremen nach Oldenburg über Delmenhorst geführt wurde und dann 1870 die Jute-Spinnerei und Weberei ihre Produktion aufnahm, begann ein für den Nordwesten beispielloser Aufstieg zur Industriestadt: ab 1882 wurden insgesamt drei Linoleum-Fabriken und 1884 als dann größte und weltweit bedeutende Textilfabrik die Norddeutsche Wollkämmerei und Kammgarnspinnerei gegründet. Bis zum Ausbruch des Ersten Weltkriegs 1914 vollzog sich hier ein fast unaufhaltsamer wirtschaftlicher Aufstieg.

Noch vor dem »Roten Dom« und einigen bedeutenden Industriebauten Heinz Stoffregens für die Anker-Linoleumwerke in Delmenhorst von 1910 – über die Walter Gropius im Jahrbuch des Deutschen Werkbundes 1913 urteilte: »Die neuen Fabrikbauten (...) lassen ein einheitliches architektonisches Fühlen erkennen, das endlich der lebendigen Lebensform der Zeit das natürliche Kleid erfindet und romantische Überbleibsel der Architekturformen als schwächliche Unwahrheiten streng zurückweist.«[94] – und neben den ephemeren Ausstellungsbauten von Peter Behrens auf der Oldenburger Landesausstellung 1905 oder der Kunstgewerbeausstellung in Dresden 1906 ebenfalls für die Anker-Linoleumwerke – über deren Oldenburger Pavillon schrieb Alfred Lichtwark 1905 u.a.: »Diese Linoleumausstellung ist schlechthin vollkommen. Ich weiß nicht, dass ich etwas so Einfaches und ausgesucht Zweckentsprechendes von solcher Schönheit je gesehen habe auf all den Ausstellungen, die ich besucht habe.«[95] – wurde das Rathaus-Ensemble von Heinz Stoffregen von 1908-1925 zu *dem* architektonischen und städtebaulichen Symbol der nunmehrigen »erstklassigen« Stadt Delmenhorst.

Es repräsentiert in eindrucksvoller und zeitlos schöner Weise bis heute den »Aufbruch in die Moderne« Delmenhorsts, der diese in den folgenden Jahrzehnten bis zum Beginn des Dritten Reiches zu einer überregional bedeutenden »Werkbundstadt« machte. Der englische Kulturhistoriker Matthew Jefferies nannte 1994 noch zu Recht diese Epoche »a forgotten episode in german design history«.[96] In diesem Zusammenhang hatte ja der zeitgenössische Architekturkritiker Emil Högg sich sehr positiv zu Stoffregens Rathaus-Plänen 1909 geäußert und einleitend konstatiert: »Was aber Delmenhorst von sehr vielen dieser anderen Städte rühmlichst unterscheidet, das ist sein engeres und zielsicheres Bestreben, aus dieser unglücklichen Industrialisierungsarchitektur wieder herauszuwachsen, die Bausünden der Väter wieder gutzumachen und ein neues, schöneres Delmenhorst erstehen zu lassen. Diese Bestrebungen, die nicht aus den breiten Schichten der Bevölkerung entspringen, als vielmehr auf einige kunstsinnige führende Männer der Stadt hinweisen, haben schon vor Jahren eingesetzt.«[97]

Stoffregens Delmenhorster Rathausanlage: »prächtige Harmonie« (1930) von »herbem Charme« (1985)

Doch trotz dieser sehr positiven Stellungnahmen von Emil Högg von 1909 oder der späteren Aussage von Hermann Muthesius von 1925 muß Nils Aschenbeck 1990 nüchtern feststellen, dass »kaum eine Architekturzeitschrift von der Gesamtanlage Notiz nahm. Noch im Baustadium geriet die Delmenhorster Zentralanlage in Vergessenheit.«[98]

Danach fand das klassisch-moderne Delmenhorster Rathaus praktisch nur noch in der lokal und regional ausgerichteten Literatur Erwähnung. So heißt es in einem Ende der 1920er Jahre erschienenen kleinen »Führer durch Delmenhorst«, der vom »Verkehrs- und Verschönerungs-Verein Delmenhorst« herausgegeben worden ist, u.a.: »Das kurz vor dem Weltkriege von Architekt Stoffregen erbaute stattliche Rathaus in der Mitte des Marktplatzes wird in Verbindung mit dem Finanzamt, dem Polizeihaus, der Marktschule und anderen geplanten größeren Gebäuden dem Mittelpunkt der Stadt sehr bald ein großstädtisches Gepräge verleihen. Das hinter den Kolonnaden, zwischen Rathaus und Markthalle, ebenfalls von Stoffregen errichtete Kriegerehrenmal ist eine weihevolle Anlage von großer Eigenart und Schönheit.«

Und in dem Band »Delmenhorst«, der in der renommierten Reihe »Deutschlands Städtebau« in einem Berliner Verlag 1930 erschienen ist, schreibt Stadtbaurat Brasch u.a.: »Zur Gewinnung von Plänen für die Gestaltung des Stadtkerns mit seinen Marktplätzen wurde ein Wettbewerb veranstaltet, aus dem als Preisträger der Bremer Architekt Stoffregen hervorging. Nach seinen Plänen wurde in den Jahren 1913-14 das Rathaus mit der Feuerwache und dem Wasserturm errichtet. Durch die Zusammenfassung dieser Bauteile zu einer einheitlichen Gruppe wurden drei neue Plätze geschaffen. Der alte Markt erhielt in dem Rathaus, das seine Hauptansicht der Langen Straße zukehrt, eine wirkungsvolle Platzwand. (...) Von diesen Bauten hat den reichsten Schmuck und damit die eindrucksvollste Wirkung das Rathaus erhalten, das auch in seinem Innern durch das geräumige Treppenhaus und die Wandelgänge eine bemerkenswerte Raumgestaltung erfahren hat. In dem so entstandenen Marktplatz ist ein neuzeitliches Städtebild geschaffen, in dem sich Baumasse, Raumwirkung und Formgestaltung zu einer prächtigen Harmonie vereinigen.«[99]

Nach den archivalischen Studien von Edgar Grundig aus den Jahren 1953 bzw. 1960 hat sich erst der Oldenburger Oberbaurat Karl Dillschneider 1972 in einer kleinen, schmalen, bebilderten Monographie dem Delmenhorster Rathaus als einem »klassischen Beispiel des Jugendstils« gewidmet. Er führte anfangs aus: »Heute kann der Bau des Rathauses in Delmenhorst und seine Gestaltung im Äußeren und im Innern als eine Tat angesehen werden, die auf den Wagemut der Stadtväter und der sonst Ver-

Luftfoto der Delmenhorster Innenstadt von 1999

zu Jürgen Pauls einleitendem Aufsatz über »Das ›Neue Rathaus‹ – Eine Bauaufgabe des 19. Jahrhunderts« im Sammelband von 1982 wird es kurz aufgelistet.[102] Erst die ausführlichere Monographie von Nils Aschenbeck über den Reformarchitekten Heinz Stoffregen von 1990 »entdeckt« auch dessen Rathausanlage zu Delmenhorst quasi wieder.[103]

Eine gewisse Ausnahme bildete zuvor die von Ursula Maria Schute in Oldenburg 1985 verfasste – aber nur in einer quasi nichtöffentlichen Form herausgebrachte – Studie über »Rathäuser zwischen Ems und Elbe«, in der sie relativ ausführlich auch auf das Delmenhorster Rathaus von Stoffregen eingeht und kritisch festhält: »In der gegenwärtigen städtebaulichen Situation Delmenhorsts fällt auf, daß hier zu Beginn unseres Jahrhunderts ein großer Plan urbaner Neugestaltung entworfen und größtenteils auch realisiert worden ist. Vielmehr ist mancher vom natürlichen Alterungsprozeß des Rauputzes am Rathaus wenig angenehm berührt, vermißt die Gemütlichkeit von alten Plätzen, die Kleinteiligkeit von historischen Architekturen und die Frische von aktuellen Renovierungen. Die Beschäftigung mit den städtebaulichen Planungen und den ihnen zugrunde liegenden Gedanken mag aber schließlich den herben Charme des Delmenhorster Jugendstilrathauses erfahrbar und verständlich machen.«[104]

Noch fast zwanzig Jahre später bleibt dieser »herbe Charme« der gesamten Delmenhorster Rathausanlage des Bremer Reformarchitekten Heinz Stoffregen aus Kaiserzeit und Weimarer Republik, von außen und auch von innen, noch immer zu entdecken.

antwortlichen ebenso schließen läßt wie auf ihr Vertrauen zu dem Architekten und auf die unleugbare Erkenntnis, daß er dieses Vertrauen in schönster Weise gerechtfertigt hat. Der Bau, ein klassisches Beispiel des Jugendstils, errichtet im Herzen der Stadt, ist Krönung und Mittelpunkt zugleich.«[100]

Trotzdem blieb im Wesentlichen Stoffregens Delmenhorster Rathausanlage auch in den folgenden Jahren weitestgehend unbekannt. So taucht das Delmenhorster Rathaus weder in den beiden umfänglichen, einschlägigen Studien über das Rathaus im Kaiserreich von 1976 bzw. 1982,[101] noch, wie erwähnt, in der Rathausgeschichte von 1988 auf. Allein in dem chronologischen »Verzeichnis der Rathausbauten des 19. Jahrhunderts in Deutschland« im Anhang

1) Vgl. Chiara Frugoni: Pietro und Ambrogio Lorenzetti. Florenz 1988; Alois Riklin: Ambrogio Lorenzettis politische Summe. Bern 1996; Ulrich Meier: Vom Mythos der Republik. Formen und Funktionen spätmittelalterlicher Rathausikonographie in Deutschland und Italien, in: Mundus in Imagine. Bildersprache und Lebenswelten im Mittelalter. Festgabe für Klaus Schreiner. herausgegeben von Andrea Löther u.a. München 1996. S. 345-387.

2) Michael Müller: Lorenzettis Erzählung vom »Guten Regiment« und die Differenz von Ort und Raum, in: Wolkenkuckucksheim, Int. Zeitschrift für Theorie und Wissenschaft der Architektur (Architektur als ästhetische Praxis), 6. Jg. Heft 1/September 2001, (www.theo.tu -cottbus. de/wolke).

3) Thomas Fröschl: Rathäuser und Regierungspaläste. Die Architektur als Hauptinstrument republikanischer Selbstdarstellung in Europa und Nordamerika vom 16. zum 20. Jahrhundert. (Zeichen der Freiheit. 21. Kunstausstellung des Europarates 1991. Bernisches Historisches Museum und Kunstmuseum Bern). (www.g26.ch/texte)

4) Vgl. Richard Klapheck: Kalkar am Niederrhein. (Rheinischer Verein für Denkmalspflege und Heimatschutz). Düsseldorf 1930; Helmut Rotthauwe gen. Löns: Kostbarkeit Kalkar. Kleve 1980; Gerhard Kaldewei: »Eine Stadt von wirklich städtischer Geschichte«. Kalkar am Niederrhein als Stadt des Mittelalters. In: Die Alte Stadt, 20. Jg. Heft 1/1993, S. 7-24; auch in: ders. (Hrsg.): Die Stadt im Mittelalter. Kalkar und der Niederrhein. Bielefeld 1993, S. 127-173.

5) J. A. Wolff: Geschichte der Stadt Calcar während ihrer Blüthe. Frankfurt am Main 1893. S. 74.

6) R. Klapheck 1930, Anm. 4, S. 15.

7) Vgl. J. A. Wolff 1893, Anm. 5, S. 128.

8) Vgl. Ulrike Wolff-Thomsen: Jan Joest von Kalkar. Ein niederländischer Maler um 1500. Bielefeld 1997; Hans Peter Hilger: Stadtpfarrkirche St. Nicolai in Kalkar. Kleve 1990.

9) R. Klapheck 1930, Anm. 4, S. 16.

10) Gustav Rüthning: Oldenburgische Geschichte. Oldenburg/Berlin 1937. S. 46-63; Horst Gericke: Universitas Stedingorum. Die Entwicklung einer organisierten bäuerlichen Kampfgemeinschaft in den Wesermarschen und ihr Widerstand gegen feudale Ausbeutung und Unterdrückung bis zur Mitte des 13. Jahrhunderts. (Diss. Halle/DDR 1960); Rolf Köhn: Die Verketzerung der Stedinger durch die Bremer Fastensynode. In: Bremisches Jahrbuch 57/ 1979. S. 15-85; ders.: Die Teilnehmer an den Kreuzzügen gegen die Stedinger. In: Niedersächsisches Jahrbuch für Landesgeschichte 53/1981. S. 139-206; Heinrich Schmidt: Zur Geschichte der Stedinger. Studien über Bauernfreiheit, Herrschaft und Religion an der Unterweser im 13. Jahrhundert. In: Bremisches Jahrbuch 60/61. 1982/83. S. 27-94: ders.: Oldenburg und Friesland in Mittelalter und Reformationszeit. In: Albrecht Eckhardt/ Heinrich Schmidt (Hrsg): Geschichte des Landes Oldenburg. Oldenburg 1987. S. 115-123; Dieter Rüdebusch: Der Kreuzzug gegen die Stedinger und die Anfänge Delmenhorsts. In: ders.:Sechs Bilder Delmenhorster Geschichte. (Delmenhorster Schriften Band 12). Delmenhorst 1986; Gerhard Kaldewei: Das Stadtmuseum Delmenhorst. (Museen im Nordwesten Band 2). Oldenburg 1998. S. 9ff.;

11) Vgl. Karl Sichart: Die Burg Delmenhorst, in: Delmenhorster Heimatjahrbuch 1930. S. 15-37; Edgar Grundig: Geschichte der Stadt und der Burg Delmenhorst. (Delmenhorster Schriften Band 9). Delmenhorst 1979; Susanne Matschiske: Es war einmal... Haus, Burg, Schloss und Festung Delmenhorst 1259-1712. Oldenburg 1996.

12) Vgl. Bernd Müller: Burg Delmenhorst – zur Baugeschichte im Kontext der Weserrenaissance, in: Delmenhorster Heimatjahrbuch 1996, S. 42-63; ders.: Schloss Delmenhorst. (Der historische Ort Nr. 25). Berlin 1996.

13) Vgl. Gerhard Kaldewei: »On the road« – Zur Kulturgeschichte des Reisens im Nordwesten, in: Oldenburger Jahrbuch, Band 98/1998. Oldenburg 1998. S. 1-22.

14) Vgl. B. Müller 1996, (Anm. 12), S. 4; Kurt Müsegades: Der Chronist Johann Just Winkelmann (1620-1699) und seine Bedeutung für die Geschichtsschreibung über die Grafschaft Delmenhorst, in: Delmenhorster Heimatjahrbuch 2002, Oldenburg 2002, S. 45-51.

15) Georg von Lindern: Kleine Chronik der Stadt Delmenhorst. Oldenburg 2/ 1997. S. 63.

16) Vgl. August Freudenthal: Die Burg Delmenhorst (1895), in: Delmenhorster Heimatjahrbuch 1996. Delmenhorst 1996. S. 39.

17) Vgl. Heinz Stoob: Minderstädte. Formen der Stadtentwicklung im Spätmittelalter. In: Vierteljahrsschrift für Sozial- und Wirtschaftsgeschichte. Nr. 46/1959. S. 1-28; Albrecht Eckhardt: Delmenhorst – Stadt oder Flecken? Stadtrecht und Stadtqualität vom Mittelalter bis um 1700. In: Delmenhorster Schriften Band 16. Delmenhorst 1994, S. 9-39; Gerhard Kaldewei: Zur »Biographie« der Langen Straße in Delmenhorst. In: Stadtmuseum Delmenhorst (Hrsg.): Die Lange Straße in Delmenhorst. Biographie einer alten Straße. Oldenburg 2001. S. 9-23.

18) A. Eckhardt 1994. (Anm. 17), S. 17.

19) A. Eckhardt 1994, (Anm. 17), S. 33.

20) G. von Lindern 1997, (Anm. 15), S. 25; vgl. A. Eckhardt 1994, (Anm. 17). S. 14ff.

21) Edgar Grundig: Geschichte der Stadt Delmenhorst von ihren Anfängen bis zum Jahre 1848. Band 1. (Ms. Delmenhorst 1953). S. 332/33.

22) Zitiert in: E. Grundig 1953, (Anm. 21), S. 333.

23) Vgl. E. Grundig 1953, (Anm. 21), S. 333/34; Yvonne Kölling: Das frühneuzeitliche Stadtbild, in: Matthias Weber (Hrsg.): Delmenhorst im 17. Jahrhundert. Bürger, Rat und kleinstädtisches Alltagsleben im Spiegel des Ratsprotokolls 1662-1677. Oldenburg 1998. S. 32; G. Kaldewei 2001, (Anm. 17), S. 11/12.

24) Stadtarchiv Delmenhorst (StaD), Ältere Magistratsakten XIX. G. 1, Delmenhorster Rathaus 1663-1706, zit. in: Y. Kölling 1998, (Anm. 23), S. 32.

25) Vgl. Y. Kölling 1998, (Anm. 23), S. 32.

26) Vgl. E. Grundig 1953, (Anm. 21), S. 333.

27) Vgl. Geschichte der Stadt Münster im Stadtmuseum Münster. Herausgegeben von Hans Galen. Münster 1989. S. 40f..

28) Vgl. Geschichte der Stadt Münster 1989, (Anm. 27), S. 40/41; Münster 800-1800. 1000 Jahre Geschichte der Stadt (Kat. Münster 1984), S. 173f. Geza Jaszai: Das Bildprogramm der Rathausfassade zu Münster – Über eine »oculare Zeichnung« von 1786, in: Westfälisches Landesmuseum: Das Kunstwerk des Monats, März 1989. Münster 1989; zum Wiederaufbau nach 1945 vgl.: Niels Gutschow/Regine Stiemer: Dokumentation Wiederaufbau der Stadt Münster 1945-1961, Münster 1982, S. 77-91.

29) Vgl. E. Grundig 1979, (Anm. 11), S. 127; Dieter Rüdebusch: Ein verschwundenes Juwel – Der gräfliche Schlossgarten zu Delmenhorst im 17. Jahrhundert, in: Delmenhorster Heimatjahrbuch 1999. Delmenhorst 1999. S. 57-64.

30) Edgar Grundig: Geschichte der Stadt Delmenhorst, Band II, (Ms. Delmenhorst 1953), Anm. 7, S. 68.

31) Zit. in: D. Rüdebusch 1999, (Anm. 27), S. 57; vgl. E. Grundig 1953, (Anm. 21), S. 88.

32) Zit. in: E. Grundig 1953, (Anm. 21), S. 333.

33) Vgl. E. Grundig 1953, (Anm. 21), S. 135; Die Lange Straße 2001, (Anm. 17), S. 110/111.

34) Zit. in: E. Grundig 1953, (Anm. 21), S. 334; vgl. Abb. in: Rolf Spille: Delmenhorst in alten Ansichten. Zaltbommel/NL 1976. S. 16 und in G. von Lindern 1997, (Anm. 15), S. 72; vgl. Ursula Maria Schute: Rathäuser zwischen Ems und Elbe. Oldenburg 1985. S. 50ff.

35) Vgl. Edgar Grundig: Geschichte der Stadt Delmenhorst von 1848 bis 1945. Band IV. (Ms. Delmenhorst 1960). S. 832.

36) E. Grundig 1960, (Anm. 35). S. 832; vgl. Jürgen Mehrtens: Marktplatz und Rathaus – Mittelpunkt der Stadt Delmenhorst. In: Die Lange Strasse 2001, (Anm. 17). S. 45-51.

37) Vgl. Städtische Galerie Haus Coburg (Hrsg.): Haus Coburg – Von der Bürgervilla zur Städtischen Galerie. 1905-1995. Delmenhorst 1995; Hanna Fischer: Sanitätsrat Dr. Hermann Coburg. Praktischer Arzt-Fabrikarzt-Pianist. In: Delmenhorster Heimatjahrbuch 2002. Oldenburg 2002. S. 62-67.

38) Nils Aschenbeck: Heinz Stoffregen 1879-1929. Architektur zwischen Tradition und Avantgarde. Braunschweig 1990.

39) E. Grundig 1960, (Anm. 35), S. 834; vgl. Nils Aschenbeck: Heinz Stoffregen 1879-1929. Werk und Bedeutung eines Bremer Architekten. In: Verein für Niedersächsisches Volkstum e.V. Bremen 1986?, S. 121.

40) Vgl. E. Grundig 1953, (Anm. 21), S. 338; J. Mehrtens 2001, (Anm. 36), S. 45ff.; Jürgen Mehrtens: 300 Jahre Delmenhorster Markt. (Delmenhorster Schriften Band 14). Delmenhorst 1990.

41) Vgl. Karl Sichart: Die Burg Delmenhorst. In: Delmenhorster Heimatjahrbuch 2000/2001. Delmenhorst 2000. S. 12-25; S. Matschiske 1996, (Anm. 11), S. 14f.

42) Vgl. E. Grundig 1979, (Anm. 11). S. 77-87; G. von Lindern 1997, (Anm. 15), S. 61-63.

43) Vgl. K. Sichart 2000, (Anm. 41). S. 22ff.

44) Vgl. Dieter Rüdebusch: Die Verpfändung der Grafschaft Delmenhorst an das Kurfürstentum Hannover (1711). In: Delmenhorster Schriften Band 2. Delmenhorst 1971; ders.: Delmenhorst im 18. Jahrhundert. In: Delmenhorster Heimatjahrbuch 2000/2001. Delmenhorst 2000. S. 77-89.

45) Zit. in: E. Grundig 1960, (Anm. 35). S. 338.

46) E. Grundig 1960, (Anm. 35). S. 338.

47) Zit. in: E. Grundig 1960, (Anm. 35). S. 336.

48) Zit. in: E. Grundig 1960, (Anm. 35). S. 336/37.

49) Vgl. E. Grundig 1960, (Anm. 35). S. 281.

50) Zit. in: J. Mehrtens 1990, (Anm. 40). S. 30.

51) Vgl. Abb. in E. Grundig 1979, (Anm. 11), S. 121 und S. Matschiske 1996, (Anm. 11), S. 15.

52) E. Grundig 1979, (Anm. 11). S. 128.

53) Vgl. J. Mehrtens 1990, (Anm. 40). S. 18.

54) Vgl. Hans-Hermann Precht: »Die Gemeinde ist die Urzelle allen öffentlichen Lebens...« – Aspekte einer politischen Biographie des Delmenhorster Bürgermeisters und späteren Reichspolitikers Erich Koch-Weser (1875-1944), in: Delmenhorster Heimatjahrbuch 2002. Oldenburg 2002. S. 85-93.

55) Vgl. E. Grundig 1960, (Anm. 35), S. 832; N. Aschenbeck 1990, (Anm. 38). S. 40.

56) Vgl. Hans-Hermann Precht: »Sie haben Delmenhorst in den Sattel gehoben und die rechten Bahnen gewiesen...« – Auf dem Weg zur vorbildlichen Stadt: Die Ära des Bürgermeisters Erich Koch 1901-1909, in: Delmenhorster Heimatjahrbuch 2003/2004. Oldenburg 2003. S. 72-86; Bärbel Isler: »... kann Ihr Beginnen für Ihre Stadt einer Kulturtat werden.« – Entstehung, Wirkung und Bedeutung des Goethebundes in Delmenhorst, in: Delmenhorster Heimatjahrbuch 2003/2004. Oldenburg 2003. S. 87-98.

57) Vgl. Delmenhorster Kreisblatt vom 16. 1. 1909, zit. in: N. Aschenbeck 1990, (Anm. 38), S. 40.

58) N. Aschenbeck 1990, (Anm. 38). S. 42.

59) Zit. in: E. Grundig 1960, (Anm. 35). S. 834.

60) Vgl. E. Grundig 1960, (Anm. 35). S. 835.

61) Vgl. N. Aschenbeck 1990, (Anm. 38), S. 44/45; G. Kaldewei 2001, (Anm. 17), S. 21; J. Mehrtens 2001, (Anm. 36), S. 46f.

62) Zit. in: Zeitschnitte 1371-1996. Ein Festbuch zum 625jährigen Stadtjubiläum von Delmenhorst. Bearb. von Werner Garbas in Verbindung mit Nils Aschenbeck und Paul W. Glöckner. Delmenhorst 1996. S. 47; vgl. G. Kaldewei 2001, (Anm. 17), S. 14.

63) Zit. in: N. Aschenbeck 1990, (Anm. 38). S. 47/48.

64) Vgl. z.B. Karl von Seeger: Das Denkmal des Weltkrieges. Stuttgart 1930; Siegfried Scharfe: Deutschland über Alles. Ehrenmale des Weltkrieges. Königstein 1938; Meinhold Lurz: Kriegerdenkmäler in Deutschland. Band 1-6. Heidelberg 1985-87.

65) Vgl. Martin Bach: Studien zur Geschichte des deutschen Kriegerdenkmals in Westfalen und Lippe. Frankfurt am Main 1985. S. 245ff.

66) Zit. in: E. Grundig 1960, (Anm. 35). S. 831; vgl. N. Aschenbeck 1990, (Anm. 38), S. 63-65.

67) Zit. in: N. Aschenbeck 1990, (Anm. 38). S. 48.

68) Erbaut von Heinz Stoffregen 1925, heute Katasteramt; vgl. Nils Aschenbeck: Sechs Wege: Architektur, Skulpturen und Parkanalagen in Delmenhorst. Delmenhorst 1993, S. 6.

69) Erbaut von Josef Wohlschläger, Oldenburger Regierungsbaumeister, 1926, heute Stadthaus I; vgl. N. Aschenbeck 1993, (Anm. 68), S. 8.

70) In: Delmenhorst baut weiter. Delmenhorster Heimatjahrbuch 1931. S. 88/89; vgl. N. Aschenbeck 1993, (Anm. 68), S. 30/31.

71) J. Mehrtens 2001, (Anm. 36), S. 50/51.

72) Vgl. G. von Lindern 1997, (Anm. 15), S. 125.

73) Stadtverwaltung Delmenhorst (Hrsg.): Bericht der Stadtverwaltung über die Verwaltung, das Kulturleben und die Wirtschaft in Delmenhorst in den Jahren 1952-1955. (Ms. Delmenhorst 1959). S. 266.

74) Vgl. Stadtverwaltung Delmenhorst 1959, (Anm. 73), S. 266; J. Mehrtens 2001, (Anm. 36), S. 51.

75) Vgl. J. Mehrtens 2001, (Anm. 36), S. 51.

76) Vgl. Martin Damus: Das Rathaus. Architektur- und Sozialgeschichte von der Gründerzeit zur Postmoderne. Berlin 1988. S. 199ff..

77) E. Grundig 1960, (Anm. 35). S. 831.

78) E. Grundig 1960, (Anm. 35). S. 835.

79) Stadtverwaltung Delmenhorst (Hrsg.): Bericht der Stadtverwaltung ... in den Jahren 1956-1960. (Ms. Delmenhorst 1962). S. 307/08.

80) Stadtverwaltung Delmenhorst (Hrsg.): Bericht der Stadtverwaltung ... in den Jahren 1961 bis 1965. (Ms. Delmenhorst 1972). S. 311-316.

81) Stadtverwaltung Delmenhorst 1962, (Anm. 79), S. 308/09.

82) Vgl. Jürgen Mehrtens: Die Lange Straße als Fußgängerzone. In: Die Lange Straße in Delmenhorst. Oldenburg 2001, S. 83-85.

83) J. Mehrtens 2001, (Anm. 36), S. 47.

84) G. von Lindern 1997, (Anm. 15), S. 126/27.

85) Nils Aschenbeck im Delmenhorster Kreisblatt vom 12. 6. 1999; vgl. G. Kaldewei 2001, (Anm. 17), S. 19ff.

86) A. Tamsen 20. 2. 1971.

87) B. von Seebach 20. 2. 1971.

88) Vgl. Gerhard Kaldewei: Stadtmuseum Delmenhorst. (Museen im Nordwesten Band 2). Oldenburg 1998. S. 76/77.

89) M. Damus 1988, (Anm. 75), S. 12.

90) Vgl. Delmenhorster Heimatjahrbuch 2003/2004, »Aufbruch in die Moderne«. 100 Jahre »Stadt 1. Klasse« 1903/2003. Oldenburg 2003.

91) Zit. in: Gerhard Kaldewei: »Die Stadt war wie weiches Wachs« – Zur Geschichte und Zukunft der Delmenhorster Industriekultur 1870/1903/2003. In: Delmenhorster Heimatjahrbuch 2003/2004. Oldenburg 2003. S. 144; vgl. Werner Garbas: Stationen auf dem Weg zur Kreisfreiheit. In: Delmenhorster Heimatjahrbuch 2003/2004. Oldenburg 2003. S. 63-71; H.-H. Precht 2003, (Anm. 56). S. 63ff.

92) Vgl. Joachim Kuropka: Die römisch-katholische Kirche in Delmenhorst. In: Rolf Schäfer/Reinhard Ritther (Hrsg.): Delmenhorster Kirchengeschichte. (Delmenhorster Schiften Band 15). Delmenhorst 1991. S. 143-177.

93) Vgl. Michael Hirschfeld: Der Aufstieg des Katholizismus in Delmenhorst im Zuge der Industrialisierung um 1900. In: Delmenhorster Heimatjahrbuch 2003/2004. Oldenburg 2003. S. 51-62.

94) Zit. in: G. Kaldewei: 1998 (Anm. 84). S. 54/55; vgl. ders. (Hrsg.): Linoleum. Geschichte. Design. Architektur 1882-2000. Ostfildern-Ruit 2000.

95) Zit. in: Gerhard Kaldewei: Linoleum – Kunst und Industrie 1882-2000. Eine Einführung. In: ders. 2000, (Anm. 88), S. 17.

96) Matthew Jefferies: The Werkbund in Germany. In: Journal of Design History7/ 1994. S. 13-27; vgl. ders.: Der Werkbund in Delmenhorst. In: G. Kaldewei 2000, (Anm. 88), S. 96-109.

97) Zit. in: E. Grundig 1960, (Anm. 35), S. 833; vgl. N. Aschenbeck 1990, (Anm. 38), S. 39.

98) N. Aschenbeck 1990, (Anm. 38), S. 48.

99) Öffentliche Gebäude in Delmenhorst. In: Delmenhorst. (Deutschlands Städtebau). Berlin-Halensee 1930. S. 9-11.

100) Karl Dillschneider: Das Delmenhorster Rathaus. Ein klassisches Beispiel des Jugendstils. (Delmenhorster Schriften Band 5). Delmenhorst 1972. S. 4/5.

101) Vgl. Charlotte-Kranz-Michaelis: Rathäuser im deutschen Kaiserreich 1871-1918. München 1976; Das Rathaus im Kaiserreich. Kunstpolitische Aspekte einer Bauaufgabe des 19. Jahrhunderts. Herausgegeben von Ekkehard Mai, Jürgen Paul und Stephan Waetzoldt. Berlin 1982; s. Anm. 75.

102) Jürgen Paul: Das ‚Neue Rathaus' – Eine Bauaufgabe des 19. Jahrhunderts. In: E. Mai u.a. 1982, (Anm. 99), S. 89.

103) Vgl. N. Aschenbeck 1990, (Anm. 38). S. 38ff.

104) Ursula Maria Schute: Rathäuser zwischen Ems und Elbe. Herausgegeben von der Bremer Landesbank Kreditanstalt. (Oldenburg 1985). S. 54.

Ursula Maria Schute

Rathäuser im Oldenburger Land

Links:
Detail des schmiedeeisernen Ziergitters der
Haupteingangstür

Rechts:
Rathausgebäude und Arkadengang, aus der
»Präsentationsmappe« von H. Stoffregen

Was ist eigentlich ein Rathaus? Befragt man die klassischen Konversations-Lexika, so unterscheiden sich die Einträge nach Länge und Tendenz entsprechend dem Erscheinungsdatum der Nachschlagewerke. Kennen ältere Ausgaben meist den Zusammenhang von Stadtwerdung und Rathausbau und nennen in der Regel auch relevante Beispiele, so handeln die aktuellen Ausgaben das Rathaus nur noch knapp als allgemeinen Verwaltungsbau ab. Schlägt man in den Wörterbüchern nach, so findet man hôtel de ville, mairie (frz.), town hall, guildhall (engl.), palazzo del consiglio pubblico, palazzo pubblico, municipio, palazzo municipale, palazzo comunale (itl.), Stadhuis, Raadhuis (niederl.), Rathaus, Stadthaus oder auch schon Bürgerhaus. Alle diese Bezeichnungen meinen Gebäude, die kommunaler Selbstverwaltung Raum und Ausdruck geben. Zugleich lassen sie in ihren semantischen Differenzierungen jedoch erkennen, dass eine genauere und zugleich allumfassende Definition kaum zu finden sein dürfte.

Architekturgeschichtlich ausgerichtete Handbücher beginnen gelegentlich mit Hinweisen auf das Buleuterion der griechischen Antike oder auf die altrömische Curia. Zum Verständnis derjenigen Tradition, in der unsere Rathäuser bis in die Gegenwart stehen, trägt die Betrachtung dieser beiden Erscheinungen allerdings nur bedingt etwas bei. Was die griechische Polis tatsächlich war, lässt sich schwerlich für die verschiedenen Stadtstaaten in toto beschreiben, und im römischen Imperium sind die Städte in ihren inneren Angelegenheiten wohl autonom, jedoch funktional eingebunden in die Verwaltung das Reichs. Die Auflösung der antiken Strukturen Westroms schafft vielmehr erst Möglichkeit und Notwendigkeit der Entwicklung eines neuen europäischen Städtesystems.

Das Werden der mittelalterlichen Städte, sei es durch neue Prosperität in antiken Stadtresten, durch Neugründungen oder Entstehen im Schutze von Burgen und Bischofssitzen, an Handelswegen, natürlichen Häfen oder Furten, unterscheidet sich von der Stadt der Antike vor allem durch die Abwesenheit einer Zentralgewalt. Die Fähigkeit zur Selbstorganisation basiert ökonomisch auf den örtlich ganz unterschiedlichen Gegebenheiten. Siena stützt sich vornehmlich auf die Landwirtschaft im Umland, Venedig lebt vom Seehandel, aber auch von der Glasherstellung, um zwei bekannte Beispiele zu bemühen. Gemeinsam ist allen Städten, dass sie spezialisierte Zentren von Handel und Gewerbe sind und dass der Städter frei ist. Wer das Bürgerrecht erwerben kann, regeln die Städte selbst und auch, nach welchen Gesetzen sich Handel und Gewerbe innerhalb der Stadtmauern vollziehen sollen und dürfen und wie man sich verteidigt.

Damit wird sofort klar, dass die Zünfte und Gilden, schließlich auch große Handelshäuser, diejenigen Kräfte sind, die die Geschicke einer Stadt ökonomisch und daher auch politisch bestimmen. Die Entwicklung des städtischen Patriziates ist eine natürliche Folge des Primats der Ökonomie, denn nur wirtschaftliche Leistungsfähigkeit sicherte langfristig die Freiheit der Kommune.

Ausgehend von diesen Grundvoraussetzungen lässt sich die Entstehung des Rathauses als Bauaufgabe und Bautyp nachvollziehen. Die Zünfte als berufsständische Selbstorganisationen der einzelnen Gewerke und die Gilden als Zusammenschlüsse der Händler brauchten Funktionsgebäude für ihre Tätigkeiten. Die Zünfte regelten z.B. die Anzahl der in einer Stadt zugelassenen Fachbetriebe, wachten über die Ausbildung, führten Prüfungen durch und zertifizierten die Erzeugnisse. Die Gilden brauchten vor allem Räume, in denen sie ihre Waren geschützt anbieten konnten. So entstanden Zunfthäuser und Gildehallen.

Vor allem aus Gildehäusern entwickelten sich mancherorts Rathäuser, denn eine der frühen Hauptfunktionen eines solchen öffentlichen Gebäudes war es, eine Markthalle vorzuhalten. Das Delmenhorster Rathaus von Heinz Stoffregen nimmt diesen Gedanken übrigens noch einmal wieder auf. Das ursprüngliche Raumprogramm eines mittelalterlichen Rathauses umfasst daher im ersten Hauptgeschoss, das auch ebenerdig sein kann, eine meist überwölbte Halle, in der vor allem empfindliche und kostbare Waren verhandelt wurden. Über der Markthalle gibt es im ersten Stock einen Saal, der erst in zweiter Linie dazu diente, dass dort Ratsversammlungen abgehalten wurden. Die wenigen Vertreter der städtischen Selbstverwaltung konnten sich auch in den Privaträumen ihrer Mitglieder treffen. Der Saal hatte vielmehr die Funktion einer multifunktionalen Stadthalle. Hier konnte die Stadt Gäste empfangen, politische Verhandlungen mit den Abgesandten anderer Städte und Mächte führen oder den Saal auch für die Verhandlungen Dritter zur Verfügung stellen. Der Westfälische Friede wird in den mittelalterlichen Rathäusern von Osnabrück und Münster beraten! Der Ratssaal war aber auch zu mieten. Hier gastierten Theatertruppen, fanden Hochzeiten statt und wurden Tanzveranstaltungen abgehalten.

Prinzipiell ändert sich an den Grundfunktionen eines Rathauses bis ins 19. Jahrhundert hinein wenig, und sie lassen sich alle aus den Aufgaben und Rechten der Kommunen herleiten. Wer was wann und wo verhandeln durfte, regelte die Stadt nach Maßgabe ihrer Rechte. Eine zentrale Aufgabe ist daher die Überwachung der Märkte, die vorzugsweise auf dem Marktplatz vor dem Rathaus abgehalten werden. Der Marktmeister hat vom Rathaus aus eine gute Übersicht und Rathausuhr und Ratsglocke geben die Zeit für Beginn und Ende des Marktes. Laubengänge vor dem Rathaus bieten neben der Markthalle erweiterte Standplätze unter Dach. Im Rathaus werden auch die geeichten Maße und Gewichte aufbewahrt. Die städtische Waage ist hier untergebracht, soweit nicht Art und Umfang des Handels ein eigenes Waagegebäude erfordert.

Die Hauptbedrohung für die Stadt vom Mittelalter bis in die Neuzeit sind neben Seu-

Rathäuser im Oldenburger Land

chenzügen weniger kriegerische Angriffe als Feuersbrünste. Innerhalb der Befestigung sind Bauplätze naturgemäß rar, weshalb die Bebauung eng ist und Funken sofort überspringen. Brandschutz ist ein Hauptthema der Bauordnungen, und das Rathaus fungiert gewissermaßen als Feuerwache, wo die Ratsglocke als Feuerglocke gezogen werden kann. Hier werden die Feuereimer und später oft auch die Spritzen vorgehalten. Das dritte Rathaus von Cloppenburg wird noch 1892 eigens als Rat- und Spritzenhaus errichtet.

Zu den städtischen Rechten gehört nicht zuletzt die niedere Gerichtsbarkeit. Dazu bilden sich im Rathauskomplex bestimmte architektonische Erscheinungen heraus. Es entwickeln sich Erker, von denen aus Urteile verkündet werden, und Lauben, in denen zuerst nur die Rechtssprechenden und später auch die Angeklagten Platz finden. Da Rechtsfindung und Strafe in engstem Zusammenhang stehen, gehören Pranger, Halseisen und Block zur äußeren Ausstattung des Rathauses. Damit die Angeklagten vorgeführt werden können, gibt es ein Verlies im Keller und auch ein Wachlokal. Bis Ende des 19. Jahrhunderts gehören Wachstube und Arrestzelle noch zum Raumprogramm des Rathausbaus.

Bis heute hat sich die Tradition des Ratskellers als Schenke gehalten. Sie hat ihren Ursprung im Ratssaal als allgemeinem Veranstaltungsort. Essen und Trinken waren und sind bei politischen Banketts so wichtig wie bei privaten Feiern, weshalb die Bewirtung auf dem Rathaus auch einschlägigen Betrieben zur Pacht übergeben wurde. Der Keller diente dann als Vorrats- und Lagerraum. Das Rathaus zu Jever wurde z.B. direkt als Weinhaus gebaut. Dass das ganze Rathaus einem Interessenten zur privatwirtschaftlichen Nutzung verpachtet wurde, ist z.B. auch für Vechta noch im 18. Jahrhundert nachzuweisen. Häufig haben die Kommunen versucht, die laufende Unterhaltung ihrer Rathäuser durch Gastronomie abzusichern, und immer hat es wohl auch

Schwierigkeiten dabei gegeben. Wenn heute unsere Städte darüber klagen, dass die Bewirtschaftung ihrer Stadthallen defizitär ist, so stehen sie damit in einer langen Traditionslinie.

Mag dieser Aspekt noch manchen Kämmerer trösten, so ist die Gegenwart mit einer anderen und höchst zentralen Funktion des Rathausbaus seltsam zerfallen, nämlich mit der Bedeutung von Repräsentation. Es gehört zu den ideologisch vermittelten und leider höchst folgenreichen Vorurteilen der Moderne des 20. Jahrhunderts, Repräsentation als arbiträres Dekorum misszuverstehen. Tatsächlich gehört der Habitus des Repräsentativen – also gesellschaftlicher Aufwand und würdevolles Auftreten – zu den wichtigsten Funktionen öffentlichen Bauens. Dass dies im 20. Jahrhundert oft durch den demonstrativen Verzicht auf traditionelle Schmuckformen geschieht, bedeutet nur einen Wechsel in den Mitteln und nicht, wie oft fälschlich angenommen wird, dass Repräsentation nicht mehr originäre Aufgabe von Architektur ist. Es wird zu zeigen sein, wie offensiv »moderne« Architektur zur Repräsentation kommunalen Selbstverwaltungswillens im 20. Jahrhundert genutzt wurde.

Das mittelalterliche Rathaus signalisiert ohne alle Umschweife, dass es darum geht, die wirtschaftliche Potenz und politische Bedeutung der Kommune durch künstlerische Mittel unmissverständlich zum Ausdruck zu bringen. Die repräsentative Ausgestaltung der mittelalterlichen Rathäuser konzentrierte sich im Laufe der Zeit auf die Ratssäle und die Fassaden. Man begann damit, besondere Ratsstuben für die Räte und die Aufnahme der städtischen Archivalien aus den oberen Sälen auszuscheiden und eigens auszustatten. Dabei wurden in der Regel die besten Handwerker und Künstler beauftragt, deren man sich versichern konnte. Zugleich erhielten auch die Säle neue künstlerische Akzente. Mit dem Wachsen der Städte und der Differenzierung kommunaler Aufgaben wuchs auch der spezielle Raumbedarf. Und

wenn es ein Spezifikum kommunalen Bauens gibt, dann ist es das, dass man immer wieder an das Rathaus anbaute.

Insofern das Rathaus notwenig aus den lokalen Gegebenheiten seiner Stadt erwächst, spiegelt es auch deren Geschichte. Seine bauliche Erscheinung steht in den architektonischen Traditionen der jeweiligen Region. Eine gewisse Grundvorstellung von einem mittelalterlichen Rathaus im norddeutschen Küstenraum gibt das Rathaus von Wildeshausen. 1270 schenkte der Bremer Erzbischof Hildebold den Wildeshausern zusammen mit der Verleihung des Stadtrechts den Bauplatz. Wann dann allerdings mit dem Bau begonnen wurde und wie das Gebäude genau aussah, entzieht sich unserer Kenntnis. Der Treppengiebel, so wie er heute zu sehen ist, macht es schwer, mittelalterliche Bausubstanz präzise nachzuweisen, weil im Laufe der Zeiten immer wieder größere, auch archivalisch nachgewiesene Sanierungsmaßnahmen notwendig wurden. Von daher ist eine verantwortbare Datierung eigentlich nicht vorzunehmen. Der Formenapparat ist so geglättet überliefert, dass prinzipiell jedes Datum zwischen 1300 und 1500 möglich erscheint. Meist spricht sich die Literatur für das 15. Jahrhundert aus, weil es zu den Usancen der regionalen Geschichtsschreibung gehört, hiesige Kulturerscheinungen generell als verspätet anzunehmen. Die Nähe des Zisterzienserklosters Hude als Zentrum des Ziegelbaus, das zum Beispiel 1319 ein Haus in Wildeshausen erwarb, lässt jedoch eine deutlich frühere Zeitstellung wahrscheinlich sein.

Der Treppengiebel mit Blendbögen ist ein Gestaltungselement, das jahrhundertelang in Gebrauch war und das städtische Wohnhaus ebenso aufwertete wie eine Scheune, ein Rathaus oder eine Tuchhalle. Wenn man dem Stadtplan von Pieter Bast glauben will, dann wies das mittelalterliche Rathaus der Stadt Oldenburg zwei solcher Giebel nebeneinander auf. Verunklärend wirken auch die hellen Holzfenster, die heute den Saal beleuchten. Die gotische Lösung hatte sicher

Das Rathaus von Wildeshausen

des Zeitgeschmacks unterworfen. In seiner mittelalterlichen Blütezeit dürfte das Wildeshauser Rathaus mithin nicht schlicht hellblau ausgesehen haben. Vielmehr ist davon auszugehen, dass die Struktur der Blendbögen durch ein polychromes Farbsystem hervorgehoben wurde. Die ursprüngliche Verwendung von farbig glasierten Formsteinen ist zudem nicht auszuschließen.

Die historischen Aufnahmen lassen auch erkennen, wie radikal die Wiederherstellungsarbeiten von 1925 und 1934/35 in den Baubestand eingegriffen haben. Der gewachsene Komplex wurde so überformt, wie man sich ein ordentliches heimisches Rathaus vorstellte, nämlich mit Eichenfachwerk und roten Ziegelausfachungen. 1952 lobt Fritz Strahlmann, das Rathaus sei derzeit in seiner »roten Ursprünglichkeit« wiedererstanden und alles Unharmonische der Vergangenheit behoben. Damit ist auch die Beseitigung der Überreste der Gerichtslaube gemeint. Erfreulicherweise hat die innere Einteilung des Rathauses soweit die Zeiten überdauert, insofern der obere Saal noch nachvollziehbar ist, und auch der Ratskeller, der im Laufe der Geschichte zu den verschiedensten Zwecken diente, ist noch vorhanden.

Wurde in Wildeshausen bei allen Sanierungsmaßnahmen offensichtlich Wert darauf gelegt, die charakteristische Giebelform zu erhalten, wurde das Rathaus zu Jever in seinem Erscheinungsbild wiederholt grundlegend verändert. Seine Erbauung fällt in eine Zeit, in der die administrativen Anforderungen an die Städte deutlich zunehmen. Jevers Stadtrechte wurden unter der Herrschaft von Fräulein Maria erneuert. Bei Verkleinerung des Stadtgebietes ließ sie ihre Residenzstadt befestigen, wobei drei neue Stadttore entstanden. Im Oberschoss des 1557 errichteten Wangertores, befand sich die Ratsstube, die aber zu Ende des Jahrhunderts zu eng wurde, weshalb man sich um das Privileg für einen Neubau bemühte. Beim Regierungsantritt Graf Anton Günthers 1603 kam der Rat erfolgreich mit der Bitte

Stabwerk aus Formsteinen. Der entscheidendste Unterschied zu den historischen Zuständen aber ist die moderne Steinsichtigkeit. Fotos aus dem frühen 20. Jahrhundert zeigen noch einen hell getünchten Bau, von dem überliefert wird, es habe sich um einen bläulichen Kalkanstrich gehandelt.

Farbfassungen gehören originär zur historischen Architektur aller Zeiten. Das konsequente Leugnen dieser Tatsache beeinträchtigt nicht nur die Erscheinungsbilder, sondern ist auch ursächlich zur Verantwortung zu ziehen für den dramatischen Verfall von Werksteingliedern und Bauplastiken im 20. Jahrhundert. Allerdings sind Farbfassungen ganz besonders dem Wechsel

ein, den Weinausschank monopolisieren zu dürfen. Damit sollte, wie in anderen Städten, eine neue Einnahmequelle geschaffen werden. Zugleich war es ordnungspolitisch gewünscht, auf diese Weise die Schenken schließen zu können.

1608 kaufte der Magistrat am Neuen Markt ein Haus, dass zum Weinhaus umgebaut werden sollte. Da sich in Jever kein Pächter für das Unternehmen finden lässt, wird Jacob Engelberts aus Esens »Winher«. Bürgermeister und Rat der Stadt Jever schließen mit ihm einen auf 16 Jahre befristeten Vertrag ab, der Rechte und Pflichten präzise regelt. Doch statt des geplanten Umbaus kommt es im April 1609 zum Abriss des Hauses und im Juni zur Grundsteinlegung für einen Neubau, der bereits im August gerichtet wurde. Am 12. September 1610 wird das Fensterbier gefeiert.

Das neue Haus wurde im unteren und hinteren Teil für den Ausschank genutzt, während der übrige Teil dem Rat diente. Selbstverständlich konnte auch hier der Saal für Festlichkeiten gemietet werden. Die prächtige Ausstattung der kommunalen Räume erregte große Bewunderung, allen voran der Ratssaal. Die ausgemalte Decke zeigte die vier Jahreszeiten und acht Tugenden. Zehn verschließbare Truhen dienten zugleich als Sitzbänke, und die Wände nahmen die Schränke für die Registratur auf. Die waren verborgen hinter einer reichhaltig geschmückten Holzvertäfelung, die sich zum Teil erhalten hat und heute im neuen Saal angebracht ist. Dieses von Folkhard Fremers gefertigte »Paneelwerk« gehört zu den bedeutendsten Kunstwerken der Stadt und gibt einen guten Eindruck vom erstklassigen Manierismus der Region. Im oberen Teil kanellierte Pilaster tragen eine Art Attika und stützen auch ein plastisch durchgebildetes Sockelgeschoss. Sie bilden zusammen mit den Gesimsen ein rektanguläres System, in das abwechselnd großartig geschmückte Nischen und Rundbogenportale eingeordnet sind. Der ganze Apparat klassischer Architekturglieder und manieristischer Ornamen-

te kommt hier in bester Schnitzkunst und mit schönen Intarsien zur Anwendung. Ein lebhaftes Spiel von Licht und Schatten verleiht der Vertäfelung die charakteristische tiefenräumliche Wirkung.

Die Fassade des Wein- und Rathauses von Jever muss ehemals ebenfalls manieristisches Gepräge gehabt haben. Das Sandsteinportal mit den Beischlagwangen von Hinrich Bartels zeigt das noch immer eindrucksvoll, wenngleich die Abwesenheit einer angemessenen Farbfassung und das Fehlen der notwendigen Vergoldungen nur noch wenig von der einstigen Pracht ahnen lässt. Eine Zeichnung von 1737 gibt Auskunft über das ursprüngliche Aussehen. Danach folgte das Gebäude dem Grundmuster des zeitgenössischen bürgerlichen Profanbaus. Die noch vorhandene Eckquadrierung und eine aus Rollwerk entwickelte komplizierte Kurvenfolge, die die Giebelschrägen auflöste, fassten zusammen mit aufgesetzten Obelisken die glatte Fassadenwand ein. 1746 erfuhr der Bau eine grundlegende Umgestaltung, weil der Giebel Schäden aufwies. Vor allem fügte man Erker und Auslucht mit großzügiger Durchfensterung hinzu, erhielt aber die alten Werksteinwappen. 1836 war der Giebel so marode, dass er abgetragen werden musste. Man ersetzte ihn durch einen eigenwilligen Glockengiebel, auf dessen breiten waagerechten Abschluss die alten Obeliske aufgesetzt wurden. Diese Konzeption wurde erhalten, als 1963 die Fassade erneut und nun bis auf das Erdgeschoss abgetragen und wieder aufgebaut wurde. Bei neuerlichen Baumaßnahmen Ende des 20. Jahrhunderts wurde der alte Weinhausgang wieder geöffnet und ein neuer, daran anschließender ebenerdiger Saal geschaffen.

Die Nutzung vorhandener Gebäude für Zwecke der kommunalen Selbstverwaltung gehört ebenso zur Tradition des Rat- und Stadthauses wie eben die Errichtung prächtiger Neubauten und deren permanente bauliche Fortentwicklung. Dabei gibt es wohl kaum eine Gebäudeart, die nicht von

Stadträten auf der Suche nach einem Domizil in Betracht gezogen worden ist. Dies gilt für Städte mit langer Stadtrechtstradition ebenso wie für Gemeinwesen, die erst im 19. Jahrhundert zur Stadt erhoben wurden.

Als der Flecken Elsfleth 1856 zur Stadt 2. Klasse wurde, das hieß zum Amt gehörig, blieb man gewissermaßen im Amtshaus und kann bis heute mit Gewinn an repräsentativer Wirkung an die Geschichte des Ortes anknüpfen, denn das Amt befand sich im ehemaligen Zollhaus.

Die Lage Elsfleths oberhalb der Mündung der Hunte am westlichen Weserufer machte den Ort seit dem Mittelalter zu einem Schauplatz von heftigen Fehden und Raubzügen. Der Elsflether Sand teilt hier die Weser in Oster- und Westergate, und die Westergate bildete bis zum Ende des 19. Jahrhunderts den Hauptstrom. Daher wurde der Weserzoll, nachdem sich seine praktische Durchsetzung bei Harrien als zu schwierig erwiesen hatte, in Elsfleth erhoben. Das von Graf Anton Günther 1623 erworbene und beim Westfälischen Frieden bestätigte Zollprivileg ließ sich allerdings auch bei Elsfleth nur mit militärischer Präsenz exekutieren. Nach der Aufhebung des Weserzolls wurden die Diensträume des 1814 geschaffenen Amtes Elsfleth ab 1820 in das nun nicht mehr genutzte Zollhaus verlegt, um später auch die Stadtverwaltung aufzunehmen. Die Stadt Elsfleth nutzt das Gebäude mit Stolz auf seine große Tradition bis heute als Rathaus.

Die wirtschaftliche und demographische Entwicklung des 19. Jahrhunderts führt nicht nur zur Bevölkerungskonzentration in großen Städten, sondern fördert auch das Anwachsen von kleinen Orten, die sich zunehmend um städtische Rechte bemühen. Die »Verstädterung« der Gesellschaft findet ihren Ausdruck auch in einem europaweiten Rathausboom. Die einschlägigen Fachzeitschriften veröffentlichen im letzten Viertel des Jahrhunderts seitenlange Bibliographien zum Thema. Dabei geht es

Das Rathaus von Jever

tion gegen den Historismus. Bis heute wird das, was sich zum Beispiel für die Fachaufgabe Rathausbau zeigen lässt, nämlich die Entwicklung von Raumprogrammen, die einerseits Verwaltungsabläufe erleichtern sollen und andererseits die repräsentativen Bedürfnisse der Kommune erfüllen müssen, missverstanden als minderwertige Architektur in historischer Maskerade. Gerade der Rathausbau, der seit dem Mittelalter immer einerseits Funktionsbau für die verschiedensten Zwecke war, und dessen andere, nicht weniger wichtige Funktion in der Repräsentation lag, wäre geeignet, zu einer systematischen Neubewertung des Historismus vorzudringen.

Bedauerlicherweise hat aber gerade das geschilderte Historismus-Verdikt der Moderne zum bedenkenlosen Abriss der architektonischen Zeugnisse des späten 19. Jahrhunderts geführt. Das Rathaus von Varel ist dafür ein Beispiel. Varel war 1856 zur Stadt 2. Klasse und 1858 zur Stadt 1. Klasse geworden. Auf dem Marktplatz wurde ab 1882 ein Rathaus errichtet, das in seiner Erscheinung an den Oldenburger Spätklassizismus anknüpft. Der elegante quaderförmige und zweigeschossige Ziegelbau mit flachem allseitig abgewalmten Dach wies helle Eckquadrierungen, einen quadrierten Putzsockel sowie Sohlbankgesimse auf. Vor allem der an der Hauptfassade eingeordnete Mittelrisalit mit Tympanon in der Dachzone und Säulen im Obergeschoss gab dem zentralen Portal noble Würde. Der vorzügliche Bau wurde 1964 abgebrochen, um dem Neubau der Landessparkasse Platz zu machen. Die Stadt Varel errichtete für sich 1962 bis 1964 ein neues Rathaus an der Windallee.

einerseits um die Frage, wie für eine dramatisch angewachsene Bürokratie funktionsgerechte Gebäude zu entwickeln sind, und andererseits um den wichtigen Aspekt des Repräsentativen. Die Architekturkritik wie auch die Kunstwissenschaft der Moderne befinden sich bis heute in ihrer Majorität noch im Stande einer emotionalen Opposi-

Abrisse von architektonisch und historisch wertvollen Rathäusern gehören aber auch zur Geschichte des 19. Jahrhunderts. So trennte sich die Stadt Oldenburg nach langen Kämpfen von ihrem alten Rathaus. Wie das mittelalterliche Rathaus der Stadt tatsächlich einmal aussah, wissen wir nicht sicher. Der Stadtplan von Pieter Bast aus dem Jahre 1598 zeigt uns ein Gebäude mit

Rathäuser im Oldenburger Land

zwei parallel angeordneten langen Satteldächern und unterschiedlich dimensionierten gotischen Treppengiebeln über einem gemeinsamen Laubengang zur Marktseite hin. Es spricht nichts dagegen, dass es sich dabei um eine zutreffende Darstellung handelt. So präsentierten sich zahllose Rathäuser der Zeit. Aber eben deshalb kann die Zeichnung auch schematischen Charakter haben. Unzweifelhaft ist hingegen, dass dieses Rathaus 1624 in Teilen baufällig war und 1635 teilweise abgebrochen wurde. Otto Schwertfeger, der als Planverfasser in Anspruch genommen wird, schuf unter Verwendung eines Altbaukerns einen sehr ansehnlichen dreigeschossigen Bau mit repräsentativen Ziergiebeln. In den 80er Jahren des 19. Jahrhunderts war dieser Bau noch rezent. Allerdings zeigten sich die dem Marktplatz abgewandten Seiten in wenig ansprechender architektonischer Form.

Der Plan zu einem Neubau wurde durch Raumnot hervorgerufen. Mit dem Wachsen der Stadt wuchsen auch die Geschäfte des Magistrats, und man entschloss sich 1874, Büroräume anzumieten. Als die Gemeinden 1876 durch Reichsgesetz zur Errichtung von Standesämtern verpflichtet wurden, reichten die Mieträume bald nicht mehr aus, und man richtete ein nahe gelegenes städtisches Gebäude, das bisher als Spritzenhaus genutzt wurde, für die Beamten ein, die ihre Amtsstuben für das neue Standesamt hatten räumen müssen. Man beklagte zwar die Probleme, die durch die verschiedenen Standorte der Verwaltung erwuchsen, entscheidend aber wurde ein Antrag der Armenkommission. Da der Ratssaal infolge seiner geringen Höhe nicht ausreichend belüftet werden konnte, fanden die Ratssitzungen im nahen Zivilkasino statt. Doch auch die Armenkommission war mit ihrem Sitzungszimmer unzufrieden und verlangte ein neues Tagungslokal. Da dies nicht gefunden werden konnte, brachte man einen Neubau in Vorschlag, wofür 1882 eine Prüfungskommission eingesetzt wurde. 1883 beschloss dann der Stadtrat auf Antrag des Magistrats den Neubau eines

Rathauses. Die eingesetzte Baukommission beschäftigte sich vor allem mit der Frage, wo das neue Stadthaus errichtet werden sollte, und kam zu dem Ergebnis, dass der Platz, den das alte Rathaus einnahm, nicht ausreichen werde und man deshalb einen Teil des Marktplatzes werde mit in Anspruch nehmen müssen.

Eine Verkleinerung des Marktfläche wurde von der Baukommission aus verkehrlicher Sicht abgelehnt. Zugleich erteilte die Kommission den alten Plänen eine Absage, das neue Rathaus »auf dem Dobben« zu errichten, wo es bereits eine städtebauliche Beordnung gab. Der Rathausplatz, heute Cäcilienplatz, sei ungeeignet, weil er außerhalb des Mittelpunktes der Stadt liege und deshalb wirtschaftlicher Schaden besonders für Handel und Gewerbe am Marktplatz zu erwarten sei. Statt dessen wurde vorgeschlagen, das Rathaus an der Westseite des Marktplatzes zu erreichen und dafür drei Gebäude auf Abbruch zu erwerben.

Der Vorschlag fand sehr geteilte Aufnahme, und die Rathausplatzfrage beschäftigte alle Bevölkerungskreise auf das Heftigste. Im August 1883 gab es eine äußerst knappe Ratsentscheidung, die sich mit einer Stimme Mehrheit für den Standort des alten Rathauses aussprach. Da einige am Marktplatz wohnende Geschäftsleute eine Einschränkung des Marktverkehrs infolge der drohenden Verkleinerung der Marktfläche befürchteten, gründeten sie eine Aktiengesellschaft zur Einrichtung einer Markthalle. Im November 1884 konnte der Marktbetrieb in der neuen Halle eröffnet werden. In der Markthalle fand nun auch die Stadtwaage Aufstellung, die vorher im Rathaus untergebracht war. Auf diese Weise konnte bei der Planung des neuen Rathauses das Erdgeschoss ausschließlich für Diensträume vorgesehen werden, weil die Waage nicht wieder berücksichtigt werden musste.

Der Wettbewerb zum Entwurf eines neuen Rathauses in Oldenburg erbachte 73 Einsendungen aus allen Teilen Deutsch-

Das alte Rathaus von Oldenburg vor 1885 (Stadtmuseum Oldenburg

lands. Den ersten Preis erhielt der Plan der Architekten von Holst & Zaar (Berlin). Im November 1885 zog die Verwaltung in ein Ausweichquartier am Rathausplatz und das alte Rathaus wurde abgerissen. Nachdem der Marktplatz frei war, brandete der Widerstand gegen den Neubau an dieser Stelle wieder auf. 1619 von den 2312 stimmberechtigten Bürgern der Stadt verlangten mit ihrer Unterschrift die erneute Behandlung der strittigen Frage. Der Magistrat trug vor, die Planungen hätten wie gesetzlich vorgeschrieben ausgelegt, und es habe keine fristgerecht vorgebrachten Einsprüche gegeben. Der Stadtrat lehnte mit 9 zu 8 Stimmen den Antrag auf Wahl eines anderen Bauplatzes ab. Die Grundsteinlegung fand dann am 28. Mai 1886 mit aller erforderlichen Feierlichkeit statt und Ende März des Folgejahres konnte man das Richtfest begehen.

Von der Fachpresse hochgelobt, von satirischen Blättern verspottet und von den regionalen Zeitungen freundlich geschildert fand das Oldenburger Rathaus ein breites

Echo. Die regionale Presse gibt ein besonders gutes Bild von der Innenausstattung, die heute leider nur noch in Teilen nachvollziehbar ist. Die Einweihung des Ratskellers im November 1887 war offenbar nicht nur ein gastronomischer Erfolg. Die Wand- und Deckengemälde des Oldenburger Theatermalers Mohrmann ernteten viel Lob. Sie stellten einerseits Themen der oldenburgischen Landesgeschichte dar und gingen anderseits auch mit Sinnsprüchen auf »die edle Kneiperei« ein. Im Januar 1888 konnte das Publikum endlich das ganze Rathaus in Augenschein nehmen. Besonderen Eindruck machten dabei der Sitzungssaal, das Zimmer des Oberbürgermeisters und das des Standesbeamten. Hier werden vor allem die dekorativen Farbfassungen gelobt und selbstverständlich die hochwertigen Tischlerarbeiten. Für den Sitzungssaal werden in dieser Hinsicht genannt: die gewölbte Holzdecke, die Wandvertäfelungen, der Parkettboden, die Zuschauertribüne und die Saaltüren. Im Zimmer des Oberbürgermeisters finden Beachtung die Decke mit an den Wänden herunterführenden Schränken, die Wandvertäfelung und die Türen. Alle diese Arbeiten werden dem Tischlermeister A. D. Willers zugeschrieben, der Stuhl des Stadtoberhauptes allerdings dem Tischlermeister Hilje.

In dem unglückseligen Tauziehen um den rechten Platz für ein neues Oldenburger Rathaus blieb ein sehr wesentlicher Gedanke des Architekten Gerhard Schnitger leider unberücksichtigt, nämlich der Hinweis, dass der Neubau räumlich erweiterungsfähig sein müsste. Das merkwürdige Beharren der Verwaltung auf dem alten Standort sollte sich rasch als äußerst nachteilig erweisen. Weil nur der alte dreieckige Bauplatz zur Verfügung stand, mussten die Funktionen gewissermaßen gestapelt werden. Der Ratssaal im dritten Obergeschoss wurde von Anfang an als problematisch empfunden. Schlimmer

aber ist, dass es keinerlei Möglichkeit von Anbau oder sonstiger Erweiterung gibt. Seit mehr als einem halben Jahrhundert wandern Abteilungen der Stadtverwaltung von Ort zu Ort. Neubaupläne zerschlugen sich, und auch die aktuelle Situation wird nicht als befriedigend empfunden. Gleichwohl wäre es wünschenswert, wenn das historische Rathaus eine angemessene baudenkmalpflegerische Aufmerksamkeit finden würde mit dem Ziel, wenigstens die farbigen Raumfassungen von Ratssaal und Treppenhaus zurückzugewinnen.

Unter den großen städtischen Rathäusern des Oldenburger Landes nimmt der Delmenhorster Bau eine besondere Stellung ein. Als Hauptgegenstand der vorliegenden Publikation soll er daher in diesem Zusammenhang unberücksichtigt bleiben, zumal ihm eigene Artikel gewidmet sind. Ein ebenfalls herausragender Bau ist das Rüstringer Rathaus der Stadt Wilhelmshaven, dem ebenfalls ein eigener Beitrag zugeordnet ist. Es trägt seinen Namen nach der Stadt, für das es errichtet wurde. Beim Zusammenschluss der Jadestädte Rüstringen und Wilhelmshaven 1937 verlor Rüstringen seinen Namen. Zum Rathausbau kam es, nachdem Heppens, Bant und Neuende erst

zum Amt Rüstringen zusammengeschlossen und dann zur Stadt 2. Klasse und 1919 zur Stadt 1. Klasse wurden. Die vorhandenen Rathäuser von Bant, 1895 bezogen und 1904 erweitert, und das Rathaus von Heppens aus den Jahren 1901/02, reichten für die neue Stadt nicht aus. Zudem verlangte das Vereinigungsgesetz von 1911 den Neubau eines Verwaltungsmittelpunktes.

Angedacht war eine große Lösung, bei der neben einem Rathaus auch Neubauten für eine höhere Mädchenschule (Fräulein-Marien-Schule), ein Realgymnasium, eine Feuerwache und ein städtischer Saalbau an einem großen Platz konzentriert werden sollten. 1913 wurde dazu ein Wettbewerb ausgelobt. Die Ergebnisse waren so unterschiedlich, dass es zu keiner Entscheidung kam. Vielmehr legte man Wagners Planungen für einen großen Platz mit Randbebauung für das weitere Vorgehen zugrunde. 1914 wurde unter Leitung des oldenburgischen Baurates Rauchheld das Reform-Realgymnasium an der Südostecke des Platzes errichtet. Mit Wagners Weggang aus Rüstringen und dem Kriegsbeginn kam die weitere Planung ins Stocken, musste aber wieder aufgenommen werden, weil der Neubau der Marienschule drängte. Anfang

Rathäuser im Oldenburger Land

1918 war ein Gesamtentwurf fertig, der nach Kriegsende nicht zur Ausführung kam.

Gleichwohl brauchte Rüstringen ein zentrales Verwaltungsgebäude, so dass 1926 die alten Pläne erneut diskutiert wurden. Fritz Höger wurde um ein Gutachten gebeten, das er jedoch ablehnte. Er erhielt dann den Auftrag für einen neuen Rathausentwurf, den das städtische Hochbauamt durchführen sollte. Högers Plan gefiel, und so konnte 1928 der Grundstein gelegt werden. Die Gesamtwirkung des breitgelagerten Baukörpers von 100 Meter Länge wird von dem zentral eingefügten Wasserturm beherrscht und von den verwendeten Bockhorner Klinkern bestimmt. Die Wahl des Architekten bedeutete auch die Wahl dieses Baustoffes. Der »niederdeutsche Backstein-Baumeister Höger« galt als der Schöpfer eines neuen deutschen Baustils. Für ihn ist das ›Rathaus in seiner anständigen Baugesinnung Grundstein für die Gesinnung eines Volkes‹. Die moderne Verquickung von Ethik und Moral mit Architektur und Ästhetik wird hier durch den Aspekt des Nationalen konkretisiert. Das Rüstringer Rathaus fand bei Bevölkerung und Kritik begeisterte Aufnahme.

Die letztendlich ideologisch motivierte Bevorzugung von Backsteinsichtmauerwerk bleibt in der regionalen Architektur eine Konstante. Wenngleich Anknüpfung an die Geschichte beschworen wird, Höger nennt sich z.B. lieber Baumeister als Architekt, spielen historische Tatsachen eine untergeordnete Rolle. Dass vom Mittelalter bis zum Ende des 19. Jahrhunderts auch Backsteinfassaden immer wieder farbig gefasst worden sind, verschwindet hinter der allgemein für wahr gehaltenen Auffassung, Steinsichtigkeit sei ehrlich und norddeutsch. Aus dieser Baugesinnung heraus wurde das Wildeshauser Rathaus »grundsaniert«. Das neue Westersteder Rathaus von 1926 folgt selbstverständlich dem neuen Ideal norddeutscher Backsteinarchitektur.

Dass Backstein als das richtige Baumaterial für öffentliche Gebäude empfunden wird, zeigt sich nicht zuletzt beim 1959 errichteten Rathaus von Friesoythe. Hier werden bei aller Zurückgenommenheit traditionelle Elemente des Rathausbaus zitiert, zum Beispiel eine doppelläufige Treppe und eine Art von Laubengang. Das Architekturzitat bestimmt auch den vierten Rathausbau der Stadt Cloppenburg, von Wüstefeld und Kösters 1936 entworfen. Dem breiten Baukörper ist ein Mittelrisalit mit einem hohen Giebel eingeordnet, dessen in den Proportionen gotisierende Durchfensterung von einem durch Konsolen getragenen Balkon unterfangen wird. Die Assoziation eines großen mittelalterlichen Rathauses ist gewünscht.

Backsteinarchitektur mit »Fachwerkelementen« bestimmt das neue Rathaus von Nordenham. Backstein findet maßgebliche Verwendung beim Kreishaus von Theo Hollmann in Brake. Damit tritt eine Bauaufgabe in den Kreis der Betrachtung, der bisher noch unbeachtet blieb und streng genommen nicht zum Thema »Rathäuser« gehört. Gleichwohl wird man seit der zweiten Hälfte des 20. Jahrhunderts die Kreishäuser im Zusammenhang des Rathausbaus sehen müssen. Der Oberkreisdirektor des Landkreises Wesermarsch stellte in der einschlägigen Kreischronik 1969 fest: »Mit der Zunahme der Verwaltungsaufgaben und der sich daraus ergebenden gesteigerten Verantwortlichkeit, nicht zuletzt auf dem Gebiete der Daseinsvorsorge, ist auch das Selbstbewusstsein der Landkreise gestiegen. Damit einhergehend hat sich ein echtes Kreisbewusstsein entwickelt. Heute repräsentieren sich nicht nur alte Städte mit würdigen Rathäusern; auch die Landkreise wollen mit modernen und zeitgemäßen Bauten ihre Leistungskraft darstellen.« Klarer lässt sich der Zusammenhang von Repräsentationsbedürfnis und öffentlichem Bauen nicht mehr darstellen.

Die Landkreise Ammerland, Oldenburg, Cloppenburg und Vechta haben sich seitdem ebenfalls neue Kreishäuser erbaut. Allen gemeinsam ist das Bemühen, die neuen Häuser für kulturelle Zwecke zu öffnen. Zugleich wird bei zum Teil höchst ambitionierten architektonischen Lösungen der Wille deutlich, mehr als ein Verwaltungsgebäude zu schaffen. Neben den Landkreisen entwickeln sich aber auch seit vielen Jahren in den Gemeinden sehr eigenwillige kommunale Gebäude. Diese neuen Rathäuser, zum Beispiel in Ramsloh (für die Gemeinde Saterland), in Lindern, Visbek oder Bakum, zeigen ein neues Verhältnis zum öffentlichen Bauen, insofern hier deutlich das Rathaus als charakteristisches architektonisches Merkzeichen ins Ortsbild gesetzt wird.

Eine umfassende Untersuchung der neuen Rathäuser für die Gemeinden dürfte interessante Einblicke in die Veränderung kommunalen Selbstverständnisses ermöglichen. Zugleich bleibt der Rathausbau ein Indikator für die Wirtschaftskraft einer Kommune. Dass die Stadt Vechta im Jahr 2000 ein neues Rathaus an einem historisch bedeutsamen Ort eröffnen konnte, spricht für sich.

Literatur (Auswahl):

- **Bucciarelli**, Piergiacomo: Fritz Höger. Der norddeutsche Backstein-Architekt, Schriftenreihe der Nordwestdeutschen Universitätsgesellschaft, Heft 63, Wilhelmshaven 1994

- **Dümeland**, Hermann: Geschichte des Oldenburger Rathauses 1877-1886; Das Rathaus 1886/88: Presseberichte, hg. von der Stadt Oldenburg 1988

- **Eckhard Gerber Architekten**: Kreishaus Vechta, Harenberg Edition, Dortmund 1998

- **Der Landkreis Wesermarsch**. Geschichte, Landschaft, Wirtschaft, Oldenburg 1969

- **Schute**, Ursula Maria: Rathäuser zwischen Ems und Elbe, Oldenburg 1985

- **Strahlmann**, Fritz: Wittekinds Heimat. Die alte Stadt Wildeshausen und ihre Umgebung, Oldenburg 1952

Michael Mende

Ein monumentaler Palast für die Stadt:
Das Neue Rathaus in Hannover
von 1913

Links:
Gipsrelief im Haupttreppenhaus

Rechts:
Wasserturm, aus der »Präsentationsmappe« von
H. Stoffregen

Der Auftritt des bürgerlichen Souveräns

Als am 20. Juni 1913 im Beisein Kaiser Wilhelms II. nach mehr als zehnjähriger Bauzeit das Neue Rathaus Hannover endlich auch offiziell seiner Bestimmung übergeben werden konnte, waren die Festredner durchweg des Lobes voll. Sie rühmten seine würdevolle Pracht und priesen dazu den eigentlichen Bauherrn; den nationalliberalen Oberbürgermeister Heinrich Tramm, der nach der weiterhin in Hannover geltenden Revidierten Städteordnung von 1858 den Titel eines Stadtdirektors führte. Während der hier »Worthalter des Bürgervorsteherkollegiums« genannte Vorsitzende der Stadtverordnetenversammlung in seinem Toast, den er am folgenden Tag beim Festmahl ausbrachte, vom »sichtbaren Zeichen tatkräftigen Bürgersinns« und einem »auf Jahrhunderte errichteten Monumentalen Bau« sprach, der »die Eigenart unserer Zeit

und unserer Stadt darstellen soll«, feierte der sich ihm anschließende Regierungspräsident mehr noch Heinrich Tramm, der es verstanden habe, »einen goldenen Schnitt zu machen und die 10 Millionen, die der Bau …« gekostet hätte, »durch seine geschickte Grundstückspolitik und … andere, nicht minder geschickte Manipulationen so aufzubringen, dass es für die Bürgerschaft nicht fühlbar geworden sei.«[1] Diese Sicht auf Bauwerk und Bauherrn sollte auch ihre Gültigkeit behalten, nachdem Tramm 1918 von seinem Amt zurückgetreten war, wenn es gegen Ende der 1920er Jahre vom Rathaus zwar hieß, es sei »noch ganz in elektischen Formen«, doch in »überzeugender Beherrschung der Massen und des Raumes im Übergang von der Stadt in das Grün des Leinetals« gesetzt worden und Hannover hätte dazu seinerzeit »… das Glück« gehabt, in seinem Stadtdirektor »einen klugen und kunstsinnigen Führer zu finden.«[2]

Das Neue Rathaus in Hannover

Immerhin war die ursprünglich angesetzte Bausumme um mehr als das Doppelte überschritten worden. Sie lag damit sogar erheblich über der, die für das Berliner Reichstagsgebäude aufgebracht werden musste, und sollte schließlich nur um eine Million Goldmark geringer ausfallen, als die, die zwischen 1886 und 1897 für das nur wenig kleinere, aber noch prächtiger ausgestattete Hamburger Rathaus ausgegeben worden war. Mit ihrem Neubau maß sich die zusammen mit dem damals noch selbständigen Industrieort Linden knapp 400.000 Einwohner zählende »Königliche Haupt- und Residenzstadt« Hannover an durchaus überragenden Vorbildern, denn Hamburg war nicht allein die mit nahezu einer Million Einwohnern weitaus größere Stadt, sondern als »Freie Hansestadt« zugleich auch wie noch heute ein eigener Bundesstaat. Als Präsi-

Das Neue Rathaus in Hannover ■

dent des Senats nahm ihr Oberhaupt damit im Bundestag als dem höchsten Organ des Kaiserreichs gleichsam den Rang eines regierenden Fürsten ein.

Andererseits galt Hannover indes manchen seiner Senatoren und Bürgervorstehern unter der Hand nicht einfach nur als Hauptstadt einer preußischen Provinz und Nebenresidenz des preußischen Königs, der ihr erst 1890 gnädig den entsprechenden Titel zurückzugeben geruht hatte, der ihr bereits 1824 von den Welfen verliehen worden war. Zumindest in ihren Augen war Hannover wenn überhaupt, dann eine Provinz mit besonderem Status und herausgehobenem Rang. Mit seinen Abmessungen, der Grundfläche von 126 m Länge und 78 m Breite sowie der nahezu 98 m hoch aufragenden Kuppel, übertraf das Neue Rathaus deshalb nicht von ungefähr alle innerhalb der Mauern vorhandenen Gebäude preußischer Einrichtungen, das alte Leineschloss, der heutige Niedersächsische Landtag, als Residenz des Königs und Kaisers ebenso wie das nahegelegene, 1838-79 errichtete frühere Ministerialgebäude als Sitz eines Oberpräsidenten oder das 1879-81 erbaute Provinzial-Ständehaus, Sitz des Landtages und der kommunalen Selbstverwaltung. Es stellte selbst noch das 1857 begonnene, vom Vater Heinrich Tramms, dem Hofbaumeister Heinrich Christian Tramm als »Schloss Königssitz« entworfene und bis 1879 für die Zwecke der Technischen Hochschule umgebaute Residenzschloss des 1866 vertriebenen Georg V. in den Schatten. Als Landmarke dominiert jetzt das Neue Rathaus eindeutig das Bild der Stadt und trat damit gleichsam die Nachfolge des königlichen Palastes an.

Nach außen hin beendeten die mehrtägigen Einweihungsfeierlichkeiten im Sommer 1913 eine gut hundert Jahre dauernde Zeit der Provisorien und vielfachen Anläufe, der mit zunehmender Geschwindigkeit expandierenden Stadt ein angemessenes, ebenso zweckmäßiges wie repräsentatives Rathaus zu verschaffen. Es sollte als Sitz des Stadtoberhaupts und der von ihm geführten Behörden, zugleich aber auch der parlamentarischen Gremien dienen, also Verwaltungs- und Parlamentspalast in einem sein. In jeder Hinsicht sollte es den Mittelpunkt der Stadt bilden, als Ort, von dem die Richtungen zukünftiger Stadterweiterung ihren Ausgang nehmen würden.

Nach außen wie nach innen beschwor das Neue Rathaus auf vielfältige Weise nicht zuletzt im Bildprogramm der Skulpturen und Gemälde seiner Säle für festliche Anlässe und die gemeinsamen Sitzungen der städtischen Entscheidungsgremien den Gedanken der »Eintracht« zwischen Stadt und Staat wie innerhalb der Bürgerschaft. Bei genauerer Betrachtung beanspruchte es damit sogar die Rolle eines symbolischen Zentrums Hannovers als eines einst selbständigen deutschen Bundesstaats. Dass seine Einweihung 1913 stattfand, war zwar einerseits eher zufällig, doch andererseits gerade in diesem Zusammenhang nicht ohne symbolische Bezüge und Parallelen. 1913 war das Jahr, in dem Deutschlands Einheit gleich mehrfach und besonders auch in Bezug auf Hannover herausgestellt werden sollte, sei es in den beiden Jahrhundertfeiern von Friedrichs Wilhelms III.: Breslauer »Aufruf an mein Volk« und der Völkerschlacht bei Leipzig, sei es aus Anlass des 25jährigen Thronjubiläums Wilhelms II. im Gedenken an das Dreikaiserjahr 1888 und die Reichsgründung von 1871, oder sei es in der als ausgleichende Wiedergutmachung empfundenen Thronbesteigung Ernst Augusts, Enkel Georgs V., als Herzog von Braunschweig und seiner die Aussöhnung der Welfen mit den Hohenzollern besiegelnden Heirat der Kaisertochter Viktoria Luise.

Markierte dieses, weit über die Grenzen Braunschweigs und Hannovers beachtete gesellschaftliche wie politische Ereignis die Rückkehr der hannoverschen Linie des Welfenhauses in den Kreis der regierenden Fürsten und wurde ihr bei dieser Gelegenheit noch dadurch zusätzlich Genugtuung zuteil, dass Preußen wenn schon nicht ihr 1866 requiriertes Vermögen selbst, so doch wenigstens dessen Zinserträge zugestand, ohne dafür den Verzicht auf den hannoverschen Thron abzufordern, so sollten Max Bergs weitgespannte »Jahrhunderthalle« auf dem Breslauer Messegelände und das gewaltige, von Bruno Schmitz entworfene Völkerschlachtdenkmal in Leipzig als spektakuläre und wie für die Ewigkeit gebaute Monumente genauso zu nationaler Eintracht als der Grundlage aufrufen, Weltmachtansprüche durchsetzen zu können. Hannovers Neues Rathaus brachte vor diesem Hintergrund mehr als nur kommunales Selbstbewusstsein zum Ausdruck. Vielmehr demonstrierte es zugleich auch das eigene Verständnis der führenden Repräsentanten der Stadt von ihrer besonderen Rolle im Kaiserreich insgesamt und im früheren Königreich der Welfen als einem seiner wesentlichen Landesteile, von ihrer Ebenbürtigkeit und der sie legitimierenden geschichtlichen Kontinuität.

Das Ergebnis gut einhundertjährigen Bemühens

»Hannover hat bekanntlich in den letzten Jahren vor und nach 1866 mehr als irgendeine andere Stadt Deutschlands an Umfang und Verkehr zugenommen...« bemerkte der Architekt und Stadtplaner Theodor Unger 1872 in seinem Beitrag über den Neubau eines Hauptbahnhofs für die Deutsche Bauzeitung. »Die Verhältnisse«, so fuhr er fort, »sind hier bei einem monatlichen Zugang von ca. 1.000 Menschen fast amerikanisch geworden. Was heute gebaut und mit enormen Kosten angelegt wird, genügt schon oft nach Ablauf eines Jahres nicht mehr den steigenden, aber berechtigten Ansprüchen. ...Märkte und Straßen erweisen sich an vielen Stellen als zu eng, die öffentlichen Gebäude als zu klein.«[3] Zu ihnen zählten allen voran das Rathaus der früheren Altstadt und das »Neue«, seit 1863 im Palais Wangenheim an der Friedrichstraße, dem heutigen Friedrichswall, untergebrachte zusätzliche Rathaus.

Neben dem bereits zu Beginn des Jahrhunderts spürbaren Zuwachs der Bevölkerung und der bald darauf einsetzenden schrittweisen Ausdehnung des Stadtgebiets waren es nicht zuletzt auch die gleichermaßen veränderten wie vermehrten Aufgaben der Stadtverwaltung, die den Ruf nach einem Rathausneubau laut werden ließen. Zu Beginn des 19. Jahrhunderts zählte die Altstadt Hannovers erst knapp 18.000 Einwohner, die sich auf einer Fläche von weniger als einem Quadratkilometer drängten, 1824, nach ihrer Vereinigung mit der Calenberger Neustadt, gewissermaßen dem Regierungsviertel, war die Bevölkerung auf gut 22.000 Häupter und das Stadtgebiet auf 120 ha angewachsen. Bereits seit 1779 waren die Wälle der Stadtbefestigung eingeebnet und die Gräben zugeschüttet worden. An ihre Stelle waren Promenaden wie die Friedrichsstraße und die Georgsstraße getreten. Letztere wiederum bildete gleichsam die Basis für die unter Georg Ludwig Friedrich Laves ab 1847 zum Bahnhof hin angelegte Ernst-August-Stadt, die zusammen mit der 1859 eingemeindeten, vor allem südöstlich des Zentrums gelegenen Vorstadt einen beträchtlichen Gebietszuwachs mit sich brachte. Das Gebiet der Stadt erstreckt sich nun immerhin schon über 23,5 km² und die

Zahl ihrer Bewohner begann, die Marke von 60.000 zu überschreiten, um dann im eben erwähnten »amerikanischen Tempo« zuzunehmen. Nachdem Hannover 1873 mehr als 100.000 Einwohner in seinen Mauern zählte, hatte es den inoffiziellen Rang einer Großstadt erreicht. Als Heinrich Tramm 1891 sein Amt als Stadtoberhaupt antrat, hatte sich die Bevölkerung demgegenüber schon wieder verdoppelt und bis zur Einweihung des Neuen Rathauses 1913 sogar mehr als verdreifacht. Vergleichbar rasch sollte schließlich auch die Fläche des Stadtgebiets von knapp 40 km² im Jahre 1891 auf bis dahin gut 100 km² zunehmen.[4]

Mit ersten Untersuchungen zu den Möglichkeiten der Renovierung und Erweiterung des Altstadtrathauses hatten Bürgermeister und Rat ihr Bauamt zwar bereits 1796 beauftragt und der vorgesetzten Landesregierung der Geheimen Räte berichten lassen, doch erst mit der Zusammenlegung von Altstadt und Calenberger Neustadt, die 1824 auch mit der Erhebung Hannovers zur Königlichen Residenzstadt und einer, für die Altstadt indes bereits 1821 entsprechend veränderten Kommunalverfassung einherging, wurden die räumlichen Verhältnisse offenbar prekär genug, um ernsthaft nach einem wirksamen Ausweg Ausschau zu halten. Das 1432/33 an der Nordseite des Marktplatzes gegenüber der Marktkirche Sankt Georgi und Jacobi errichtete gotische Rathaus entsprach trotz seiner seitdem vorgenommenen Anbauten und Umbauten in seinem Innern kaum noch den Bedürfnissen. Die 1821 erfolgte Trennung von Justiz und Verwaltung verlangte ebenso wie die gleichzeitige Konstituierung eines dem Magistrat gegenüber gleichgestellten Bürgervorsteher-Kollegiums nach einem veränderten wie großzügiger bemessenen Raumprogramm.

Mittlerweile entsprach deshalb die hergebrachte Unterteilung eines Rathauses in Ratssaal und Gerichtssaal, Schreibstube und Archiv, die sich meist allesamt im Obergeschoss fanden, sowie Verkaufshalle mit Wache im Erdgeschoss und den Zellen für

einige wenige Strafgefangene neben dem Ratsweinkeller immer weniger dem im Laufe des 19. Jahrhunderts vollzogenen Wandel vom Magistrat der Honoratioren zu einem bezahlter Beamter. Die Zuweisung und Ausdifferenzierung von Aufgaben städtischer Verwaltung bis hin zur Bildung von Eigenbetrieben der Wasser- und Energieversorgung, der Abwasserbeseitigung, des Bildungs- und Gesundheitswesens, der Armenpflege, der Unterhaltung von Straßen und Grünanlagen, sowie nicht zuletzt des öffentlichen Personenverkehrs vermehrte mit der Zahl der entsprechenden Ämter jeweils auch die ihrer Beamten und Angestellten, die mit ihren Büros allesamt an möglichst wenigen und nahe beieinander liegenden Plätzen unterzubringen waren.

In Hannover führte ein erster praktischer Schritt 1830 zunächst nur zur Räumung der unmittelbar an das Rathaus anschließenden Ratsapotheke, um mit ihrem Umzug in das gegenüberliegende Stadtkommandantenhaus einen mehrstöckigen Fachwerkbau des 16. Jahrhunderts frei zu bekommen. Allerdings sollte das wenig später, 1833, eingeführte Staatsgrundgesetz für das Königreich Hannover die Aufgaben der städtischen Selbstverwaltung derart vermehren, dass seine entlastende Wirkung sogleich verpufft war. In dieser Situation kam der damalige Stadtdirektor Wilhelm Rumann 1835 wieder auf seinen Vorschlag von 1826 zurück, das mittelalterliche Rathaus abzureißen und einen Neubau an dessen Stelle zu setzen. Der daraufhin durch den Stadtbaumeister August Heinrich Andreae, einem Schüler Friedrich Weinbrenners und Georg Mollers, entworfene Kommunalpalast im Rundbogenstil mit bemessenem Treppenhaus und Sälen, der die Nutzfläche auf dem nach dem Abriss verfügbaren Grundstück insgesamt verdoppelt hätte, verfiel jedoch erneut der Ablehnung durch das Bürgervorsteher-Kollegium. Es bestand darauf, dass das gotische Rathaus mit seiner den Marktplatz beherrschenden Längsfront unter allen Umständen erhalten bleiben müsse, ein Gesichtspunkt, der auch in Zukunft alle Pla-

Das Neue Rathaus in Hannover ■

nungen beherrschen sollte, zumal ihn sich 1862 sogar der in Hannover tagende Kongress der deutschen Architekten und Ingenieure nachdrücklich zu eigen machte.

Als zwanzig Jahre später erneut eine Generalversammlung deutscher Architekten und Ingenieure in Hannover abgehalten wurde, nahm man dann auch beifällig von den gerade zum Abschluss gebrachten Restaurierungsarbeiten Conrad Wilhelm Hases Kenntnis. Von den umfassenden Neubauplänen des Stadtbaumeisters August Heinrich Andreae hingegen waren damit gewissermaßen als Fragmente nur 1839-41 das Gefangenenhaus an der Nordseite des Innenhofs und 1845-50 das Stadtgericht, der sogenannte »Dogenpalast«, anstelle der früheren Ratsapotheke verwirklicht worden.

Die Wahl geeigneter Vorbilder

Der Raumnot vermochten all diese Maßnahmen freilich nicht wirksam abzuhelfen. Die Stadt war deshalb 1862 froh, dass sie nach dem Umzug Georgs V., der hier seit 1851 residiert hatte, in das Schloss Herrenhausen angebotene Palais am heutigen Friedrichswall kaufen und schon im folgenden Jahr als »Neues Rathaus« nutzen konnten. Dieses, 1829-33 nach Plänen von Laves für den Oberhofmarschall Graf Georg von Wangenheim errichtete und 1844 durch »Greenhouse«, einen zwischen gusseisernen Säulen großzügig verglasten Runderker erweiterte Gebäude, sollte sich allerdings sehr bald ebenfalls als unzureichend erweisen, zumal es sich von vornherein nur bedingt zur Nutzung durch Verwaltungsbüros eignete.

Sie jedoch stellten die drängendste Nachfrage. Zwar konnten die Ratsstube sowie die Sitzungssäle für Magistrat und Bürgervorsteher-Kollegium ab 1863 in dem nun als Neues Rathaus nutzbaren Wangenheimpalais untergebracht und auf diese Weise nochmals zusätzlicher Büroraum gewonnen werden. Bereits seit 1850 war

der große Saal im Alten Rathaus durch Zwischenwände unterteilt worden, um bis zu der unter Conrad Wilhelm Hase 1878-82 unternommenen Restaurierung eine Reihe von Schreibstuben aufzunehmen. Noch Mitte der 1860er Jahre vorgelegte Pläne, das Altstadtrathaus zur Markthalle umzuwandeln oder in ihm einen großen Bürgersaal und das Leihhaus einzurichten, verfielen angesichts dieses notorischen Mangels an Räumlichkeiten für die expandierende Verwaltung, die sich unterdessen zu Teilen schon in Privathäusern in der Umgebung des Marktplatzes oder des heutigen Fried-

Links:
Altes Rathaus und Kommunalpalast von A. H. Andreae

Oben:
Das Palais Wangenheim

richswalls einquartiert fand, denn bis dahin auch der Ablehnung.

Der Magistrat und das Bürgervorsteher-Kollegium hatten zwar einen neuen und vergleichsweise repräsentativen Sitz gefunden, doch für einen zügigen Geschäftsgang sollten den meisten städtischen Behörden immer noch die entscheidenden räumlichen Voraussetzungen fehlen. Sie in der dichtbebauten Altstadt zu suchen, kam nicht mehr in Frage. Im Zuge des 1889-92 vorgenommenen Durchbruchs der Centralstraße wurde zwar die Fläche für die Erweiterung des Altstadtrathauses um einen Südflügel frei und damit zugleich ein zusätzlicher Fassadenabschluss erforderlich, doch hinter der von Conrad Wilhelm Hase der Backsteingotik des historischen Vorbildes nachempfundenen Schaufront wurden ab 1891 im Erdgeschoss dem Charakter dieser Straße als neuer Hauptgeschäftsstraße entsprechend zunächst Ladengeschäfte untergebracht, während über ihnen außer den Bürgervorstehern mit ihrem neuen Sitzungssaal lediglich das Bauamt Platz fand. Für den allmählich unausweichlich werdenden Neubau der auf längere Sicht nicht allein die wichtigsten Räumlichkeiten städtischer Repräsentation aufweisen, sondern das Gros der Behörden gleichfalls angemessen, das heißt ebenso zweckmäßig wie würdig aufnehmen sollte, kam schon seiner dazu geforderten Ausdehnung bei dennoch vertretbaren Kosten wegen nur ein Grundstück außerhalb des mittelalterlichen Stadtkerns in Betracht, für das sich die damals noch bis fast unmittelbar an die Friedrichsstraße reichenden Wiesen der Altstädter Marsch anboten.

Hier war nun ein Bauplatz gefunden, der bereits seit den erstmals von Theodor Unger 1876 gemachten und der Folgezeit von Stadtbaurat Georg Bokelberg in modifizierter Form erneut vorgebrachten Plänen im Mittelpunkt gestanden hatte, Hannover nach Wiener Vorbild mit einer prachtvollen Ringstraße zu umgeben und hier ein Forum anzulegen, das von Monumentalbauten für Museen und nicht zuletzt eben das zwei-

te, endgültige Neue Rathaus gesäumt sein sollte. Dem im August 1895 unter deutschen wie österreichischen Architekten ausgeschriebenen Wettbewerb für dessen Neubau gingen demzufolge im Mai solche für das hier zu errichtende Provinzialmuseum und für die Gestaltung dieses Forums voraus. Dieser, auf das Stadtbauamt selbst beschränkte Wettbewerb, zielte dabei mehr noch als auf den zwischen Rathaus und Friedrichsstraße anzulegenden Vorplatz, auf den an der südlichen Breitseite des Rathauses geplanten Park und nicht zuletzt die Form, in der die dort vorgesehene Wasserfläche eingefasst werden sollte.

Bereits in Theodor Ungers Vorschlag von 1876, bei dem sie von der hier zwischen zwei als Bastionen vorspringenden Rondellen eingespannten Ringstraße nach Art des in Hamburg die Binnen- von der Außenalster trennenden Jungfernstiegs überquert werden sollte, war dieser Wasserfläche die Funktion eines richtunggebenden Nukleus der zukünftigen Stadterweiterung zugewiesen. Mit den beiden seit 1868 geplanten Durchbrüchen der Central- und der Eberhardtstraße bis zur Friedrichsstraße wurde diese Richtung nochmals betont. Die im Abschnitt zwischen ihren Einmündungen in den heutigen Friedrichswall gegenüberliegenden Straßenseite markierte zugleich den Vorplatz des zu errichtenden Rathauses, an dessen nördlicher Flanke inzwischen schon das zwischen 1886 und 1888 im Stil späten Palladianismus' nach Plänen von Wilhelm Manchot errichtete Museum als erstes Bauwerk der Stadt stand.

Die Entwürfe, für das damit in eine städtebaulich herausgehobene Lage gebrachte Forum, die 1895 aus dem internen Wettbewerb hervorgingen, bewegten sich zwischen der Lösung Theodor Ungers, der nach den Ideen Camillo Sittes vom »Städtebau nach künstlerischen Gegensätzen«[5] eine zwanglose Gruppierung der Gebäude an einer durch ihre unregelmäßig geführte Uferlinie malerisch wirkenden Wasserfläche vorsah, und der Georg Bokelbergs, der mit seiner

strengen Axialsymmetrie für Gebäude, Vorplatz und Wasserfläche den Regeln folgte, die Reinhard Baumeister schon 1876[6] aufgestellt hatte. Ihnen schlossen sich dann auch die städtischen Kollegien unter Heinrich Tramm an und nicht von ungefähr sollten sie bald darauf im Wettbewerb um den Bau des Provinzialmuseums dem Entwurf Hubert Stiers den Vorzug geben, der einen betont symmetrischen Vierflügelbau mit Kuppel über dem Mittelrisalit vorsah.

Doch mehr noch stellten sie mit dieser Entscheidung die Weichen für den Ausgang des Wettbewerbs um das Neue Rathaus als dem eigentlichen Dreh- und Angelpunkt der erstrebten Anlage, bei dem nicht zuletzt über das Erscheinungsbild und damit den Auftritt des Bauwerks im Gefüge der Stadt zu befinden war. Wie bei den Wettbewerben um Provinzialmuseum und Parkanlagen standen zwei Grundmodelle zur Wahl: Das einer malerischen Gruppierung der Baukörper beziehungsweise Beete, Baumgruppen und Wasserflächen, oder das einer streng auf wenig Blickachsen ausgerichteten Symmetrie.

Für den Rathausneubau selbst war außerdem über das am meisten geeignete historische wie zeitgenössische Vorbild der Lösung dieser Bauaufgabe für eine Stadt von der Größe und Bedeutung Hannovers zu entscheiden. Bei der Formulierung der Erwartungen an die einzureichenden Entwürfe ging es dabei einerseits zwar um das zu realisierende Programm der Räumlichkeiten unterschiedlichster Funktion und Größe, die im Neubau unterzubringen und einander zweckmäßig zuzuordnen waren. Doch andererseits ging es zugleich nicht weniger um das dazu besonders geeignet erscheinende Muster, dessen Stil und die historische Epoche, auf die man sich als politische Institution Stadt assoziativ zu berufen gedachte.

Als norddeutsche Stadt und ehemaliges Mitglied der Hanse hätte es für Hannover durchaus nahe gelegen, sich an der durch einen hohen Turm gesteigerten monumen-

Das Neue Rathaus in Hannover ▪

talen Wirkung kommunaler Bauten zu orientieren, wie sie die von hohen Türmen überragten Tuchhallen von Brügge und Ypern oder Rathäuser in Thorn und Danzig , aber auch die italienischen Stadtrepubliken wie Florenz und Siena vorführen. Dadurch, dass hier Türme entweder die Hauptfassade seitlich flankieren oder aber durch die Stellung auf deren Mittelachse in ihrer Wucht betonen, hätten sie gleichermaßen eine Entscheidung für eine malerische wie strenge symmetrische Anordnung von Haupt- und Flügelbauten zugelassen. Andererseits allerdings standen ebenso gut die großen unter den Freien Reichsstädten zur Auswahl, deren Formen kommunaler Repräsentation aus der Blütezeit zwischen Reformation und Dreißigjährigem Krieg im Stil einer »deutschen« Renaissance sich gerade, nicht zuletzt durch Festumzüge oder das Bühnenbild für Opern Richard Wagners, allen voran dessen »Meistersinger«, besonderer Popularität erfreuten. Eher palastartige Rathäuser des 17. oder 18. Jahrhunderts, seien es die deutschen Residenzen wie Mannheim oder Weißenfels, oder das eines Zentrums damaligen Welthandels wie Amsterdam, kamen indes wenigstens äußerlich ebenso wenig in Betracht wie die etwas älteren Renaissancebauten von Antwerpen oder Emden, die mit ihren Korridoren und zahlreichen Schreibstuben allesamt den aktuellen Bedürfnissen weit näher gestanden hätten als die meisten der mittelalterlichen Vorgänger.

Der vierköpfigen Jury in Hannover, zu der neben Architekten und hohen Baubeamten aus Hannover, Hamburg und Berlin auch Otto Wagner aus Wien gehörte, wurden aus der ersten Wettbewerbsrunde vorwiegend spätgotisch inspirierte Entwürfe präsentiert. Bei ihnen hatten freilich weniger historische Vorbilder Pate gestanden, als vielmehr solche damit andernorts erfolgreicher Zeitgenossen. So erinnerten wenigstens die Umrisslinien in den Vorschlägen, die Hubert Stier als Träger des 1. Preises unterbreitet hatte, in starkem Maße an das 1868-83 an die Ringstraße gestellte Wiener Rathaus, während sich Theodor Kösser, dem der 2.

Platz zuerkannt wurde, ebenso wie der auf den 3. Platz gesetzte Heinrich Seeling eher am Hamburger Beispiel in der Interpretation orientiert hatten, die dazu bereits jeweils 1854 von Gilbert Scott oder 1876 von Otto Wagner geliefert worden waren.

Trotz anerkannter Preiswürdigkeit vermochte die Jury keinen der Entwürfe der Stadt zur Ausführung zu empfehlen, so dass deren Verantwortliche daraufhin beschlossen, eine zweite Wettbewerbsrunde unter den Preisträgern anzusetzen. Hierbei sollte nach Auffassung der Juroren, nicht zuletzt Otto Wagners, ein »...Thurm oder ein kuppelartiger Aufbau ...das Rathhaus schon von weitem kennzeichnen.« Zudem wünschte sie, »den Platz vor dem Rathhause durch eine auf thunlich kürzestem nach der Hauptverkehrsader der Stadt führende Prachtstraße zu verbinden, den Park hinter dem Rathhause durch architektonisch regelmäßige Wasserbecken zu beleben, durch nicht allzu malerisch aufgefaßte Baumgruppen einzurahmen und durch eine geradere Führung der Ringstraße als bisher in Absicht war, zu begrenzen.«[7] Der Vorplatz zur Stadt sollte als eine Art Ehrenhof angelegt werden, wie bei einem barocken Residenzschloss beherrscht vom Rathaus als »corps de logis« und flankiert durch die freistehenden Flügelbauten des städtischen Kestnermuseums sowie des noch zu errichtenden Bauamts mit der Verwaltung von Wasserwerken und Kanalisation.

Indem vor allem »eine aus dem Grundriß begründete und folgerichtig entwickelte Kuppel«[8] verlangt wurde, wechselte die Jury und mit ihr der Magistrat unter Heinrich Tramm von der Vorstellung eines »Rathauses« in bis dahin üblicher Ausführung zu der eines »Parlamentspalastes« wie er im 1884-94 nach Plänen von Paul Wallot errichteten Berliner Reichstag oder dem 1885 – 1902 nach Plänen von Imre Steindl errichteten Budapester Parlamentsgebäude vor Augen stand. In der Zurückweisung der Kritik, die von einzelnen Bürgervorstehern mit dem Bemerken vorgebracht wurde, dass eine Kuppel weder bei irgendeinem

deutschen Rathaus zu finden, noch, abgesehen von der 1711-18 in der Calenberger Neustadt gebauten katholischen Clemenskirche und der ebenfalls dort 1864-70 unter Edwin Oppler entstandenen Synagoge, überhaupt für Hannovers Stadtbild charakteristisch wäre, sollte der Magistrat dann auch die Funktion des Rathauses als Parlamentsgebäude der Stadt betonen. Als gelungenes Vorbild für die Beziehung zwischen Stadt, Park und Rathauskuppel hob er dabei zugleich die Haupthalle der Pariser Weltausstellung von 1889 hervor.

Die Repräsentation von Macht und Eintracht

Der prämierte und dann ausgeführte Entwurf des Berliner Architekten und hohen Baubeamten Hermann Eggert, der sich zuvor schon durch das Empfangsgebäude für den neuen Hauptbahnhof in Frankfurt am Main und den Kaiserpalast in Straßburg einen Namen gemacht hatte, erfüllte nahezu alle Erwartungen. Dabei nahm er eine Reihe von Vorschlägen auf, die bereits Hubert Stiers Beitrag zur vorangegangenen Wettbewerbsrunde gekennzeichnet hatten und die sich selbst wiederum auf den Grundriss zurückführen ließen, den Jacob van Campen kurz vor Mitte des 17. Jahrhunderts für das Rathaus in Amsterdam entwickelt hatte.

Hatte er eine Kuppel zur Beleuchtung für den darunter gelegenen monumentalen, zweigeschossigen »Burgerzaal« vorgesehen, so sollte sie in Hannover die kollossale, alle Geschosse überragende Haupthalle überdecken. Als zentrale Halle sollte sie gleichermaßen als Stätte feierlicher »Staatsakte« dienen und über die Freitreppe einen repräsentativen Zugang zu den im 1. Obergeschoss gelegenen Fest- und Sitzungssälen bieten. Für die Konstruktion und Formgebung der Kuppel bezog sich Hermann Eggert auf gleich mehrere Vorbilder. In der äußeren Form ihres sich über ein Quadrat erhebenden, von kräftigen Profilen an den Kanten betonten und von einer Laterne abgeschlossenen Daches erinnert Eggerts

Das Neue Rathaus in Hannover ■

Kuppel an die von Wallots Berliner Reichstagsgebäude oder an die des von Friedrich Thiersch zwischen 1887 und 1898 erbauten Justizpalastes, der ebenfalls zu den damals mächtigsten öffentlichen Gebäuden Deutschlands zählte. Hinter diesen Profilen verbergen sich aus Ziegeln gemauerte Hohlkörper, von denen eine Wiederum als Schacht für den Schrägaufzug zur Aussichtsplattform dient, die um die Laterne führt.

Beim inneren Aufbau der Kuppel folgte Eggert dagegen dem Vorbild, das Christopher Wren für die Vierungskuppel der 1675 begonnenen und 1710 fertiggestellten St. Paul's Kathedrale in London entwickelt hatte. Hier wie dort besteht die Konstruktion aus drei übereinander stehenden Teilen. Die Vierung von St. Paul's wie die zentrale Halle des Rathauses werden zunächst von einer inneren, an ihrer Unterseite dekorierten und im Scheitel offenen Kuppelschale aus Natursteinen überwölbt. Darüber erhebt sich in beiden Fällen eine mittlere Kuppel als Paraboloid aus Ziegelsteinen, die wiederum Dach und Laterne trägt. Anders als in London steht diese Kuppel in Hannover indes nicht frei, sondern ist als Hänge- oder Stützkuppel in das Geviert des Tambours eingefügt, der sich hier über einem quadratischen statt kreisrunden Grundriss erhebt.

In die Haupthalle gelangt man von dem seit 1916 aus Anlass seines Silbernen Dienstjubiläums nach Heinrich Tramm benannten Vorplatz am heutigen Friedrichswall aus über eine breite von Welfenlöwen flankierte Freitreppe unter der Ratslaube zunächst in die nördliche Eingangshalle, deren Gegenstück auf der Südseite an der Freitreppe zur Terrasse am Maschteich liegt. Während sich im Erdgeschoss von der Haupthalle aus der östliche Flügel mit Stadtkämmerei, Fried-

hofsamt und Steuerkasse erreichen lässt, gelangt man in der entgegengesetzten Richtung zum Westflügel mit Gewerbegericht, Steueramt und Hauptkasse. Als Beletage nimmt das 1. Obergeschoss vor allem die Fest- und Sitzungssäle auf: Den Großen Festsaal über der südlichen Eingangshalle, an den sich östlich der Grüne Saal mit Damenzimmer und westlich der Blaue Saal und unter anderem das Sekretariat des Bürgervorsteher-Kollegiums anschlossen, während der Haupthalle im Westen der Bürgervorstehersaal sowie die Hauptregistratur, hingegen im Osten der gemeinschaftliche Sitzungssaal von Magistrat und Bürgervorsteher-Kollegium sowie das Schulamt benachbart waren.

Dorthin gelangte man ebenso wie zu den Zimmern der Mitglieder des Magistrats und deren Sekretariate über einen Gang, der von der Ratsstube ausgehend um die beiden Innenhöfe herum und an den Festsälen vorbei zu ihr zurück führte. Die Ratsstube wiederum lag, beiderseits flankiert von den Diensträumen für den Stadtdirektor und den Syndikus als seinem Stellvertreter, über der nördlichen Eingangshalle. Vor ihr, mit dem Mittelrisalit über der Freitreppe, findet sich wiederum die offene, von einem Giebelfeld mit großem Stadtwappen gekrönte Ratslaube, deren Deckengewölbe unter einer kup-

fergedeckten Dachhaube auch heute noch mit einem Mosaik blauer Sterne auf goldenem Grund überzogen ist. Links und rechts von ihr schließt sich jeweils ein Altan mit Balustrade an, der von einer Kolossalsäule begrenzt wird. Den beiden Welfenlöwen an der darunter liegenden Freitreppe aufgesattelt, tragen sie ihrerseits die überlebensgroßen Figuren einer »Germania« oder »Hannovera«.

Diese Skulpturen lenken den Blick auf einen Fries mit Reliefplatten zwischen dem 1. und 2. Obergeschoss, der Szenen aus der Stadtgeschichte zeigt und sich hinter ihnen von der Ratslaube ausgehend über beide Seiten der Hauptfassade hinzieht. Er beginnt mit einem Mädchen, das um 1150 am Grabe des Hildesheimer Bischofs Bernward betet, zeigt dann acht Szenen aus der gemeinsamen Geschichte der Stadt und des Welfenhauses, und sollte ursprünglich mit der Begrüßung Wilhelm II. durch Heinrich Tramm enden. Das dazu vorgesehene Bildfeld blieb jedoch leer, weil sich der Stadtdirektor angeblich nicht mit einem Pokal zum Willkommenstrunk in der Hand darstellen lassen wollte, sondern nur als Redner, der dem Kaiser in gleicher Augenhöhe entgegentritt. Diesem Bildprogramm entsprechen auf der Südseite in die Stützpfeiler zwischen den Portalen zur Eingangshalle eingemei-

Links:
Kuppel über der Haupthalle

Rechts:
Eingangsportale zur Haupthalle

Haupteingangsfassade

Mit ihnen folgt das Neue Rathaus dem gotischen Altstadtrathaus in Braunschweig, das an den Stützpfeilern der Laube, von der aus der Landesherr die Huldigung entgegennahm, Figurenpaare idealisierter Herrschergestalten aus dem Hause der Liudolfinger und Welfen zeigt, während zu etwa der gleichen Zeit beispielsweise am Rathaus in Bremen die Skulpturen Karls des Großen und der Sieben Kurfürsten angebracht wurden, um den Anspruch auf Reichsunmittelbarkeit zu demonstrieren. Andererseits lassen sich die Figuren prominenter Herrscher aus dem Welfenhaus in Hannover auch als Versuch eines Kompromisses deuten, mit dem seinen zumal im Bürgervorsteher- Kollegium noch in erheblicher Zahl vertretenen Anhängern die Hinnahme der weit größeren Bronzestandbilder der Hohenzollernkaiser Wilhelm I. und II. erleichtert werden sollte, die dann bis 1922 die Freitreppe in der Haupthalle flankierten.

Über beiden schwebte auf dem Sims zwischen Ehrenpforte am Ende der Freitreppe und dem sich darüber erhebenden gleichgroßen Fenster der Kopf Martin Luthers, beiderseits von einem entrollten Schriftband umrahmt, das den Sinnspruch »caritas es sol omium operum«, zu deutsch »Die Nächstenliebe ist die Sonne allen Menschenwerks« trägt. Der Reformator tritt hier als Stifter versöhnter Gemeinschaft auf. Die den schwelenden Loyalitätskonflikt gegenüber den beiden konkurrierenden Herrscherhäusern ausgleichende Erinnerung an die Reformation wird indes nicht allein durch Luther besorgt, sondern ebenso durch ein Bildnis seines heimischen Jüngers Antonius Corvinus in einer Kartusche am Anfang einer der Rippen des Gewölbes über der Haupthalle und die Szene im Fries der nördlichen Hauptfassade, in der Ernst der Bekenner 1526 in der Celler Schlosskirche das Abendmahl entgegennimmt. Ihren Höhepunkt sollte sie jedoch in dem Monumentalgemälde der »Einmütigkeit« finden, das Ferdinand Hodler 1911/12 für die Stirnwand des gemeinschaftlichen Sitzungssaals von Magistrat und Bürgervorstehern anfertigte.

ßelte Medaillons mit Hofbaudirektor Laves und Karl Karmarsch, seit 1831 der erste Direktor der Höheren Gewerbeschule und heutigen Universität. Über ihnen stehen auf Piedestalen zwischen den Fenstern des Großen Festsaals aufgereiht die lebensgroßen Skulpturen der Welfenfürsten von Heinrich dem Löwen bis zu Georg V..

Das Neue Rathaus in Hannover ■

Das fast fünf Meter hohe und gut fünfzehn Meter breite Bild zeigt die Choreographie des 1533 von der hannoverschen Bürgerschaft unter Führung ihres »Worthalters« Dietrich Arnsborg abgelegten Schwurs auf die Reformation. In der symmetrisch angelegten Komposition tritt hier auf Arnsborg, der als zentrale Figur mit gespreizten Beinen im Vordergrund auf dem in das Bild als Podest hineinragenden Gebälk der Saaltür steht, jeweils eine Gruppe schwörender Bürger zu. Eine eher statuarische Reihe in lange Gewänder gehüllter Figuren im Mittelgrund, die sich mit ihren Schwurgesten nahtlos in die geschlossene Front einer Vielzahl senkrecht emporgereckter Arme hinter ihnen einfügen, bildet die Kulisse dieses dramatischen Geschehens.

Stilwechsel zum Abschluss einer Epoche

Wilhelm II. soll angeblich nur kurz »die Brauen hochgezogen und sich wortlos abgewandt«[9] haben, als ihm Heinrich Tramm auf seinem Rundgang zur Einweihung 1913 auch diesen Saal vorführte. Eine Überraschung dürfte die allerhöchste Reaktion für den Stadtdirektor freilich kaum gewesen sein. Obgleich er durch Max Liebermann, der ihn 1907 für die Stadt porträtiert hatte und mit dem ihn somit eine persönliche Bekanntschaft und gegenseitige Wertschätzung verbanden, vorgewarnt worden war, hatte Tramm daran festgehalten, dieses ihm besonders wichtige Motiv bürgerschaftlicher Einmütigkeit durch Ferdinand Hodler künstlerisch interpretieren und umsetzen zu lassen. Liebermann hatte ihm den Maler empfohlen, aber zugleich auch auf die Ablehnung hingewiesen, die dessen formal eng verwandtes, 1908/09 aus Anlass der 350-Jahrfeier der Universität Jena für das dortige Treppenhaus gelieferte Wandbild »Aufbruch der Jenenser Studenten 1813« nicht zuletzt höheren Ortes erfahren hatte.

Insofern markiert Hodlers Bild für das Neue Rathaus in Hannover einen, wenngleich nicht unbedingt einen Sinneswandel in der politischen Auffassung Heinrich Tramms, so doch jedenfalls in seinen ästhetischen Vorstellungen vom Erscheinungsbild, das dieses Bauwerk auf die Mitwelt hinterlassen sollte. Ein solcher Sinneswandel hatte sich spätestens im Sommer 1909 abgezeichnet, als Entscheidungen zur Dekoration der Festsäle zu treffen waren. Bis dahin waren seit der Vorlage der Entwürfe Hermann Eggerts immerhin fast anderthalb Jahrzehnte und seit dem Beginn der Bauarbeiten gut sechs Jahre ins Land gegangen. So mutete sich vieles aus dem ursprünglichen politisch-ästhetischen Programm mittlerweile überholt an und geriet deshalb bald zum Gegenstand heftiger Auseinandersetzungen mit dem Architekten, wobei man sich nicht mehr, wie noch vier Jahre zuvor beim eher internen Streit um den Inhalt des Reliefs, mit dem der Fries zur hannoverschen Geschichte auf der nördlichen Hauptfassade chronologisch abgeschlossen werden sollte, einfach darauf verständigen konnte, vorerst gar keine Entscheidung zu treffen. Bei den Festsälen ging es nicht so sehr wie noch beim Fries darum, ob die Darstellung mit Georg V. oder Wilhelm II. mit dem Stadtdirektor als eines dem Monarchen gleichberechtigt oder eher als Vasall gegenübertretenden Zeitgenossen enden sollte.

Die Baukommission unter Tramm war vielmehr über die Jahre allmählich immer unzufriedener geworden. Sie empfand die Lösungen, die Eggert für die Seitenfassaden gefunden hatte, geradezu langweilig, und das Tempo, in dem er ihr seine weiteren Vorschläge unterbreitete, inzwischen zudem unzumutbar langsam. Unter diesen Umständen kamen seitens der Stadt sehr bald alle maßgeblich Beteiligten, vom Stadtdirektor bis zu den Bürgervorstehern, zum Entschluss, sich von Hermann Eggert zu trennen und sich einen anderen Architekten zu suchen, unter dessen Ägide dem eingetretenen Stilwechsel entsprochen und der Bau endlich zum erhofft prachtvollen Abschluss gebracht werden könnte. Für Eggert beruhte die »...Wahl des Baustils ...auf der Erwägung, daß das Gebäude ei-

nen starken Anklang an die Periode der glänzendsten baulichen Entwicklung der Stadt geben müsse und daß ihm doch der Charakter eines modernen Gebäudes nicht fehlen dürfte. Das extrem Moderne,« so fuhr er gegenüber Tramm in einem Brief zu seiner Verteidigung fort, »welches Sie in unserer Unterredung, für mich ganz unerwartet, wünschten, hat, soweit mir bekannt, noch keine Probe bei einem monumentalen großen Bau bestanden, es kann unmöglich den Eindruck einer behaglichen, vollen Schönheit hervorbringen... Hier kann ...ein durchschlagender Erfolg nur erzielt werden, wenn immer wieder zurückgegriffen wird auf die ungeheure Fülle der historisch gewachsenen Schönheit, ohne jedoch in Reproduktionen zu verfallen.«[10] Die Vorstellungen, die Tramm entwickelt hatte, waren indes nicht gar so »extrem« wie sie sich für Eggert offenbar angehört hatten. Sie verliefen durchaus noch in den gewohnten Bahnen der historischen Adaption wie das Beispiel der nicht zuletzt von ihm durchgesetzten Stadthalle zeigen sollte, die nach einem 1909 vorbereiteten Wettbewerb 1912-14 nach Plänen von Paul Bonatz und Friedrich Eugen Scholer fertiggestellt wurde. Für die 45 m hohe Kuppel über dem mehr als 3.500 Zuhörer fassenden Konzertsaal wählten sie sich zwar innen wie außen deutlich das Pantheon in Rom zum Vorbild, doch anders als beim Neuen Rathaus überwölbt hier eine vergleichsweise dünne Betonschale den Raum und der darüber stehende, die Kupferhaut tragende Dachstuhl, besteht aus leichten Stahlprofilträgern. Der weihevolle Charakter schlichter Erhabenheit wird hier eher mit einer »extrem modernen«, gleichermaßen Bauzeit wie Kosten reduzierenden Konstruktion bewirkt, als durch eine »extrem moderne« äußere Erscheinung.

Einen vergleichbaren Stilwechsel hatten in Hannover währenddessen auch führende Industrieunternehmen für ihre Hauptverwaltungen vollzogen. Folgte die Hanomag, die Hannoversche Maschinenbau Aktiengesellschaft, mit ihrem Direktionsgebäude von 1903 noch, wenngleich in sehr viel geringeren Abmessungen und moderat zum Jugendstil neigend, dem palastartigen Vorbild des Neuen Rathauses, so verzichtete Peter Behrens bei seinem 1912-14 für die Continental Gummi-Werke errichteten Verwaltungsgebäude auf eine außen sichtbare Kuppel über der großen Haupthalle und orientierte seinen Auftritt eher an den klassizistischen Formen Karl Friedrich Schinkels und dessen Nachfolger. Heinrich Tramm und den von ihm geführten Entscheidungsgremien dürfte etwas vorgeschwebt haben, das ungefähr in diese Richtung zielte, als er Paul Wallot bat, den Bau zu vollenden. Wallot jedoch fühlte sich für eine solche Aufgabe schon zu sehr geschwächt und empfahl deshalb Gustav Halmhuber, der im Herbst 1909 als Professor für die »Grundlagen des ornamentalen Entwurfs« und »Innenarchitektur mit farbiger Dekoration« an die Technische Hochschule Hannover berufen worden war, nachdem er sich zuvor unter Wallot in der »Ausschmückung des Reichstagsgebäudes« hervorgetan hatte:[11] Die Pläne, die Halmhuber bereits bald darauf vorlegte, sahen für die Festsäle Formen vor, die sich gleichermaßen Elementen eines römisch inspirierten Neoklassizismus und eines gestrafften, geometrisch vereinfachenden Jugendstils bedienten, um die Wirkung sublimer, doch nicht allzu strenger Feierlichkeit hervorzubringen. Der große Festsaal wurde mit einer Tonne überwölbt, die aus einer dünnen, unter einem aus leichten Stahlprofilen gebildeten Dachstuhl auf dem Mauerwerk ruhenden Betonschale bestand. Dekorativ wechselten bei ihr leicht profilierte Jochbögen mit kassettierten Feldern ab. Das Tageslicht konnte von der Südseite durch die großen Rundbogenfenster und darüber zwischen den Jochbögen geöffnete Oberlichter einfallen, um die im Gold der Zierleisten, dem Weiß der Deckentonne und dem Schwarz der Marmorverkleidung gehaltene Farbigkeit des Raumes zum Strahlen zu bringen. Die Längswand gegenüber den Fenstern wurde durch Felder gegliedert, die Bilder des Münchner Malers Fritz Erlers ausfüllten. In reinen, leuchtenden Farben zeigten sie drei illustrativ idealisierte

Szenen aus der Geschichte Hannovers aus germanischer Vorzeit, Mittelalter und industrieller Gegenwart. Der angrenzende Grüne Saal wurde in vergleichbarer Weise durch Mosaike geschmückt, die jeweils einzelne Szenen eines allegorischen Festumzugs von Handwerkern zeigen und auf den ebenfalls in München lehrenden Maler Julius Diez zurückgehen, während demgegenüber der für Konzerte vorgesehene Blaue oder Tristansaal ausschließlich mit weißem, in der Art von Marmorinkrustationen durch blaue Linien gegliedertem Stuck versehen wurde. Auch die Figuren auf den Reliefs mit Szenen aus der namengebenden Legende blieben hier vollkommen antikisch weiß und nur mit flächigem Blau hinterlegt.

Das Neue Rathaus in Hannover markiert mit seiner ungewöhnlich langen Bauzeit von 1902 bis 1913, den damit verbundenen Kontrasten in seiner Gestaltung ebenso wie in seiner Konstruktion, doch nicht weniger in seiner schieren Größe und nicht zuletzt mit seiner für die Rathäuser der Kaiserzeit einzigartigen, es in den Rang eines Parlamentsgebäudes oder gar Kapitols rückenden Kuppel, zugleich den Höhepunkt und den Abschluss einer Epoche. Die ihm nach dem Ersten Weltkrieg folgenden und in ihren Abmessungen vergleichbaren Neubauten der Rathäuser von Fritz Höger 1927-29 für Rüstringen-Wilhelmshaven oder Karl Roth 1928-30 für Bochum bevorzugen reduzierte, geradezu lapidare Blockformen, um die von ihren kommunalen Auftraggebern auch weiterhin gewünschten würdigen Ausdruck für das in ihnen stattfindende politisch-administrative Handeln zu erreichen. Andererseits rückt das Neue Rathaus, auch wenn es in vielen Einzelheiten der Monarchie huldigt, doch die parlamentarische Grundlage des kommunalen Regiments ins Blickfeld, die nach 1918 mit der Vergrößerung des nun nicht mehr nach dem Zensuswahlrecht von lediglich etwa fünf Prozent der Einwohnerschaft gewählten Bürgervorsteher-Kollegiums und der Erweiterung von dessen Kompetenzen in ihm noch einen angemessenen Ausdruck zu finden vermag.

Dem sollte schließlich zufällig auch das weitere politische Schicksals Heinrich Tramms, seines entscheidenden Protagonisten, entsprechen. Nachdem Tramm noch 1916 zum Ehrenbürger seiner Stadt und Namensgeber der Anschrift des Neuen Rathauses erhoben worden war, sah er sich schon zwei Jahre später zum Rücktritt veranlasst, ohne jedoch aus seiner politischen Führungsrolle auszuscheiden. Vielmehr sollte ihn das folgende Jahrzehnt als Fraktionsführer des »Ordnungsblocks«, des mit der SPD im Bürgervorsteher-Kollegium rivalisierenden und ab 1925 bis 1937 in Arthur Menge den Oberbürgermeister stellenden bürgerlichen Sammelbündnisses sehen. Der sich als Stellvertreter des Monarchen in dessen Haupt- und Residenzstadt gebende Stadtdirektor war zum führenden Parlamentarier einer industriellen Großstadt geworden, den sie nach seinem Tod im März 1932 mit großem, einem Herrscher würdigen Gepränge, mit Altar, Büste und einem Wald von Palmen und Bäumen hinter dem von Blumen und Kränzen gesäumten Sarg unter der Kuppel auf der Freitreppe in der Haupthalle dann auch entsprechend verabschieden sollte.

Anmerkungen:

1 Hannoversches Tageblatt vom 21. Juni 1913, zitiert nach Wolfgang Steinweg. Das Rathaus in Hannover. Von der Kaiserzeit bis in die Gegenwart; Hannover 1988, S. 103

2 Theodor Arends: Verfassung und Verwaltung der Stadt in neuerer Zeit; in : Hannover. Großstadt im Grünen; Hannover 1927, S. 54

3 Theodor Unger: Der Bahnhof in Hannover; in Deutsche Bauzeitung 6(1872), S. 404-406, hier S. 404; zitiert nach Klaus Siegner: Hannover-Hildesheim-Kreiensen. Bahnhofsarchitektur zwischen 1845 und 1889; in : Harold Hammer-Schenk und Günther Kokkelink, Hg.: Vom Schloß zum Bahnhof. Bauen in Hannover. Zum 200. Geburtstag des Hofarchitekten G.L.F.Laves 1788-1864; Hannover 1988, S. 327-343, hier S. 331

4 Waldemar R. Röhrbein: Hannover – eine Großstadt im Kaiserreich; in: ders. u.a.: Hannover 1913. Ein Jahr im Leben einer Stadt. Zum 75jährigen Bestehen des neuen Rathauses; Hannover 1988, S. 24-53, hier S. 34 f.

5 Camillo Sitte: Der Städtebau nach künstlerischen Gegensätzen; Wien 1889; hier zitiert nach Charlotte Kranz-Michaelis: Rathäuser im deutschen Kaiserreich 1871-1918; München 1976, S. 31

6 Reinhard Baumeister: Stadterweiterungen in ihrer baupolizeilichen und wirthschaftlichen Beziehung; Berlin 1876; hier zitiert ebenda

7 Zentralblatt der Bauverwaltung 17(1897), S. 284, hier zitiert ebenda, S. 34

8 ebenda, S. 407; hier zitiert ebenda, S.36

9 Hannoversche Allgemeine Zeitung vom 23/24. Mai 1953; zitiert nach Wolfgang Steinweg, a.a.O.1988, S. 94

10 Brief vom 12. Januar 1909 im Stadtarchiv Hannover, Bauakten XIII C 3 b19 Va; hier zitiert nach Charlotte Kranz-Michaelis: Das Neue Rathaus in Hannover – Ein Zeugnis der »Ära Tramm«; in: Ekkehard Mai, Jürgen Paul und Stephan Waetzoldt, Hg.: Das Rathaus im Kaiserreich. Kunstpolitische Aspekte einer Bauaufgabe des 19. Jahrhunderts; Berlin 1982 (=Kunst, Kultur und Politik im Deutschen Kaiserreich, Band 4), S. 395-414, hier S. 401 f.

11 Paul Trommsdorff: Der Lehrkörper der Technischen Hochschule Hannover 1831 – 1931; Hannover 1931, S. 98

Detail der Haupteingangsfassade – Medaillon des Hofbaudirektors Laves

Ernst Ehrhardt

Das Neue Rathaus in Bremen (1913)

Links:
Gipsputto im Haupttreppenhaus, oben Eingang
zum Ratssaal

Rechts:
Gipsmodell der »Kriegerehrung«, aus der
»Präsentationsmappe« von H. Stoffregen

Der bremische Staat war im Jahre 1898 durch einen Vertrag mit dem preußischen Eisenbahnfiskus in den Besitz eines großen Geländes gelangt, das von der Eisenbahn, der Parkallee, der Holleralle und dem alten Herdentorsfriedhof eingeschlossen wird. Diese Fläche war noch nicht bebaut, aber ihrer günstigen Lage wegen für die Bebauung vortrefflich geeignet. Da erbot sich nun Schütte in einer Eingabe an den Senat, dieses nach Abzug des Straßengrundes etwa 112 450 qm große Gelände für 2 500 000 M vom Staate anzukaufen und die Straßen auf seine Kosten anzulegen, unter der Bedingung, dass gleichzeitig der Neubau des Stadthauses beschlossen, der Herdentorsfriedhof aber in den nächsten dreißig Jahren nicht bebaut, sondern zu gärtnerischen Anlagen verwandt werde.

Der Senat ersuchte die Bürgerschaft:

1. »Den Vertrag, sowie den demselben beiliegenden Straßenplan zu genehmigen.«

2. »Sich mit dem Senate zu dem Beschlusse zu vereinigen, dass tunlichst bald ein für die Bedürfnisse der Polizeidirektion und näher zu bezeichnender anderer Behörden bestimmtes Verwaltungsgebäude errichtet, alsbald nach dessen Herstellung das Stadthaus abgebrochen und durch einen der Umgebung würdigen, monumentalen Neubau ersetzt werden, und der Kaufpreis des verkauften Areals zur Deckung der Kosten dieser Bauten verwandt werden solle.«

3. »Sich mit der Niedersetzung einer besonderen Deputation für die Vorbereitung dieser Bauten einverstanden zu erklären und zwölf Mitglieder derselben zu ernennen.«

Der Vertrag wurde abgeschlossen. Schütte hatte sich das Recht vorbehalten, eine von ihm zu gründende Aktiengesellschaft in den Vertrag eintreten zu lassen. In einem solchen Falle sollten alle von ihm dem Staate

Der Markt zu Bremen, Kupferstich von M. Merian von 1653 (Staatsarchiv Bremen)

gegenüber übernommenen Verpflichtungen auf diese Gesellschaft übergehen.

Die Parkland-Aktiengesellschaft wurde am 30. September 1899 gegründet. Da die Abschlagszahlungen an den Staat auf drei Jahre verteilt waren, und bereits bei der Gründung der Eingang größerer Geldbeträge aus Verkäufen in Aussicht stand, so konnte das Aktienkapital auf nur 1 500 000 M festgesetzt werden. Der Verkauf von Grundstücken ging überraschend schnell vor sich, und nach der Auflösung der Gesellschaft im Jahre 1909 lag das folgende Ergebnis vor: Die Aktionäre erhielten, außer der Rückzahlung des Kapitals, für Zinsen und ihren Anteil am Netto-Überschuss zusammen 546 000 M, die Inhaber der Stifterscheine aber ein Drittel des Überschusses mit 468 750 M. Diese hatten ein Kapital von 31 250 M verloren und außerdem einen Zinsausfall von 118 900 M erlitten. Dem Staate aber ist außer dem Kaufpreise für das Gelände von 2 500 000 M noch ein Drittel des Überschusses im Betrage von 468 750 M zugefallen, im ganzen eine Summe von 2 968 750 M.

Nun schritt man ans Werk. Nachdem noch die Hochbauinspektion durch die Anfertigung einer Skizze genauer festgestellt hatte, welche Räume in einem Neubau untergebracht werden konnten, schrieb die

Deputation wegen des Neubaues des Stadthauses im Juli 1903 einen öffentlichen »Wettbewerb zur Erlangung von Entwürfen für den Neubau eines Stadthauses im Anschlusse an das Rathaus zu Bremen« unter den reichsangehörigen deutschen Architekten aus. In dem Ausschreiben wurde ein Neubau verlangt, »der bei freier Wahl des Stiles sich dem Rathause, ohne die ehrwürdige Erscheinung desselben zu beeinträchtigen, zu einem harmonischen Gesamtbilde anschließt, und dessen Räume nur zu Regierungs- und Repräsentationszwecken dienen sollen.«

Der Neubau sollte enthalten Kellergeschoss, Erdgeschoss, ein erstes und ein zweites Obergeschoss. Im Erdgeschoss waren die Regierungskanzlei, das Archiv und der Pförtner unterzubringen. Im ersten, mit dem alten Rathause in Verbindung zu bringenden Obergeschoss sollten die Repräsentationsräume für den Senat, der Senatssaal mit Bibliothek und Sprechzimmer, ein Empfangssaal für den präsidierenden Bürgermeister nebst Vorzimmer, Kanzleiräume, ein

Das Neue Rathaus in Bremen ▪

Sitzungssaal für Verwaltungsgerichtssachen nebst Beratungszimmer, außerdem ein kleinerer Festsaal, Wirtschaftsräume für Festlichkeiten und Nebenräume untergebracht werden. Im zweiten Obergeschoss waren Sitzungssäle für Deputationen und Kommissionen und eine zweite Anrichteküche verlangt. Die Baukosten sollten den Betrag von 1 500 000 M nicht wesentlich überschreiten.

Dem Preisgericht gehörten an der Vorsitzer der Deputation wegen des Neubaues des Stadthauses Senator Schultz, Bremen, Senator Dr. Marcus, Bremen, der Rechnungsprüfer der Deputation H.A. Wuppesahl, Bremen, Baurat H. Weber, Bremen, Architekt Martin Haller, Hamburg, Stadtbaurat Ludwig Hoffmann, Berlin, Architekt Professor Gabriel v. Seidl, München, Geh. Baurat Professor Dr. Paul Wallot, Dresden. Es hatte 105 Entwürfe zu begutachten und fällte am 20. Februar 1904 das Urteil. Einen ersten Preis konnte es nicht zuerkennen, es empfahl jedoch, Preise von je 5 000 M zu erteilen an die Architekten Jänicke in Schöneberg, Roth in Kassel, Heidenreich & Michel in Charlottenburg, Rang in Schöneberg, Emmingmann & Becker in Berlin. Niedrigere Preise wurden den Verfassern von zwei anderen Entwürfen zuerkannt. –

Noch bevor der erste Stein zum neuen Archiv gelegt wurde, ging die Deputation für den Neubau eines Stadthauses wieder ans Werk. Im Juli 1907 schrieb sie einen neuen Wettbewerb aus, aber diesmal keinen öffentlichen, sondern, weil sie es für geboten erachtete, die Teilnahme namhafter Architekten sicherzustellen, einen beschränkten Wettbewerb. Zu diesem wurden eingeladen von auswärtigen Architekten Baurat Grässel-München, Geh. Regierungsrat Hehl-Charlottenburg, Professor Hocheder-München, Architekt Kühne-Dresden, Professor G v. Seidl-München, Professor Schumacher-Dresden, ferner die Bremer Architekten Abbehusen, Eeg, Fritsche, Högg, Mänz, H. Lassen, Rauschenberg und Tölken, außerdem Poppe und Gildemeister, die aber bei-

de wieder zurücktraten. Das Preisgericht, bestehend aus den Herren Bürgermeister Dr. Marcus, Senator Dr. Nebelthau, H.A. Wuppesahl, W. Blanke, Oberbaudirektor Bücking, Baurat Weber, Architekt Martin Haller, Geheimer Baurat und Stadtbaurat Dr. ing. Ludwig Hoffmann, Professor Dr.-Ing. A. Messel und Geh. Baurat Franz Schwechten, bezeichnete (in) seiner entscheidenden Sitzung am 19. Februar 1908 den Entwurf mit dem Kennwort »Bild und Text« als die beste Lösung und empfahl, diesen der Ausführung zu Grunde zu legen. Verfasser des Entwurfes war Professor Gabriel von Seidl in München. In einem Gutachten gab das Preisgericht Rechenschaft über sein Urteil. Es wies darauf hin, dass schöner Wechsel und künstlerische Wirkung der Raumbildungen, die uns so manches Bauwerk früherer Jahrhunderte überaus wertvoll machen, nur bei dem Entwurf »Bild und Text« in vollkommener Weise erreicht worden seien. »Hier wurden nicht nur die oft in gleicher Breite gleichmäßig durch den ganzen Bau geführten Korridore vermieden, die verschiedenen Räume erhielten, entsprechend ihrer voneinander abweichenden Benutzungsweisen, verschiedenartige, oft überaus malerische Raumgestaltungen; in der Reihenfolge wurde ein sehr schöner Wechsel erzielt, und an einer Hauptstelle wurde der Eindruck der Raumgröße durch Einfügung kleinerer Räume wirkungsvoll gesteigert. So gelang es dem Verfasser, seinem Entwurf das Gepräge der besten Bauten früherer Jahrhunderte zu verleihen, es in die Stimmung jener Zeiten zu versetzen und auf diese Weise eine innerliche Harmonie mit dem alten Rathause zu erzielen. Die Außenarchitektur, die an einzelnen Stellen zum gewünschten Ziele noch nicht gelangt ist, berechtigt in ihrem zielbewussten Streben nach dem Ausgleich zwischen Anpassung und Selbstständigkeit zu der Zuversicht, dass der Verfasser auch in dieser Hinsicht die großen Anforderungen, die diese Aufgabe an den Künstler stellt, erfüllen wird.« Die Deputation wegen des Neubaues des Stadthauses trat dem Urteil des Preisgerichtes bei, und Senat und Bürgerschaft genehmigten im April des Jah-

res 1908 den Antrag, den Bau des Hauses nach dem Entwurfe von Professor Seidls auszuführen.

Hier scheint es am Platze, dem Künstler, der zur Lösung einer der schwierigsten baulichen Aufgaben berufen wurde, die je in unserer Stadt aufgetaucht sind, einige Worte zu widmen. Seidl hatte schon dem Preisgericht für den öffentlichen Wettbewerb um den Neubau des Stadthauses angehört. Er war daher genau bekannt mit der Eigenart, aber auch mit den großen Schwierigkeiten der vorliegenden Aufgabe. Lag schon hier in ein Grund, ihm mit Vertrauen zu begegnen, so berechtigte der Ruf Seidls als eine der ersten Architekten Deutschlands zu der zuversichtlichen Erwartung, dass er auch hier das Beste leisten werde. Ein abgeklärter Künstler, schlicht und gerade wie seine Werke, stand er auf der Höhe des Lebens und im vollen Genusse des Ansehens, das seine vortrefflichen Leistungen gegründet und befestigt hatten.

Geboren im Jahre 1848 in München als Sohn eines Mannes, der sein Haus mit Kunstschätzen schmückte und einen anregenden Verkehr mit Künstlern unterhielt, wurde Gabriel Seidl nach der Mitte der siebziger Jahre durch seine architektonischen Schöpfungen zunächst einem kleinen Kreise bekannt. Nachdem er dann einige Jahre mit dem Maler R. Seitz eine kunstgewerbliche Werkstatt betrieben hatte, errichtete er das Deutsche Haus am Lenbachplatz in München, einen Ausschank der Spatenbrauerei, und ging damit wieder zur architektonischen Tätigkeit über. Es folgte nun eine Reihe von Wohnhäusern und Geschäftshäusern in München, dann auch an anderen Orten, die Wiederherstellung der Rathäuser in Ingolstadt und Worms, der Bau des Hauses des Malers Lenbach, des Heimes Kaulbachs, des Saales der Künstlergesellschaft Allotria, des Künstlerhauses in München und vieler anderer Bauten schlichter Fassung oder reichster Form. In den neunziger Jahren schuf er die St. Annakirche in München, und in diese Jahre fällt

Das »Linzer Diplom« von Kaiser Ferdinand III.
zur Reichsfreiheit von Bremen vom 1. Juni 1646
(Staatsarchiv Bremen)

auch seine größte Schöpfung, der Neubau des Nationalmuseums in München. Seine letzten größeren Werke sind das neue Bremer Rathaus und das Deutsche Museum auf der Kohleninsel in München.

Mit Begeisterung ging Seidl an die Aufgabe, die sich ihm hier in Bremen erschloss. Unablässig hat er gesonnen und geplant, oft das Gute verworfen, um Besseres an seine Stelle zu setzen. Immer wieder lenkte er dabei die Blicke auf die Vergangenheit, in den alten Meisterwerken der Baukunst das Schöne suchend und neue Bildungen im Geiste der alten guten Schöpfungen für seinen Bau ersinnend. Der reiche Formenkreis der bremischen Baudenkmäler aus der Zeit der deutschen Renaissance gab ihm die Grundlage für die Gestaltung seines Neubaues in allen seinen Teilen. Auch das Studium der alten Bauwerke, insbesondere in den Städten Emden und Lübeck, bot ihm manche, oft mit Begeisterung aufgenommene Anregung. Niemals verlor aber Seidl bei der Verarbeitung aller dieser Eindrücke die Rücksicht auf eine gute Gesamtwirkung aus dem Auge. So trägt denn auch sein Bau in Bremen, das Werk eines reifen Künstlers, den Stempel vollkommener Harmonie. Zweckmäßig aneinandergereiht, in malerischer Folge, nirgends von überladener Ausstattung die inneren Räume und Zimmer. Und nun die äußere Gestalt! Wie selbstverständlich erscheint uns alles in Form und Farbe. Nur dieses Material konnte der Künstler wählen, nur diese Formen anwenden, um dem alten Rathause seine volle Wirkung zu wahren. Und bei all dieser Rücksichtnahme auf den Altbau behauptet sich doch der neue Bau als die selbstständige Schöpfung eines von neuen Ideen erfüllten Künstlers. Bremen hatte einen glücklichen Tag, als es diesem Architekten die Ausführung des neuen Rathauses übertrug. –

Fast vier Jahre lang hatten die Hände fleißiger Handwerker und Künstler sich an dem Bau geregt, als endlich Mitte des Januar des Jahres 1913 die letzten Hammerschläge verhallten, und der Senat die stiller Arbeit gewidmeten Räume bezog. Wenige Tage darauf, am 16. Januar, prangten altes und neues Rathaus in festlichem Schmuck, denn nun galt es, den lang ersehnten Tag der Weihe festlich zu begehen. Im Glanze seiner Schönheit, strahlend im Licht, zeigte sich am Abend dieses Tages das neue Haus, weit waren die Türen zu den Hallen des alten Rathauses geöffnet, und seine feierlich gestimmte Menge versammelte sich im neuen Festsaale. Kaum waren hier die Klänge der »Weihe des Hauses« von Beethoven verrauscht, so nahm der Senator Dr. Nebelthau als Vertreter der Deputation das Wort zur Festrede:

»Sehr geehrter Herr Präsident!
Hochansehnliche Versammlung!
Dieser Bau verdankt seine Entstehung Franz Schütte.
Manchem war das alte Stadthaus schon lange ein Stein des Anstoßes und des Ärgernisses. Als aber unser Dom herrlich wiedererstanden war, und seine Türme, als Wahrzeichen Bremens weithin sichtbar, stolzer denn je gen Himmel ragten; als die feine Ratsapotheke und der vornehme Schütting unserm Markte einen neuen Schmuck verliehen hatten, da mehrten sich die Stimmen, daß der Anblick des formlos gewordenen alten Hauses nicht länger erträglich sei, und allgemein und dringend wurde der Wunsch nach einem Neubau, der in das verschönerte Bild passe und vor allem der Nachbarschaft des Rathauses würdig sei.

In keinem war dieser Wunsch lebendiger als in Franz Schütte. Aber während die andern es bei der Betrachtung bewenden ließen und den Neubau wegen der Finanzlage Bremens für unerreichbar hielten, wußte Franz Schütte alsbald Rat und ging mit dem ihm eigenen Eifer an die Ausführung eines klug erdachten Planes. (...)

Als ich in München am 3. April 1907 in einer unvergesslichen Stunde Professor v.

Das Neue Rathaus in Bremen ◼

Seidl einladen durfte, sich an dem Wettbewerb zu beteiligen, hatte er mit Begeisterung angenommen und von dichterischem Schwunge getragene, herrliche Worte für die Schönheit unseres Rathauses und die Bedeutung der Aufgabe gefunden. Diese Begeisterung entsprang nicht aus einer plötzlichen Regung, sondern stammte von einer tiefen, großen Liebe zu der Kunst, die in unserem Rathause verkörpert ist; sie war keine rasch verlodernde Flamme, sondern ein heilig gehütetes Feuer, das mit Licht und Wärme beglückte alle, die in seinen Umkreis traten. Wie oft haben auch wir Deputationsmitglieder ihre wohltätige Wirkung empfunden! Sie hat uns alle Schwierigkeiten überwinden helfen und uns in ihren Bann gezwungen, so daß wir dem Meister willig folgten und an ihn glaubten.

Und nun ging es ans Werk und zunächst an den Abbruch des alten Hauses, mit dem am 28. Januar 1909 begonnen wurde. (...)

Ich muß es mir versagen, den Bau durch die einzelnen Zeiträume seiner Entstehung hindurch zu verfolgen. Es wird sich die Feder finden, die dieser Aufgabe gerecht wird. Hervorheben möchte ich nur, daß das Haus am 31. Januar 1911 gerichtet werden konnte.

Ebenso glaube ich, eine Baubeschreibung einer anderen Gelegenheit und einem Berufeneren überlassen zu sollen. Darin werden namentlich zu würdigen sein die herrlichen Kunstwerke, mit denen ausgezeichnete Künstler diesen Bau außen und innen geschmückt haben, und die vortrefflichen Leistungen der tüchtigen Gewerbetreibenden, Handwerker und Unternehmer, die dieses Haus zustande gebracht haben.

Unvollständig aber würde ich zu sein glauben, wenn ich einige Betrachtungen unterdrückte, zu denen mir der Bau aufzufordern scheint.

Haben wir nicht das Gefühl, daß er gar nicht anders hätte sein dürfen? Ist er uns nicht

schon so vertraut, als ob er bereits lange so dagestanden hätte? Wie schmiegt er sich dem alten Rathause an, ohne in Nachahmung zu verfallen! Wie muten uns seine Fenster so heimisch an, und der warme Ton seines Ziegelmauerwerks! Zu einem wundervollen Akkorde vereinigen sich die von den beiden Häusern ausgehenden Wirkungen, und die leichten Abweichungen von der graden Linie und von der strengen Regelmäßigkeit versetzen uns in eine angenehme, behagliche Stimmung. Sie geben aber auch eine Vorstellung von der Bedeutung des Künstlers. Denn nur ein Großer darf sich solche Freiheiten gestatten, ohne die Harmonie seines Werkes zu zerstören; nur ein Vornehmer kann sich so leicht und ungezwungen geben, ohne willkürlich und formlos zu werden. Das Gepräge der besten Bauten früherer Jahrhunderte rühmte das Preisgericht an dem Seidlschen Entwurfe; wir finden es bei dem Bau wieder. Ein Baumeister wie Gabriel v. Seidl hascht nicht nach äußerlichen Wirkungen; er will nicht um jeden Preis ein Neuerer sein, sondern er trachtet nach der Schönheit und Wahrheit. Dazu sind ihm alle Mittel und Wege recht, alte und neue. Er aber steht über alt und neu und unterscheidet nur zwischen gut und schlecht. Auch wandeln sich die alten Formen unter seinem Zeichenstift in neue, die zwar ihre hohe Abkunft nicht verleugnen, aber doch eigene Züge tragen und seinen Geist und seine Hand erkennen lassen. Durch ihren Zusammenhang mit dem Alten aber zeugen sie von der Zugehörigkeit ihres Urhebers zu der Reihe der großen Künstler, die sich durch die Jahrhunderte zieht, deren Wirkung nicht mit ihrer Persönlichkeit endet, sondern die fortwirkend Gutes, Wahres und Schönes hervorbringen.

Unser Bau beweist aber auch, daß die Schönheit die Zweckmäßigkeit nicht ausschließt. Wir werden dessen bei unserm Rundgange innewerden. Nur zu Regierungs- und Repräsentationszwecken sollen diese Räume dienen. Wie glücklich ist diese Aufgabe gelöst! Im Erdgeschoß die Senatsregistratur und die Regierungskanzlei, leicht

Der Roland am Markt zu Bremen in einer farbigen Zeichnung aus der »Koster-Chronik«, 17. Jahrhundert (Staatsarchiv Bremen)

aufzufinden für das Publikum, das ihrer bedarf. Daneben die Zimmer der Senatssekretäre, die diesen umfangreichen Betrieben vorstehen. Im ersten Obergeschoß der Sitzungssaal des Senats mit den bisher so oft und schmerzlich entbehrten Nebenräumen. Außerdem Zimmer für Senatoren und Syndici in ausreichender Zahl. Im zweiten Obergeschoß der Sitzungssaal für die Rekursbehörde und die Disziplinargerichte, ebenfalls mit den erforderlichen Nebenräumen. Ferner eine Flucht von stattlichen Zimmern für Deputationen, Behörden und Kommissionen.

Getrennt von den der Regierung bestimmten Räumen die Repräsentationsräume. Diese in unmittelbarer Verbindung mit der unteren und oberen Rathaushalle, so daß nunmehr für festliche und gesellige Veranstaltungen jeden Umfanges angemessene Räume zur Verfügung stehen.

Auch die Wirtschaftsräume auf der Höhe der Zeit, Luft, Licht, Wärme durch muster-

Oben:
Haupteingangsfassade des Neuen Rathauses gegenüber dem Dom (Foto: Preuß. Meßbildanstalt Berlin 1913)

Unten:
Gabriel von Seidl (1848–1913), Grafik von F. E. Smith, 1907

gültige Anlagen bereitgestellt, und in den hohen Kellergewölben, altem Brauche gemäß, Lager für deutschen Wein in Fässern und Flaschen.

Niemand spricht schöner und besser von dem Werte der Überlieferung als Professor Seidl. Mit gründlichem Wissen, geschichtlichem Sinne, scharfem Blicke und feinem, liebevollem Verständnis sucht er die Sitten und Gebräuche der Väter und das Gedächtnis ihrer Taten zu erhalten. Daraus erklärt sich, daß dieser Bau, auch darin dem alten Rathause verwandt, soviel zu erzählen weiß.

Am zierlichen Erker der Südseite verkünden die Bilder der Tageszeiten die Hoffnung des jungen Tages, Tages Mühe und Arbeit, die Lust und Erholung des Abends und die selige Ruhe der Nacht. Die hohen Fenster der Ostseiten sind mit Darstellungen aus der biblischen Geschichte geschmückt, mit schönen Frauengestalten, Riesen, Rittern, Bläsern und Hirten. Fröhliche Kinder treiben ihr Spiel mit drolligen Tieren; fabelhafte Wesen deuten auf die Freude der Menschen an Märchen und Sagen hin. Der mächtige Vorbau an der Nordseite zeigt an, daß hier der Senat seine Sitzungen hält. Rechtspflege, Schiffahrt, Handel und Handwerk sind durch bildnerischen Schmuck angedeutet, das krönende Tellurium gemahnt an die dahinrollenden Jahre und den Wechsel der Jahreszeiten. Die goldene Glücksgöttin aber auf der Spitze des reizvollen Dachreiters scheint mit dem hochgeschwungenen Schleier günstigen Wind für Bremen einzufangen.

Betreten wir das Haus von der unteren Rathaushalle aus, so erinnert das Wappen zur Linken an Johann Rohde, den Sohn eines bremischen Bürgers, der von 1497–1511 die erzbischöfliche Würde in Bremen bekleidete. Auf der Gedenktafel daneben ist abgebildet der Erbauer des alten Palatium, Erzbischof Giselbert. Von der nördlichen Treppenhauswand grüßt uns das Bild Bremerhavens, wie es um 1842 war. Unter der Decke aber werden sich die von Künstlerhand zu einem riesigen Leuchter gestalteten mächtigen Walfischkiefer dehnen, eine Versinnbildlichung der uralten, immer noch lebhaften Verbindung Bremens mit den nordischen Meeren und Ländern. Wir treten in diesen Saal und empfangen den tiefen Eindruck des mir zu Häupten hängenden Bildes: die Vermählung der Brema mit dem Meere. In Wehmut gedenken wir dabei seines Stifters, unseres Bürgermeisters Marcus, der nach Seidls Worten der gute Genius des Stadthausneubaues war, und dessen Freigebigkeit auch die Decke dieses Saales mit dem schönen Mittelstück geschmückt hat. Die wohlgelungenen Nachbildungen der alten Fahnen aus dem 18. Jahrhundert erinnern an die Verdienste der Bürgerwehr.

Die Bilder aus dem alten Bremen zeigen, um wie viel schöne alte Baudenkmäler wir ärmer geworden sind. Das Schmuckkästchen des Turmzimmers bewahrt im Rahmen der Tugenden das Broncebild unsers Kaisers. In dem anstoßenden Kaminsaale werden Sie alte bremische Landschaften und Bildnisse finden; Familienbilder und Bilder ehemaliger, unvergessener Bürgermeister und Ratsherren in den folgenden Räumen. In der Wandelhalle des ersten Stocks hält eine künstlerisch ausgeführte Landkarte den gegenwärtigen Zustand der Stadt und des Landgebietes fest, und ein Broncebild, von reichlichem Lichte umflossen, verkörpert die weitausschauende Schiffahrt. Neben der Tür zum Hansazimmer wird ein meisterhaftes Bildnis die Züge Gabriel Seidls der Nachwelt bewahren. Im Hansazimmer selbst aber erzählen die Bilder von der Schlachte und unserm ersten Freihafen. Die Wandelhalle des zweiten Stocks schmückt ein bedeutendes Bild unsers Mitbürgers Carl Vinnen: um die Wende des 17. Jahrhunderts segelt ein stattliches Konvoischiff mit mächtig herabwallender, farbenprächtiger Bremer Flagge zu der im Hintergrunde turmreich sich erhebenden Stadt hinauf. (...)

Ich bin am Schluß und habe nunmehr die Ehre, Ihnen, sehr geehrter Herr Präsident, namens der Deputation wegen des Neubau-

Das Neue Rathaus in Bremen

Das »Turmzimmer« neben dem Festsaal des Neuen Rathauses

es des Stadthauses diesen Bau zu übergeben. Möge er durch viele friedliche Jahrhunderte hindurch ein freies, glückliches Bremen sehen, die Heimat arbeitsfreudiger Bürger und gelenkt von einem Senat, dem das oberste Gesetz die allgemeine Wohlfahrt ist. Das walte Gott!« (…)

Die Klänge der Jubelouverture von Karl Maria v. Weber schlossen die Feier im Festsaale. Nach einem Rundgange durch das neue Haus vereinigten sich die Festteilnehmer in der oberen Rathaushalle zu dem die Feier abschließenden Mahle. Nicht allen, die an dem Werke geschaffen haben, war es vergönnt, das neue Rathaus in seiner Vollendung zu sehen. Franz Schütte, der tatkräftige Förderer des Baues, weilte nicht mehr unter den Lebenden. Am 11. Februar 1911 hatte ein schneller Tod seinem gesegneten Leben das Ziel gesetzt. Der Bürgermeister Dr. Victor Marcus, der gute Genius des Baues, war am 17. November desselben Jahres von uns geschieden. Beider Gedächtnis bleibt in Ehren.

Gabriel von Seidl, der formgewandte Schöpfer des Baues, rang, als Bremen die Weihe des neuen Rathauses feierlich beging, mit schwerer Krankheit. Große Freude haben ihm die Worte des Dankes und der Anerkennung bereitet, die während der Feier die Präsidenten des Senats und der Bürgerschaft ihm an das Krankenlager sandten. Noch hoffte er, den Bau in seiner Vollendung zu sehen. Aber seine Zeit war erfüllt, am 27. April 1913 nahm ihn der Tod hinweg.

Wir Lebende aber freuen uns der edlen Schönheit seines letzten Werkes.

Claudia Turtenwald

Das Wilhelmshavener Rathaus des Hamburger »Baumeisters« Fritz Höger von 1929

Links:
Eingangstür zum Ratssaal

Rechts:
Skizze zur Markthalle, aus der »Präsentationsmappe« von H. Stoffregen

Die »Burg am Meer«

Das Rathaus in Wilhelmshaven[1] ist als die »Burg am Meer« in die Literatur eingegangen und gilt als eines der Hauptwerke des Hamburger Architekten Fritz Höger. Höger selbst bezeichnet den Bau in der für ihn typischen empathischen Sprache als »Ankerboden für die Hoffnung der ganzen Einwohnerschaft der Stadt, die Hoffnung auf Wiederaufrichtung des zerrütteten Vaterlandes und die Mahnung zur Einigung des ganzen Volkes.«[2] Hier zeigen sich Parallelen zu den Gedanken der Zeitgenossen über das Werk, welches Höger zum großen Durchbruch verholfen hatte und mit dem er auch heute noch nahezu ausschließlich identifiziert wird: dem Chilehaus in Hamburg. Die Wirkung des »Opus Magnum« beruht auch auf Högers eigener häufiger Bezugnahme auf diesen Bau. Bei der Durchsicht seiner Schriften und Veröffentlichungen in Zeitschriften fällt dem Leser die Charakterisierung Hildebrandts ein, der von »einer nicht zu überbietenden Selbstreklame«[3] spricht, mit der Höger sein Werk anpreise. Höger empfand offenbar ein großes Sendungsbewusstsein, bei der Formung einer neuen Architektur, eines neuen Stils mitzuwirken und dies auch dem Volk nahe zu bringen.

Die Meinungen über den »Klinkerfürsten«, wie er häufig betitelt wurde, und sein Werk sind geteilt: Die Einschätzungen schwanken von Äußerungen wie denen von Heinrich Ehl, der Höger als einen »Meister« (bezeichnet) und ihn mit dem Schöpfer des Bamberger Domhügelbezirks auf eine Ebene stellt[4], bis zur Kritik des ehemaligen Baurates der nationalsozialistischen Regierung Bayerns, Rudolf Pfister, der zu hoffen scheint, dass Högers Lebenswerk nicht dauerhaften Eindruck hinterlasse, da er seiner Ansicht nach zu viel »persönliche Prägung« besaß, um »Ewigkeitswerte schaffen zu können.«[5]

Von Autoren, die sich mit der modernen Architektur beschäftigten, wie z.B. Bruno Zeve, Jürgen Joedicke, Leonardo Bene-

velo und Kenneth Frampton wurde Höger nur sporadisch erwähnt, und dies stets im Zusammenhang mit der expressionistischen Richtung, wobei ausschließlich das Chilehaus aufgeführt wurde.[6] Siegfried Giedeon schwieg über Höger ganz. In den späten dreißiger Jahren, als Högers Werk noch nicht abgeschlossen war, seinen Höhepunkt aber schon überschritten hatte, gab es einen ersten Ansatz, Person und Werk Högers umfassend darzustellen. Es handelte sich um die Veröffentlichung von Carl Westphal, der Höger freundschaftlich gesinnt war.[7] Westphal betonte in seiner

Oben:
Fritz Högers »Burg am Meer«, Wilhelmshaven 1929

Rechts oben:
Fritz Höger (1877–1949)

Rechts unten:
Chile-Haus in Hamburg, Foto: Gebr. Dransfeld, 1929

Einleitung, dass er sich weitgehend »auf das öffentlich zutage tretende Urteil«[8] beschränken und auch Höger selbst zu Wort kommen lassen wolle. Die Darstellung von Westphal ist vor allem wegen der später zu einem großen Teil beschädigten oder zerstörten Fotoaufnahmen, die von den Brüdern Dransfeld aus Hamburg angefertigt wurden, wichtig. Högers Unterlagen, die er im Klostertorhof, eines seiner frühen Gebäude, untergebracht hatte, wurden 1943 bei einem Brand weitgehend zerstört. Die damals übrig gebliebenen Stücke kamen in sein Wohnhaus nach Bekenreihe, wo ein Brand im Jahre 1963 wiederum einiges vom zuvor geretteten Material zerstörte. Ein Teil dieser Unterlagen, vor allem Zeichnungen, aber auch einige Fotoglasplatten, wurde von Högers zweiter Frau 1966 der Kunstbibliothek Berlin anvertraut und befindet sich noch heute in deren Besitz. In den neunziger Jahren kam der Rest der Unterlagen in das Staatsarchiv Hamburg. Dieser umfangreiche Bestand konnte kürzlich durch die Autorin inventarisiert werden. Auf Grund der starken Brandschäden bedarf er noch einer Restaurierung. Besonders interessant für Högers Sichtweise der Dinge in Wilhelmshaven ist ein Manuskript, welches vermutlich aus dem Jahre 1949 stammt.[9] Es gibt Auskunft über die Vorgehensweise beim Rathausbau und der geplanten Erweiterung 1948 aus der Sicht des Architekten. Deutlich ist die Verärgerung über die schlechte Behandlung, die ihm vor allem in den dreißiger und vierziger Jahren seiner Meinung nach dort von Seiten der Baubehörden und Stadtverwaltung entgegen gebracht wurde, zu spüren.

1952 erschien von Julius Gebhard eine Schrift über Höger, die er als einen »Beitrag zum Wiederaufbau« verstanden wissen wollte.[10] Neben einigen Überlegungen zum Backstein in handwerklicher und architektonischer Hinsicht nahm Gebhard eine Gliederung der Bauten nach Bauaufgaben vor und widmete ein kleines Kapitel, welches er aus einem Text von Rudolf Binding entnahm[11], dem Chilehaus.

Im gleichen Jahr schrieb Banse den »Lebensroman« Högers.[12] Das unveröffentlichte Typoskript ist in den Beständen der Kunstbibliothek Berlin und des Staatsarchivs Hamburg vorhanden und behandelt auf knapp 300 Seiten das Leben und Werk Högers. In empathischen Worten, die Högers Art verwandt erscheinen, stellte er sich als sein Anhänger dar und kann einige interessante Einblicke in Högers Vorstellungen geben.

1972 unternahm Alfred Kamphausen den Versuch, Höger und sein Werk zu würdigen.[13] Ihm ging es nach eigener Aussage mehr darum, den Menschen Fritz Höger darzustellen, was jedoch dazu führte, dass sein Text von Bucciarelli treffenderweise als hagiographisch umschrieben werden musste.[14] Bucciarelli bemerkte auch, dass der Text »sich stellenweise wie ein Heimatroman der 1930er Jahre«[15] lese, zudem wird Högers Betätigung unter den Nationalsozialisten nicht kritisch dargestellt. Kamphausen unterließ es überdies, einen Werkkatalog aufzustellen, was er damit begründete, dass ein solches Unterfangen nicht mehr möglich sei.

1977 ergriff Ekhart Berckenhagen, ausgehend von den in der Kunstbibliothek Berlin lagernden Beständen von etwa 440 Blatt Zeichnungen, die Gelegenheit, Höger mit einer Ausstellung zu dessen 100. Geburtstag zu ehren. In einer Begleitveröffentlichung unternahm Berckenhagen zum ersten Mal den Versuch, ein Werkverzeichnis zu erstellen. Teilweise mit kurzen Baubeschreibungen versehen, gab er auch Hinweise zu weiterführender Literatur. 1987 meldete sich Piergiacomo Bucciarelli in der Zeitschrift »Eupalino« in einem sehr reich und aufwändig illustrierten Artikel zum ersten Mal zu Fritz Höger zu Wort.[16] Es folgte 1992 ein umfassendes Werkverzeichnis, das zahlreiche noch verfügbare Pläne und Abbildungen beinhaltete, andere aus älteren Abbildungen übernahm, so dass nun auch eine umfassende bildliche Darstellung von Högers Werk vorlag.[17] Zwei Jahre später erschien

eine geraffte Darstellung des Werkes Högers, welche auf einen Vortrag in Wilhelmshaven zurück ging.[18] Einige kleinere Artikel in Architekturzeitschriften befassten sich mit einzelnen Aspekten des Höger-Werkes. Von diesen möchte ich die Artikel von Immo Boyken[19] in der Zeitschrift »architectura« von 1985 und 1989[20] hervorheben. In dem letzt genannten beschäftigte sich Boyken auch mit dem Rathaus in Wilhelmshaven und stellte einen interessanten Vorentwurf Högers zu diesem Projekt vor.

1995 befasste sich Matthias Schmidt monographisch mit dem Anzeiger-Hochhaus

Fritz Högers Städtisches Krankenhaus in Delmenhorst von 1928 (Stadtarchiv Delmenhorst)

mit Planetarium in Hannover von Fritz Höger und fügte dieser Abhandlung auch eine umfassende Werkbeschreibung an.[21] 1997 erfolgte dann eine Arbeit über Höger durch eine Ausstellung in Itzehoe[22], wo dieser eine Fabrik und später ein Denkmal errichtet hatte. Zur Ausstellung erschien ein Katalog, der sich vor allem auf das Chilehaus konzentrierte und dessen Nachhall aufzeigen wollte. Zum 50. Todestag Högers 1999 veranstaltete der Deutsche Werkbund Nord e. V. eine umfangreiche Sonderausstellung mit dem Titel: »Außen vor – Der Backsteinbaumeister Fritz Höger 1877–1949«, die in Hannover, Delmenhorst, Wilhelmshaven[23] und Meppen zu sehen war; dazu erschien eine entsprechende Begleitveröffentlichung.[24] Aktuell ist ausgehend vom neu inventarisierten Hamburger Nachlassmaterial in Hamburg eine Ausstellung mit umfangreichem Katalog geplant, außerdem eine Dissertation der Autorin zum Gesamtwerk Högers.

Das Rathaus als Bauaufgabe

Die Bauaufgabe des Rathauses, welche Höger ab 1928 in Wilhelmshaven in Angriff nahm, entwickelte sich im 12. Jahrhundert, als die Städte frei wurden, aus einem einfachen Saalbau[25]. Schon bald zeichnete sich das Rathaus durch prächtige Fassaden und Betonungen durch Türme oder Dachreiter aus. Die Orientierungen im Rathausbau schwankten je nach den Bauschwerpunkten der Zeit und verloren schließlich im 19. Jahrhundert feste Vorbilder wie zuvor die Fürstenschlösser. In dieser Zeit hatte sich als Bautypus weitgehend das achsialsymmetrische Turmrathaus, bestehend aus einem mehrgeschossigen, breitgelagerten Baukörper mit hohem Dach und einem Mittelturm, herausgebildet.[26]

Seit Anfang des 20. Jahrhunderts brach die Orientierung an der Frühen Neuzeit ab, die Rathäuser gerieten durch die Verminderung der Bauteile, die Vereinfachung der Umrisse und damit des Gesamtbaues immer schlichter. Die Anzahl der Rathausneubauten war in dieser Zeit auf Grund der finanziellen Notlage in vielen öffentlichen Kassen,

sehr gering. Bis in die vierziger Jahre hinein blieb der Typ des Mittelturmrathauses gängig, verlor dann aber an Bedeutung. Das Rathausgebäude in Wilhelmshaven beinhaltet auch einen Wasserturm.[27] Diese Bauaufgabe hatte sich im 19. Jahrhundert durch die gestiegenen Nutzungsanforderungen ergeben. Die vermeintlich hässliche technische Form erfuhr in der Folge häufig Umkleidungen, die den Zweck kaschieren sollten.[28] Historische Stilzitate deuteten eine Befestigungs- und Glockenturm-Typik an. Zeitgleich gab es aber auch Bestrebungen von Ingenieuren, dem Bauwerk in seiner technischen Eigenart gerecht zu werden.[29] Die Kombination von Wasserturm und einer weiteren Funktion führte häufig zu Lösungen, die das Gewicht nicht auf die Darstellung des Wasserturms legten, wie es auch in Wilhelmshaven der Fall ist. Dem Bau des Höger-Rathauses gingen in Wilhelmshaven insgesamt drei Wettbewerbe zur Ideenfindung in den Jahren 1911/13, 1915/18 und 1926/27 voraus. Höger, dessen Name in den Vorarbeiten zum Verwaltungsbau schon auftauchte, wurde schließlich mit dem Bau beauftragt.

Die Wettbewerbe zum Rathaus in Wilhelmshaven

Die Planungen zum Rathaus Wilhelmshaven zogen sich über gut eineinhalb Jahrzehnte hin. Diese Zeitspanne ergab sich zum Teil durch den Krieg, der Realisierungswünsche vereitelte, zum Teil aber auch aus den langwierigen Vorverhandlungen bei der Wahl des Architekten. Zu letzterem gehörten auch Dienstreisen städtischer Beamter in verschiedene Städte, um sich vor Ort ein genaues Bild vom Werk eines Architekten machen zu können. Die Vorarbeiten erwiesen sich somit als sehr intensiv und schwierig, denn die Stadt wollte auf der einen Seite eine erstklassige Architektur entstehen sehen, auf der anderen Seite aber auch, vor allem im späteren Verlauf der Planungen, möglichst wenig Geld ausgeben. Aus dieser Kombination ergaben sich eine Anzahl von Wettbewerben bzw. Projekten zum Rathaus-

objekt, welche sich in ihren genaueren Aus-
maßen zusätzlich im Laufe der Zeit veränderten. Ging man zunächst nur vom Neubau
des Rathauses aus, so vergrößerte sich die
Anzahl der zu errichtenden Bauten, als man
sich entschloss, mehrere städtische Gebäude auf einem Forum zu vereinigen und daher einen Wettbewerb zur Errichtung der sogenannten »Centralanlagen« ausschrieb.[30]

Das erste Projekt für die Bebauung der Zentralanlagen von 1911 bis 1913

Die Stadt Rüstringen entschloss sich 1912,
für den Rathausneubau einen Wettbewerb
auszuschreiben. Zu diesem Zeitpunkt waren
die unterschiedlichen Ämter auf insgesamt
acht verschiedene Gebäude verteilt (die drei
bestehenden Rathäuser in den Stadtteilen
Heppens, Neuende und Bant und verschiedene Privathäuser), was zu einer großen Ar-
beitsbehinderung geführt hatte. Außerdem
verpflichtete ein Vereinigungsgesetz von
1911 die Stadt Rüstringen, bis 1919 ein
neues Rathaus zu bauen.[31] Vorarbeiten zum
Projekt hatte zu diesem Zeitpunkt bereits
der Rüstringer Stadtbaumeister Martin Wagner[32], der im Herbst 1911 neu eingestellt
worden war, geleistet. Bei dieser Planung
sollte es sich zunächst nur um den Neubau
eines Rathauses und einer höheren Mädchenschule handeln, um die unbefriedigen-
de Situation der Stadtverwaltung und der
Schule zu verbessern. Erst später kam die
Idee auf, mehrere der inzwischen notwendig gewordenen Neubauten auf einem Platz
zu vereinen und so der Stadt ein Zentrum
zu geben.

Hahn berichtet über den Vorgang: »Die Verhandlungen, die zunächst auf einen passenden Bauplatz für die zu errichtende
Fräulein-Marien-Schule abzielten, ließen
langsam den Gedanken reifen, alle Bauten
zu einem monumentalen städtischen Forum
zu vereinigen. Es wurde der Wunsch ausschlaggebend, innerhalb des vorhandenen
schematischen Straßensystems mit einer
großen richtunggebenden Anlage eine Wir-

Fritz Högers Wilhelmshavener Rathaus in einer Nachtaufnahme der Gebr. Dransfeld von 1929 (Stadtarchiv Delmenhorst)

kung zu erzielen, wie sie nur durch größere
Konzentration zu schaffen ist. Das ließ sich
durch Zusammenfassung aller genannten
Bauaufgaben erzielen.«[33] Die projektierten
Bauten wurden zu den sogenannten »Centralanlagen« zusammengefasst. Hahn betonte in einem Bericht von 1913, dass der
Wunsch nach einer »richtunggebenden Anlage entscheidend »sei und« stärkste Konzentration von Wirkungen »rechtfertige«,
um gegen die Indifferenz der Umgebung
anzukommen.«[34] Auch andere Aussagen
deuten darauf hin, dass der Wirkung dieser
Gebäude eine sehr wichtige Rolle zukom-
men sollte: »Alle Bauten sollten zu einem
›monumentalen städtischen Forum‹ vereint
werden«[35], in dem der »Wert der Stadt«
sichtbar werden sollte. Die Stadt wollte sich
so den repräsentativen Mittelpunkt schaffen, der ihr bis dato fehlte.[36] Es gibt unterschiedliche Angaben darüber, was sich
hinter den »Centralanlagen« an Gebäude-
planungen verbarg. Sie beinhalten jedoch
fast alle den Bau des Rathauses, zweier
Schulen, eines Saalbaus, einer Markthalle[37], einer Feuerwache, einer Sparkasse
und einer Bibliothek und daher ist vom geplanten Bau dieser Gebäude auszugehen.[38]
Hahn berichtete, welche Vorgaben es für

die einzelnen Gebäude gab.[39] Danach sollte das Rathaus den Platz architektonisch
beherrschen, ruhige Büroräume und Erweiterungsmöglichkeiten bieten. Die Schulen
sollten ruhig liegen, preiswert sein und gut
belichtet, die Feuerwache war in ihrer Größe festgelegt und sollte sinnvollerweise als
Übungsraum einem öffentlichen Platz zugeordnet werden. Die Markthalle war in ihrer Größe ebenfalls festgelegt und konnte
durch offene Laubengänge ersetzt werden;
die Sparkasse sollte zusammen mit der Bibliothek und dem Arbeitsnachweis in einem
Gebäude mit guter Verkehrslage untergebracht werden. Für den Saalbau gab das
Programm die Anregung zu einem großen
Vortragssaal mit Nebenräumen und Ratskel-
lerbewirtschaftung.

Das Projekt von »Centralanlagen« bot sich
für die Situation der Gemeinde an, um die
aus einzelnen Teilen zusammengewachsene
Stadt durch einen Platz aufzuwerten, welcher neben den wichtigsten Ämtern, durch

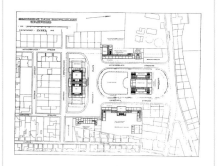

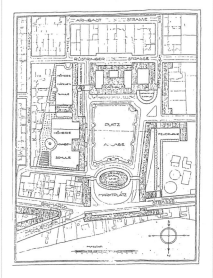

Oben:
»Bebauungsplan für die Zentralanlagen in Rüstringen« von Hans Poelzig, 1913

Unten:
Wettbewerbsentwurf von Martin Wagner, 1913

den Saalbau, einen Ort der Zerstreuung und durch die Markthalle den der Versorgung beinhaltete. Eine solche Anlage konnte so dazu beitragen, den einzelnen Teilen ein verbindendes Element zu geben, das »Herz des Stadtzentrums« zu bilden. Das Konzept war durch seine Kombination aus städtischer Verwaltung, Freizeitgestaltung, Finanzdienstleistung und Versorgung mit Dingen des täglichen Bedarfs darauf ausgelegt, eine solche Verbindung zu schaffen und die alten, kleineren Zentren zu ersetzen. Wenn letztere bestehen blieben, wäre ein wirkliches Zusammenwachsen nicht möglich.

1912 entschloss sich die Stadt zum Kauf eines größeren Grundstücks für das Projekt und tat damit den ersten Schritt zur Realisierung der Bauvorhaben.[40] Es handelte sich dabei um das Gelände zwischen der Rüstringer-, Bismarck- und Mitscherlichstraße, das sehr günstig erworben werden konnte. Bei der Auswahl des Grundstücks war neben dem günstigen Preis auch die »Lagegunst am Kreuzungspunkt wichtiger Straßen«[41] entscheidend.

Im Mai 1913 entschied man sich im Magistrat dafür, dass ein beschränkter Wettbewerb ausgeschrieben werden sollte, zu dem neben den auswärtigen Architekten einige ansässige aufgefordert werden sollten, so dass etwa 10 Personen teilnehmen könnten.[42] In einer Sitzung stellte Wagner offensichtlich auch Poelzig[43], Behrens[44], Stoffregen[45], Bernoulli[46] und Höger anhand einiger Arbeiten als Architekten vor, und es wurde der Entschluss gefasst, dass Behrens nicht am Wettbewerb teilnehmen sollte.[47] Ende Mai empfahlen Magistrat und Verwaltungsausschuss dem Stadtrat, Bernoulli auszuscheiden.[48] Scheinbar ist es später entweder zu einer Änderung des Vorgehens gekommen oder der Stadtrat folgte der Empfehlung nicht, denn Bernoulli hat einen Vorschlag zum Wettbewerb eingereicht.

Über die endgültig zur Bewerbung aufgeforderten Architekten finden sich differierende Angaben in einer Architekturzeitschrift,

die darauf schließen lassen, dass zunächst auch Höger[49] aufgefordert werden sollte oder aufgefordert wurde und abgelehnt hat, und später werden zusätzlich noch Bernoulli und Wagner genannt.[50] Es beteiligten sich zudem neben Poelzig, Bernoulli, Wagner und Stoffregen noch die Architekten aus der Umgebung: Abbehusen und Blendermann, Lübbers und Dieter und Sell.[51] Am 5. Juni 1913 wurden auf der Stadtratssitzung die Bedingungen für den auszuschreibenden Wettbewerb geklärt[52] und im selben Jahr konkretisierte sich das Projekt mit der Ausschreibung des Wettbewerbs »Centralanlagen«. Im Preisgericht saßen Stadtbaurat Dr. Ing. Hoffmann (Berlin), Prof. Dr. A. E. Brinckmann (Karlsruhe), Baurat Rauchheld (Oldenburg), Bürgermeister Dr. Lueken, Ratsherr Neumann und Stadtrat Hanssen.[53] Der Wettbewerb stellte die Aufgabe, die städtebaulichen Grundlinien für die städtischen Zentralanlagen zu erstellen.[54] Dies sollte durch den Entwurf eines Lageplans und skizzenhafter Darstellung der Platz- und Gebäudewirkungen erreicht werden. Grundrisse, Fassadenpläne und Kostenanschläge wurden nicht verlangt.[55]

Die eingegangenen Vorschläge lassen sich in drei Gruppen einteilen:[56] Die Planungen von Wagner, Poelzig und Sell sahen eine große Platzbildung mit Randbebauung vor, die unterschiedlich stark blockhaft ausgebildet gewesen wäre. »Der befreiende Eindruck des weiteren Platzes ist das Leitmotiv; die Gebäude haben die Aufgabe, als Wandlungen den Platz zu rhythmisieren und dem Raumempfinden einprägend zu gestalten.«[57]

Eine zweite Gruppe von Architekten, die von Stoffregen, Lübbers und Dieter sowie Abbehusen und Blendermann gebildet wurde, sah eine Gruppierung der Gebäude um kleinere Plätze vor, so dass »wechselnde Raumfolgen«[58] entstanden wären. Der Baseler Architekt Bernoulli sah einen ganz eigenen dritten Weg vor.

Das Wilhelmshavener Rathaus ■

Der Plan von Martin Wagner

Martin Wagner wollte die projektierten Gebäude um einen großen Platz anordnen, der im Norden durch einen ovalen Saalbau und im Süden durch den Rathausbau begrenzt würde. Die West- und die Ostflanke wiesen keine feste Symmetrie auf. Ein zweiter kleinerer Platz, der als Marktplatz dienen sollte, befände sich im Norden vor dem großen ovalen Gebäude des Saalbaus, an den Seiten sollte der Platz durch Wohn- und Geschäftshäuser, die den Platz zunächst bis auf die Höhe des Ovalbaus begleiten würden, flankiert werden. Das östliche Gebäude für die Sparkasse würde bis zur Bismarckstraße reichen und dort durch die Öffnung der seitlichen Fensterachse bis zum 2. Obergeschoss, korrespondierend mit dem gegenüberliegenden Gebäude für die Bibliothek, eine Sichtachse auf das sich markant vorwölbende Gebäude an der Ecke Bismarckstraße/Mühlenweg schaffen. Das westliche Gebäude sollte mit einem Knick, der sich aus der schon vorhandenen Gasanstalt im Rücken des Gebäudes ergab, den großen Platz bis auf zwei Drittel seiner Ausdehnung begleiten.

Zwischen die Mädchenschule und die Wohn- und Geschäftbauten an der Mitscherlichstraße würde Wagner als Abschluss des großen Platzes das Rathaus einfügen. Dieser Standort ergäbe bequeme Erweiterungsmöglichkeiten auf der Rückseite. Das Rathaus bestünde zum Platz hin aus einem breitgelagerten Baukörper, der an den Enden nach Süden in kurzen Flügeln abknicken würde. Auf der Rückseite der Hauptfront sollte ein querrechteckiger Bauteil aus dem Baukörper ausgeschieden werden, der vermutlich den Ratssaal aufnehmen sollte. An der westlichen Seite setzte sich der Bau mit einem Fassadenrücksprung parallel zu Hauptfront fort. Ein halbrunder Vorbau würde dem Seitenflügel vorgelagert und nähme die »Ratsherrenterrasse« auf. Auf der Rückseite diente eine Verlängerung nach Süden hin der Unter-

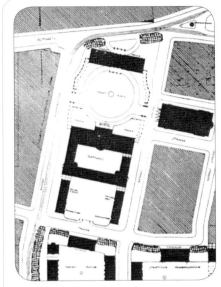

Plan und Modell zum Wettbewerbsentwurf von Heinz Stoffregen, 1913

bringung einer Bibliothek. Beim Ausbau mit den angedeuteten Erweiterungen sollte das Rathaus einen großen Vierflügelbau mit Zurücksetzungen im Süden und Norden bilden. Untereinander verbunden würden die einzelnen Flügel durch drei Verbindungsflügel in nordsüdlicher Richtung. Ein Zurückspringen der mittleren Achsen der Südfassade sollte mit dem an der Rüstringer Straße gegenüberliegenden Baukörper korrespondieren.[59] Die geforderten ruhigen Büroräume würden durch die Lage an nur einer Verkehrsstraße ermöglicht. Alle Gebäude sind als Klinkerbauten in Bockhorner Klinker gedacht.[60]

Für seine Zeit ist die Planung mit weitgehendem Verzicht auf große Repräsentationsgesten erstaunlich. Der markante Punkt des Plans ist der Saalbau, ein Ort der Versammlung für die Bevölkerung zu kulturellen Anlässen. Wagner selbst berichtete zu seinem Plan: »Das Knappe und Zweckmäßige des ganzen Stadtbetriebes sollte zur Form gebracht werden. Sparsamste Mittel zwangen aus der Entbehrung den Schmuck zu machen. Der Ausdruck der Bauten vermeidet daher auch jeden ›Auftrag‹, jedes ›Fett‹.[61]

Der Plan von Heinz Stoffregen

Heinz Stoffregen wollte durch Anlage des Rathausbaus in die Mitte eines großen Platzes diesen in zwei etwa gleich große Bereiche teilen. Das Rathaus bestünde aus einer vierflügeligen Anlage mit Mittelrisalit und Dachreiter, die Erinnerungen an Adelshöfe wach ruft. Wie ein Riegel liegt der in sich geschlossene Baukörper mitten in der Anlage und grenzt sich zur Umgebung durch geschlossene Wände ab. Die einheitlichen Baulinien und niedrige Mauern sollten einen sehr geschlossenen Eindruck ergeben. Alles würde leicht überschaubar sein, alle Plätze wären jedoch nur scheinbar geöffnet, sie sollten immer ein geschlossenes Gegenüber finden: der Schulhof der östlicheren Schule am südlichen Ende der Anlage eine geschlossene Häuserfront, die westlicher liegende Schule einen niedrigen Bau an der Straße, der Marktplatz vor dem Rathaus im Norden eine Markthalle.

Das Ergebnis des Wettbewerbs

Am 23. August 1913 trat das Preisgericht wieder zusammen und entschied sich für vier gleiche Preise, die an Wagner, Poelzig, Lübbers & Dieter und Abbehusen & Blendermann verliehen wurden.[62] Durch den Wettbewerb konnte keine eindeutige Klärung der Aufgabenstellung erfolgen, so dass es zu keiner Realisierung eines Vorschlags kam.[63] Eine solche war deshalb schwer, weil bei der Ausschreibung des Wettbewerbs noch nicht feststand, welche Gebäude sofort errichtet werden sollten und welche erst später.[64] Kellerhoff, damaliger Bürgermeister von Rüstringen, bezeichnete den Wettbewerb als Ideenwettbewerb, bei dem an keine direkte Ausführung gedacht war.[65]

Zu einer Umsetzung der Pläne zum Wettbewerb kam es bis auf den Bau des Realgymnasiums durch Baurat Rauchheld ab 1914 nicht, weil der Krieg dies verhinderte und Wagner, der seinen Plan umsetzen sollte, Wilhelmshaven im Sommer verließ. Bei den weiteren Planungen wurde aber sein Entwurf zugrunde gelegt[66], der gegenüber den meisten anderen Plänen für die Zentralanlagen auch als interessanter und moderner in der Auffassung beurteilt werden kann. Auch wenn es damals nicht zum Bau eines Rathauses kam, zeigt die folgende Entwicklung, dass man an dem Plan des Baus weiterhin festhielt. Bald folgte daher ein zweiter Versuch, ein neues Rathaus zu errichten.

Das zweite Projekt von 1915-1918

Auch während der Kriegsjahre wurden die Baupläne weiter verfolgt, und im November 1915 befasste man sich im Magistrat erneut mit dem Bauvorhaben, vor allem wegen des immer dringender werdenden Neubaus der Fräulein-Marien-Schule. Wiederum sollten verschiedene Architekten zu einer Konkurrenz zur Erlangung von Projekten für die Zentralanlagen herangezogen werden. Als Teilnehmer kamen zunächst nach An-

sicht des Magistrats vor allem Höger und Jakobs[67] aus Bremen in Frage.[68] Auch Professor Mühlenpfort[69] aus Lübeck war in der Diskussion.[70] Es waren verschiedene Bildungsfahrten nach Bremen, Hamburg[71] und eventuell Kiel, Kassel, Dresden und Delmenhorst geplant,[72] die der Besichtigung der kürzlich erbauten Rathäuser und der Einholung von Urteilen über die Architekten dienen sollten. Zur weiteren Information wollte man sich noch anhand von Bildern über derzeit aktuelle Rathausbauten beziehungsweise kürzlich fertiggestellte Rathäuser einen Überblick verschaffen.

Hahn referierte kurz über die Reise nach Bremen und Hamburg, wonach über den Architekten Jakobs positive Auskünfte vorlagen, über Höger sehr gemischte. Der Bürgermeister schlug als weiteren Architekten Paul Bonatz[73] aus Stuttgart vor. Ende des Jahres einigte man sich, nachdem Arbeiten der Architekten Jürgens und Bachmann und Taut[74] vorlagen, darauf, dass Jakobs, Jürgens und Bachmann und Taut, falls Höger nicht teilnehmen würde, herangezogen werden sollten.[75] Zur genaueren Erkundigung über die Architekten unternahm man erneut eine Besichtigungsreise, diesmal nach Berlin. Nach diesen Vorbereitungen wurden die Grundlagen der Planung zusammen mit Ludwig Hoffmann[76], Rauchheld[77], Bräuning[78] aus Berlin-Tempelhof, Jakobs und Hahn besprochen[79] und Hahn schließlich von den städtischen Körperschaften beauftragt, den Gesamtplan durchzuarbeiten und besonders die Entwürfe für die Mädchenschule auszuarbeiten.[80] Die Pläne für das Rathaus sollten von Bräuning ausgearbeitet werden.[81] Bis 1918 waren beide fertig und legten ihre Pläne vor.[82]

Das Ergebnis des Projekts

Die architektonischen Entwürfe, die ein recht schlichtes Rathaus mit Mittelrisalit, breiter Treppenanlage und einen hinter den Rathausbau zurückversetzten Turm mit Wasserreservoir vorsahen, wurden von den städtischen Körperschaften zur Ausführung

bestimmt, doch kriegsbedingt kam es nicht zur Realisierung.[83] Im Dezember 1918 kam die Sprache noch einmal darauf, ob ein Rathausprojekt nicht in dieser Situation unmöglich sei und daher nicht doch auf das Angebot der Marine zurückgegriffen werden sollte, die Rathausräume in einem ihrer Gebäude unterzubringen.[84] Ob dies der Fall war, ist nicht klar, zu einem Rathausbau kam es zu diesem Zeitpunkt auf jeden Fall nicht. Dennoch arbeitete die Stadt so lange wie möglich an der Realisierung des Bauvorhabens weiter: Der zukünftige Rathausplatz wurde mit Erde, die aus dem Aushub des neuangelegten Stadtkanals stammte, aufgehöht.[85] Nach Kriegsende wurde die Arbeit am Rathausplatz nach Bräunings und Wagners Plänen nicht wieder aufgenommen[86], sondern erst später wieder ein neuer Versuch unternommen, einen Verwaltungsbau zu errichten.

Das dritte Projekt von 1926 bis 1927

Vom Oktober 1926 an ist bekannt, dass die Stadt sich um neue konkrete Pläne zum Rathaus bemühte und daher beabsichtigte, noch einmal mit dem Architekten Bräuning Kontakt aufzunehmen. Die Unterbringungseinrichtungen für die verschiedenen Abteilungen der Stadtverwaltung hatten sich inzwischen weiter verschlechtert, so dass die Baracken, in denen Mitarbeiter der Stadt arbeiten mussten, nahezu gesundheitsgefährdend waren, wie in einer Quelle berichtet wird. Der Neubau des Rathauses sollte nun neben neuem Raum für die Stadtverwaltung auch Arbeit bringen für die darniederliegende Wirtschaft, wie im Vorwort der späteren Veröffentlichung zum Rathaus erläutert wird.[87]

Im Laufe der Beratungen scheinen sich die Bedingungen für und Vorstellungen über den Bau weitreichend geändert zu haben. Von einem Ratsherrn wurde der Wegfall des »überflüssigen Turms« vorgeschlagen.[88] Eine Kontaktaufnahme mit Bräuning wurde daher vorgeschlagen. Der Oberbürgermeis-

Das Wilhelmshavener Rathaus

ter machte schließlich deutlich, dass auf Grund der veränderten finanziellen Situation die vorausgegangene Planungskonzeption, die als Grundgedanken die Schaffung von Repräsentationsräumen beinhaltete, nun nicht mehr haltbar sei.[89] Man fasste daher auch den Wegfall der Flügelbauten ins Auge.[90] Dies bedeutete, dass vom Bräuning-Plan nur der Mittelbau übrig bleiben sollte, der aber für eine zusätzliche Unterbringung des Arbeitsamtes als zu klein angesehen wurde.[91]

Inzwischen waren unter der Architektenschaft des Ortes die städtischen Vorarbeiten für den Rathausbau bekannt geworden, und die Wilhelmshavener Architekten wollten sich an einer eventuellen Ausschreibung beteiligen. Auf Anfragen hin wurde ihnen aber erklärt, dass eine Ausschreibung des Projekts unter den dortigen Architekten nicht in Aussicht stehe, da man im Prinzip an dem alten Entwurf festhalte.[92] Der Magistrat beschloss auf Anregung von Ratsherr Freudendahl, Baurat Rauchheld, der im früheren Wettbewerb als Preisrichter mitgewirkt hatte, um eine Überprüfung des abgeänderten Projekts von Bräuning zu bitten.[93] Gegebenenfalls sollte auch noch ein zweiter Gutachter beauftragt werden, bei dem offensichtlich an Fritz Schumacher[94] aus Hamburg gedacht wurde. Dieser lehnte eine solche Prüfung jedoch auf Grund der vielen Dienstgeschäfte ab. Bürgermeister Kellerhoff brachte daher Höger für ein Gutachten ins Gespräch.[95] Man einigte sich darauf, mit Höger unverbindlich in Kontakt zu treten, auch wenn von einzelnen Magistratsmitgliedern Zweifel an seiner »bestehenden Erstklassigkeit« geäußert worden waren, und nahm von dem Gedanken Abstand, eventuell Stoffregen zu beauftragen.[96]

Zur Kontaktaufnahme mit Höger erfolgte eine Reise des Bürgermeisters nach Hamburg.[97] Offensichtlich gelang es Höger bei diesem Zusammentreffen den Bürgermeister sehr für sich einzunehmen[98], indem er ihm einige seiner Bauten zeigte. Aus Schriften und Berichten über Begegnungen mit

Höger geht hervor, dass er über gute propagandistische Fähigkeiten verfügte, die er nun offensichtlich einsetzte.[99] Der Bürgermeister berichtete dem Magistrat, dass Höger gerne das Rathausprojekt für Wilhelmshaven ausführen wolle, sich aber auch dazu bereit erklärt hatte, mit Bräuning zusammen zu arbeiten, oder ansonsten auch die Prüfung des Projektes vorzunehmen. Daraufhin wurden Zweifel an Högers Unvoreingenommenheit bekundet. Kellerhoff verteidigte Höger jedoch, da man sonst jeden Privatarchitekten als Gutachter ablehnen müsse. Inzwischen wurden auch Zweifel an Bräuning geäußert, da dieser auf Änderungsvorschläge zu schnell und zu bereitwillig eingegangen sei.[100] Zudem zeigte sein überalteter Entwurf in der Formensprache noch deutlich sein ursprüngliches Entstehungsdatum. Die Baukommission hatte inzwischen schon beschlossen, einige Mitglieder nach Hamburg zu schicken, um einige Höger-Bauten zu besichtigen, seine Persönlichkeit kennen zu lernen und Verhandlungen mit ihm aufzunehmen.[101] Die Angaben aus dem Stadtmagistratsprotokoll lassen die Vermutung zu, dass die Baukommission ohne Absprache mit dem Stadtmagistrat Höger den Auftrag für ein Gutachten bereits erteilt hatte. Es heißt dazu im Protokoll: »Formell sei aber jetzt ein Zurückgehen nicht mehr möglich. Herrn Höger sei der Beschluss der Baukommission bereits mitgeteilt. Man müsse die Sache jetzt zunächst laufen lassen. Nach Erstattung der Gutachten habe die Stadt ja immer noch vollkommen freie Hand, die für uns vorteilhaftesten Schlüsse aus den Dingen zu ziehen.«[102]

Das vierte Projekt ab 1927

Höger hatte telephonisch von der Übernahme des Gutachtens durch Rauchheld erfahren und wurde nach eigenen Angaben einige Wochen später an das Krankenbett Kellerhoffs gerufen, damit das weitere Vorgehen geklärt werden konnte.[103] Eine Auftragsvergabe an Höger muss dann bald erfolgt sein. Nach den Angaben Högers sind die Rahmenbedingungen für das Projekt auch nach inzwischen zehn bis zwölf Jahren noch die gleichen gewesen, obwohl die Anforderungen an den Neubau sich sicherlich nach dieser Zeit und den veränderten politischen Verhältnissen gewandelt hatten. Deshalb informierte sich Höger in verschiedenen Abteilungen der Stadt über deren Anforderungen.[104] Höger berichtet von einem Lichtbildervortrag[105], in dem er sein Projekt vorgestellt habe. Geladen waren nach seinen Angaben der Magistrat, der Stadtrat, ortsansässige Architekten und Baubeamte sowie die Einwohnerschaft. Höger erhielt nach eigenen Angaben nur Beifall, die anwesenden Architekten verließen jedoch die Besprechung vorzeitig.[106]

Höger erläuterte in seinem Manuskript weiter, dass er nach dem Lichtbildervortrag von dem Bauvorhaben des Wasserturms erfuhr und den Auftrag erhalten sollte. Nach der Bekanntgabe dieses zweiten Auftrages hatte Höger nach eigenen Angaben sofort den Einfall, diese beiden Bauwerke miteinander zu verbinden, um so doppelte Baukosten zu sparen. In seinen verschiedenen Veröffentlichungen zum Rathaus von Wilhelmshaven betont Höger immer wieder die Spontanität und Genialität dieses Einfalls und die

Vorentwurfsskizze Högers zum Wilhelmshavener Rathaus von 1927

Ratskeller Rüstringen
11. 10. 1929

Speisekarte

Legierte Hühnersuppe

Zanderscheiben geb. mit Remoulade
und Kartoffelsalat

Filetbraten und Roastbeef
mit versch. Gemüsen

Kompott – Salat

Käseplatte

Speisekarte zu der Einweihungsfeier im Rüstringer Ratskeller am 11.10.1929 (Stadtarchiv Wilhelmshaven)

Argumente, die dafür gesprochen hätten. Erstens die Kostenfrage: Dadurch, dass die Kombination beider Türme den Bau einer eigenen Hülle für den Wasserbehälter überflüssig gemacht hätte, wären der Stadt Mehrkosten von ca. 25.000 Mark erspart geblieben. Zweitens die mögliche sinnvolle Nutzung des ansonsten brach liegenden Raumes unterhalb des Behälters, die nun im Rathaus gegeben war. Doch dem muss entgegengehalten werden, dass erstens die Pläne der Vorgängerprojekte bereits die Integration des Wasserturms zeigten und zweitens die Idee der Kombination schon mehrfach umgesetzt worden war.[107] Er konnte aber auf jeden Fall die Verwaltung davon überzeugen, sein Projekt zu akzeptieren.[108]

Im September berichten die Protokolle zum ersten Mal über Högers Pläne zum Rathausneubau.[109] Offensichtlich lagen dem Bürgermeister inzwischen verschiedene Entwürfe vor, die jedoch noch der Klärung einiger Grundsatzfragen bedurften. Um möglichst bald die Materialbestellungen aufgeben zu können, wurde aber der Vorschlag gemacht, dass der Stadtrat sich mit den Högerschen Grundlagen einverstanden erklären und nicht erst die endgültigen Pläne abwarten sollte.[110]

Gegen die Lösung Högers, den Sitzungssaal rückwärtig über den Kassenräumen anzusiedeln, äußerte der Bürgermeister zwar Bedenken, die Höger aber nicht teilte. Kellerhoff wäre es lieber, wenn die Fenster des Sitzungssaals an der Hauptfront liegen würden, was Höger aber als »alte repräsentative Anschauungen«[111] bezeichnete und ablehnte. Am 29. September lag ein Plan Högers vor, der von ihm selbst als der vollkommenste bezeichnet wurde und die Zustimmung erhielt.[112] Die Sachverständigen, bei denen es sich um Rauchheld, Baurat Stock, Stadtbaurat Zopff und Amtsgerichtsrat Frhr. v. Gayl handelte, hießen das Höger-Projekt gut, und der Magistrat empfahl dem Stadtrat die Zustimmung zum Projekt.[113] Anfang November kam es dann jedoch noch einmal zu Missstimmung, da die Kostenrechnung, die von Höger für den Bau vorgelegt worden war, sich als nicht zutreffend erwies und mit erheblich mehr Kosten zu rechnen war. Daraufhin erklärte Höger, ein neues Projekt auszuarbeiten, das sich aber nur in der Anzahl der Räume unterscheiden würde. Anscheinend gab es noch weitere Einwände gegen das Projekt, die jedoch im Protokoll nicht näher erläutert und von Höger als nicht gerechtfertigt abgewiesen wurden.[114] Gewisse Skepsis machte sich auch Höger gegenüber breit, da man

zu erkennen glaubte, dass er zwar ein ausgezeichneter Architekt sei, aber auf das, was hinter der Fassade geschehe, nicht den richtigen Wert lege.[115] Gerade dies sei jedoch für den Verwaltungsbau besonders wichtig. Dem Staatsratsvorsitzenden Nieter gelang es aber, gegen die bürgerlichen Parteien eine knappe Mehrheit für das Höger-Projekt zu gewinnen.[116]

Der Bauverlauf

Im Oktober 1927 wurden die Mittel für den Bau des Rathauses bewilligt, woraufhin dann im Januar 1928 mit den Rammarbeiten begonnen werden konnte. Auf Grund des schlechten Baugrundes benötigte dieses große Gebäude eine Sicherung des Fundaments durch in den Boden getriebene Pfähle. Im Falle des Wilhelmshavener Rathauses waren dies 1000 Stück. Im März schlossen sich an diese Arbeiten die Fundierungs- und Mauerungsarbeiten an. Diese schritten schnell fort, so dass am 4. Mai 1918 durch Bürgermeister Dr. Paul Hug die Grundsteinlegung erfolgen konnte.[117] Am 10. November 1928 war das Gebäude im Rohbau fertig, doch wurde die weitere schnelle Entwicklung durch anhaltenden starken Frost behindert, so dass die Arbeit vier Monate ruhte. Anfang April konnte mit dem Innenausbau begonnen werden. Die Hauptverwaltung bezog wie geplant am 1. Oktober 1929 den Neubau, am 11. Oktober wurde das Rathaus eingeweiht, so dass zwischen Baubeginn und Fertigstellung nur 77 Arbeitswochen lagen, wie in der Literatur immer wieder hervorgehoben wurde.[118] Nach der Zusammenlegung der Orte Rüstringen und Wilhelmshaven zur Stadt Wilhelmshaven von 1937 fungiert der Bau als Rathaus von Wilhelmshaven.[119]

Der Ausbau des Wilhelmshavener Rathauses

Das Rathaus besteht aus einem breitgelagerten, wenig tiefen Baukörper mit Mittelturm. Den schmalen Flügelbauten sind auf der Vorder- und Rückseite je gut ein Meter

Das Wilhelmshavener Rathaus ■

vorspringende Gebäudeteile vorgestellt, die zu einer zusätzlichen Oberflächengliederung der Baumasse führen. Auf der Vorderseite springt der Turmkubus leicht vor den Baukörper vor. Er überragt diesen in der Höhe um gut 20 Meter. Auf der Rückseite wird der Ratssaal nach Süden über zwei Stockwerke vor den Turmkubus vorgeschoben und mit je zwei niedrigeren Annexbauten versehen. An den Verbindungen von Flügelbau und Ratssaaltrakt erhebt sich jeweils ein hochrechteckiger Baukörper bis auf die Höhe des zweiten Geschosses. Zu den Längsseiten des Ratssaals schließen sich an diesem um einen Stock niedrigere längsrechteckige Kompartimente an, die gegenüber der Schmalseite des Ratssaals etwas zurücktreten. Im Erdgeschoss öffnet sich der Ratssaaltrakt nach Süden in der Art einer Loggia. Auch die über den schmalen vorgelegten Baukörper herausragenden Flügelbauten sind im Erdgeschoss in den östlichen und westlichen Ausläufern durch drei, an den Längsseiten durch zwei Öffnungen betretbar. Hier befinden sich Nebeneingänge.

Der Bau besteht aus einem Stahlbetonskelett[120] und einer Ausmauerung mit dunkelvioletten Bockhorner Klinkern dritter Qualität, unter sparsamer Mitverwendung von Goldglasuren. Höger verwendete diese Klinker aufgrund ihrer starken Farbverzerrungen besonders gerne. Durch die Fenster mit ihren weißen Rahmen und Fensterkreuzen wird der Bau zusätzlich farblich belebt.

Die Vorderfront des Rathauses hat eine Länge von hundert Metern, der Turm im unteren Bereich eine Vorderfront von fast dreizehn Meter Breite, nach einer Abstufung in Höhe des zweiten Obergeschosses verjüngt er sich auf elfeinhalb Meter. Der Bau hat vom Sockel bis inklusive des zweiten Obergeschosses eine Höhe von sechzehn Metern, durch das Sockelgeschoss erreicht der Längsbau insgesamt zwanzig Meter. Der neunundvierzig Meter hohe Turm birgt einen Wasserbehälter mit einem Fassungsvermögen von 920.000 Litern, welcher aus zwei Halbzylindern zusammengefügt ist.

Fritz Högers Wilhelmshavener Rathaus, Foto: Gebr. Dransfeld, Hamburg, 1929 (Stadtarchiv Wilhelmshaven)

Sämtliche Baukörper erhalten Flachdächer, bzw. die Annexbauten des Ratssaals flache Pultdächer, die jedoch hinter einer Attika verbogen sind. Die Flügelbauten besitzen auf dem Staffelgeschoss noch lange Glassheds zur Belichtung der Flure.[121] Die Backsteinlisenen sind in unterschiedlicher Ausformung und Taktung das gestaltende Element für die langen Flügelbaufronten. An diesen wiederholen sie sich in einem Abstand von etwa 2,70 Meter. Die Lisenen werden in der Breite einer Klinkersteinlänge rechtwinklig aus der Wand entwickelt und erhalten durch die konkav vorbiegenden Wandflächen eine wirkungsvolle Belebung. Zusätzlich sind die Wandfelder durch Steinversatz in jeder zweiten Mauerschicht horizontal gegliedert.

Am zurückgestaffelten Baukörper erfährt die Wand eine reduzierte Gliederung. Hier wird der Achsabstand halbiert, die Wandflächen sind glatt gemauert. Über eine halbrunde Treppenanlage, die von Klinkerplastiken in Löwenform flankiert wird, gelangt man zum keramikumrahmten vorgelagerten Eingang. Am Turm werden die Lisenen nicht gleich lang nebeneinander gereiht, sondern zu einem stilisierten Staffelgiebel[122] mit vier Abstufungen zusammengefügt. Der zwischen den Lisenen liegende Bereich wird durch schmale Fensterbahnen gefüllt. Die anfänglichen sieben Bahnen verringern sich dabei schließlich zu einer einzelnen Bahn, die bis auf gut drei Viertel den Turm begleitet. Eine große Uhr überschneidet die Fensterflächen. Die Seitenflächen werden teilweise durch eine schmale Fensterbahn begleitet. Nur noch im oberen Bereich öffnet sich die Mauerfläche zu drei Reihen mit je sechs Fensterschlitzen, die durch im Verband ausgesparte Steine Schießscharten ähneln. Die Rückseite ist der Vorderseite entsprechend gegliedert, nur dass der Ratssaal den unteren Bereich überschneidet. Eine solche schlichte, nahezu ornamentlose Gestaltung zeigen nur wenige von Högers größeren Bauten.[123]

Die einzelnen Bauteile verfügen somit über unterschiedliche Schmuckformen. Am Turm benötigt Höger offensichtlich keine speziell betonten und ausgeformten Lisenen, da er an sich schon hervorstach, und auch in seiner Monumentalität gewollt war. Der Kubus des Ratssaals erhielt durch die angefügten Annexe und verschiedenen Fensterformen eine Auflockerung. Der zurückgestaffelte Baukörper erfuhr gegenüber dem vorgelagerten Flügelbauteil eine simplifizierte Ausformung in Lisenen- und Fensterbehandlung. Dies entspricht dem optischen und realen Zurücktreten dieses Teils. Somit war jede Auflockerung und Bereicherung der

einzelnen Flächen genau auf den jeweiligen Bauteil abgestimmt. Durch das Material, die Form und Massigkeit wirkt der Bau besonders bodenständig, robust und monumental.

Der Rathausturm, der zuvor als Symbol der städtischen Macht und als Stadtdominante diente, wird hier durch die konkrete Funktionsgebung als Hülle eines Wasserbehälters in diesem Sinne »profaniert«[124], d.h. einem abstrakten Bedeutungsträger wird eine reale Funktion und Bedeutung gegeben. Somit folgte der Turm auch dem Ideal der Zweckmäßigkeit, welches das »Neue Bauen« für sich in Anspruch nahm. Das nicht direkte Sichtbarmachen der funktionalen Struktur als Wasserturm befriedigt aber auch Traditionalisten, die an der alten Ausdrucksformel des Turms Gefallen finden können. Der Feststellung Damus', dass die Gestaltung, die durch »Einförmigkeit und Einheitlichkeit, Rechteckigkeit und Flächigkeit« Parallelen zu Vertretern des »Neuen Bauens« aufweist, kann hier nur zugestimmt werden,[125] jedoch geht das Pathos und die detaillierte Ausgestaltung darüber hinaus.

Högers Rathaus gebärdet sich in Wilhelmshaven als ein sehr standfestes und starkes Gebäude – die »Burg am Meer« – und trägt monumentale Züge in sich, die auf die später folgenden Jahre und ihre Architektur unter den Nationalsozialisten hindeuten. Bei Höger zeigt sich dies nicht nur in der Architektur, sondern auch in seinen Publikationen und Dichtungen.[126]

Die Ausgestaltung des Inneren

Insgesamt gibt es in dem Verwaltungsbau rund 150 Büroräume, einige Sitzungszimmer, zwei Fahrradräume, zwei Hausmeisterwohnungen und den Ratskeller mit der Wirtswohnung. Vor allem Immo Boyken weist in seinem Artikel darauf hin, dass Höger nach den Aussagen seiner Mitarbeiter die Gestaltung von Innenräumen eher vernachlässigte, und die Gestaltungsweisen des Inneren auch in den zahlreichen Artikeln von Högers Hand

Oben:
Sitzungssaal, im Hintergrund G. Siehl-Freysteffs Triptychon »Kaiserliche Werft« von 1906, Foto: Gebr. Dransfeld, 1929

Unten:
Ratssaal, Foto: Gebr. Dransfeld, 1929

Rechts:
Haupttreppenhaus, Foto: Gebr. Dransfeld, 1929 (Stadtarchiv Wilhelmshaven)

fast nie auftauchen, weshalb er Höger auch als »Fassadenarchitekten« bezeichnet.[127] Das mangelnde Interesse am Innenbau sollte besonders in Hinsicht auf so repräsentative Räume wie die eines Rathaus verwundern. Daher soll untersucht werden, inwiefern die Aussage Boykens bzw. der Mitarbeiter aus Högers Büro auch auf das Wilhelmshavener Rathaus zutrifft.

In der Schrift der Stadt zum Rathausbau von 1931 wird der Eindruck der Innenraumgestaltung folgendermaßen zusammengefasst: »Überall ist das Streben nach innerer Klarheit, Einfachheit und Sachlichkeit unverkennbar.«[128] Eine übermäßige Dekoration im inneren Bau ist bei Höger nirgendwo festzustellen, was auch mit den finanziellen Mit-

Das Wilhelmshavener Rathaus

teln der Stadt zusammen hängen könnte.[129] Wenn er am Außenbau zu Ornamentierung neigt, so bescheidet er sich im Innenbereich. Es ist schwer zu bestimmen, wie weit die Einflussnahme Högers in der Innenausstattung des Baus ging. Dass er die künstlerische Oberleitung innehatte, ist jedoch klar und auch belegt. Sogar für die Straßenlampen vor dem Rathaus wollte man den Rat Högers einholen, um sie auf den Bau abzustimmen.[130] In der Gestaltung finden sich häufiger Rückgriffe Högers auf die in Hannover am Verlagshaus des Hannoverschen Anzeigers schon verwendeten Motive. Von diesem Bau ist durch Schmidts Nachforschungen belegt, dass Höger hier bis in Details Einfluss auf die Ausformungen nahm.[131] Ähnliches kann auch für das Rathaus vermu-

tet werden. Die Freude an der Gestaltung im Detail zeigt sich z.B. an der Wilhelmshavener stockwerkeweise differierenden Fensterbehandlung in den Fluren. Dies lässt vermuten, dass Höger seine Architektur im Sinne des Gesamtkunstwerkes als komplexe Einheit begriff, wie dies schon für den Jugendstil maßgeblich war. Die Gestaltung des Ratssaals zeigt eine klare Linie, ebenso die übrigen Bereiche, die zurückhaltend, aber, wie beim Treppenhaus zu erkennen, effektiv entwickelt wurden. Die betonte, insbesondere die farbige Gestaltung, beschränkt sich aber auf den Haupttreppenhausbereich mit seiner Keramikplattenverkleidung in kräftigem Grün und den Sitzungssaal. Überraschend ist vielleicht, dass Höger im Innenbereich nicht auch das von ihm so geschätzte Klinkermaterial ein-

setzte, denn das Material war seiner Meinung nach universell einsetzbar: »Für das äußere Gesicht seiner Bauten, für das Gesicht der Stadt mit ihren Domen und Kirchen, aber auch für den Innenraum.«[132] Höger erkannte hier, dass eine Ausgestaltung mit dunklen Klinkern den Raum mit seinen langen Fluren nur niedergedrückt hätte.

Der Rathausplatz

Das Vorgehen rund um den Rathausplatz zeichnet sich durch große Planungsfreudigkeit, aber auch große Realisierungsmüdigkeit aus. Die Gründe, warum eine Umsetzung der Pläne immer wieder scheiterte, sind nicht immer klar, häufig waren wohl pekuniäre Gründe ausschlaggebend.

Zwei Pläne für Rathausplatz- und Rathausgartengestaltung

Höger bezog den Rathausplatz in seine Planung des Rathauses mit ein und erhoffte eine wirkungssteigernde Gestaltung durch ein Wasserbassin[133] der Maße 150 x 40 Meter von geringer Tiefe. Das Becken sollte an seinen Längsseiten von einer streng gestützten Baumreihe begleitet werden und so auf das Rathaus hinführen. Es war so ausgerichtet, dass der Rathausturm diesem genau mittig gegenüberstand und sich so in der Wasserfläche spiegeln konnte. Eine ähnliche Möglichkeit hatte Poelzig schon 1913 in seinem Plan vorgesehen. Hier sollte das Wasserbecken jedoch nicht ganz so lang ausgeführt sein, da für den Platz noch ein Saalbau vorgesehen war, der die Größe des Beckens auf vielleicht die Hälfte der Högerschen Planung festlegte. Höger übernahm die Strenge der Architektur, nur an den Schmalseiten sollten Podeste etwas in die Wasserfläche vorgerückt werden. Ob Höger den Plan Poelzigs kannte, ist nicht zu klären, aber wahrscheinlich. Höger plante aber auch für andere Bauten vorgelagerte Wasserbecken, so z.B. für die Bugenhagenkirche in Hamburg. Die Grünfläche hinter dem Rathaus richtete sich in ihrer Einteilung nach den vorgesehenen Erweiterungen, die eingezeichnet sind. Zwei mit »Ehrenhof« und »Rathausgarten« beschriftete Bereiche würden danach von Erweiterungsarmen umfangen werden. Im hinteren Bereich waren weitere Grünanlagen geplant.

Ein zweiter Entwurf ist chronologisch nicht genau einzuordnen. Der Plan wurde 1930 in der Deutschen Bauzeitung veröffentlicht und zeigt eine veränderte Behandlung sowohl im Bereich vor dem Rathausgebäude, als auch dahinter. Auf Grund des kleinen Maßstabes der Zeichnung kann die Gliederung vor dem Rathaus jedoch nicht gänzlich geklärt werden. Möglich ist eine Brunnenanlage mit Fontänen entlang der Nord-Süd-Achse des Platzes. Dabei kann eine Wasseranlage aufgrund einer Linie angenommen wer-

Entwurf von G. Graubner zum Bochumer Rathaus von 1926

den, die im zuvor besprochenen Plan den Wasserspiegel angab. Auf halber Höhe des Platzes sollte sich eine Verbreiterung ergeben, in deren Mitte ein dunklerer Bereich einen Brunnen, eine Skulptur oder ein sonstiges Denkmal bezeichnen könnte. Auch die Gestaltung des rückseitigen Bereichs unterscheidet sich: Gegenüber dem zuvor betrachteten Plan wird die Einteilung im zweiten Plan vereinfacht. Hier werden keine später möglichen Erweiterungen angegeben, die sich auf die Grünflächeneinteilung auswirken. So wird die hintere Rathausfläche nur durch zwei Wege in zwei größere, fast viereckige und zwei am Rathaus liegende kleinere, längliche Bereiche eingeteilt.

Keiner dieser Pläne mit einer Gestaltung durch eine Wasseranlage wurde verwirklicht. Wahrscheinlich setzte hier der Rotstift der Stadtverwaltung an. Es entstand statt dessen eine übliche gärtnerische Gestaltung mit einem großen Rasenplatz mit Baumreihen und Rosenhecke. Die Abbildung aus den Jahre 1929 zeigt das Rathaus im engeren Bereich fast frei. Nur das Realgymnasium an der östlichen Ecke des Platzes stand schon. Auch ein neuer Plan für Randbebauungen, den Höger, nun als städtebaulicher Berater der Stadt, 1935 vorlegte[134], wurde nicht umgesetzt.[135]

Vergleichbare Rathausprojekte der Zwanziger Jahre

In den zwanziger Jahren entstanden nur sehr wenige Rathäuser, weshalb die Zahl der relevanten Vergleichbeispiele gering ist. Höger knüpfte mit seiner Gestaltung eines Mittelturmrathauses an ein gängiges Motiv an, und der Turm war bei ihm zum dominanten Merkmal geworden, hier soll nun dem Gedanken nachgegangen werden, wie wichtig das Turmmotiv bei anderen Rathausprojekten war, welche nicht die Integration eines Wasserturms forderten. Handelte es sich beim Rathausturm noch um ein gängiges Motiv der Zeit? Vergleiche mit verschiedenen Rathausplänen für deutsche Städte und dem Rathaus von Willem Marinus Dudok[136] für Hilversum (1928–30) können zeigen, dass an diesem Motiv noch in verschiedener Weise festgehalten wurde. In Düsseldorf fand 1924/25, nach ähnlichen vergeblichen Vorprojekten wie in Wilhelmshaven, ein Wettbewerb für einen Rathausneubau[137] statt, der auch die stadtplanerische Gestaltung der Umgebung beinhalten sollte. Höger gehörte hier zum Preisgericht,[138] welches drei erste Preise an Emil Fahrenkamp, Hans Freese und an Hans Mehrtens vergab.

Die Frage, ob ein Turm errichtet werden sollte, gab damals Anlass zu einer Diskussion. Ein Turm als absolute Architektur kam offensichtlich nicht mehr in Frage, daher plante man die Ausgestaltung eines Turmhauses mit Büroetagen,[139] das von den amerikanischen Hochhäusern und Wolkenkratzern inspiriert gewesen sein dürfte. Verschiedene solcher Gebäude wurden in dieser Zeit in Bauzeitschriften veröffentlicht[140] und die Hochhausdebatte[141] war

Das Wilhelmshavener Rathaus ■

M. Dudoks Hilversumer Rathaus von 1930

ebenfalls in den Fachzeitschriften zu verfolgen. Wichtig war dem Preisgericht vor allem die städtebauliche Gesamteinbindung. Die ausgezeichneten Wettbewerbsbeiträge zeigen eine von Högers Formensprache differierende Ausbildung. Auch unter Berücksichtigung der zweiten und dritten Preise kann festgestellt werden, dass ein vollkommener Verzicht auf ein Turmmotiv nicht stattfand, inwieweit ein Turm vorgeschrieben war, wird nicht ganz klar. Eine Verdeutlichung der funktionalen Nutzung ist teilweise merklich zu erkennen, ebenso ein Sichentfernen vom traditionellen Mittelturmrathaustyp. Im Vergleich zu Högers Rathaus für Wilhelmshaven fällt die fehlende strenge Ausrichtung auf eine Symmetrieachse hin auf, die jedoch auch durch die Vorgaben der Umgebung etwas erschwert war. Die Betonung der Nutzung tritt bei Höger stark hinter die Fassade zurück und so zeigt er sich im Vergleich mehr den traditionellen Motiven verhaftet als die preisgekrönten Entwürfe des Wettbewerbs für Düsseldorf, die wenige Jahre vor Högers Auftrag in Wilhelmshaven entstanden.[142]

In Bochum entstanden im Jahr 1926 Rathausprojekte,[143] die durch stärkere Betonung des Turmmotivs auffallen und verschiedene historische Reminiszenzen aufweisen. Hier handelt es sich in den Entwürfen häufig um einfache Anlehnungen an historische Bauten aus Italien[144] oder aus der Zeit der Gotik[145]. Der Turm spricht als Element zur Schaffung einer Stadtdominante deutlich aus den Projekten. Die

Oberflächengestaltung und die Varianten als Eckturm oder Mittelturm stehen hinter dem Ziel der Bildung einer städtebaulichen Beherrschung der Platzsituation zurück. Im Vergleich zu diesen Entwürfen fällt Högers eigene Gestaltung der Struktur des Wilhelmshavener Baus auf, die eine starke Aufeinanderbezogenheit der einzelnen Baukuben ausdrückt. Die Gliederung der vorderen Fassadenschicht wird bei ihm auf die der hinteren Bereiche abgestimmt, die Staffelung der Baukörper wird in ihrer plastischen Gestaltung verdeutlicht. Höger drückt so auch in der Ausformung Details einer Hierarchie der Bauglieder aus.

Im Vergleich zum Rathaus Wilhelmshavens sind die Unterschiede zum Hilversumer Rathaus herauszustellen, da sie den Charakter des Högerschen Rathauses noch deutlicher zeigen. Beim Rathaus von Wilhelmshaven ist das bestimmte Moment die Ausrichtung auf die Mitte, die durch eine besondere Gestaltung hervorgehoben wird, und dementsprechend die Unterordnung der weiteren Teile, die durch räumliche Abstufung erreicht wird. Bei Dudok wird ein solcher Effekt bewusst vermieden. Das Hilversumer Rathaus zeichnet sich gerade durch den Verzicht auf eine Unterordnung des Ganzen unter einen dominanten Teil aus. Ein Turm ist auch hier vorhanden, doch wirkt er nur als ein Kompartiment des Ensembles. Die einzelnen Baukörper scheinen fast wie zufällig aneinander gefügt, wie beliebige Bauklötze. Auch wenn sich bei Dudok die einzelnen Teile in verschiedenen Abstufungen

verbinden, so ist keine eindeutige Richtung der Steigerung zu erkennen, wie dies bei Högers Rathaus der Fall ist.[146] Die strenge Symmetrie, die in Wilhelmshaven herrscht, spricht für den hierarchischen Charakter des Baus, für einen Kopf, der alles überragt.

Dudok dagegen scheint bewusst den demokratischen Charakter ohne Ausrichtung auf einen Punkt demonstrieren zu wollen. Das Rathaus von Dudok entstand fast zeitgleich mit dem von Höger. Diese Parallele entpuppt sich aber als eine rein »chronologische«, die Auffassung des Baus und seine Wirkung ist eine vollkommen andere. Der Besucher soll bei Dudok nicht durch Masse beeindruckt werden, wie dies von Höger bezweckt wird.

Gerade im Vergleich mit zeitgleichen Rathäusern und Projekten zeigt sich die monumentale Instrumentalisierung des traditionellen Mittelturmrathauses durch Höger, der er jedoch eine detailreiche Ausgestaltung angedeihen lässt und hier einmal mehr seine phantasiereiche Klinkersprache, die trotz aller Machtdemonstration doch einfühlsam erscheint. Das geplante Wasserbecken zeigt, wie sich Höger die perfekte Inszenierung einer Stadtdominanten gewünscht hätte, aber hier fehlt wohl die Dominanz des Geldes...

Anmerkungen

1   Im folgenden wird, um Verwirrung zu vermeiden, einheitlich vom Rathaus für Wilhelmshaven gesprochen. Die Rathausprojekte bezogen sich jedoch eigentlich auf Rüstringen. Rüstringen entstand aus der Zusammenlegung dreier kleinerer Ortsteile und wurde 1937 schließlich mit einem weiteren Stadtteil namens Wilhelmshaven vereinigt. Ab dieser Vereinigung kann man erst offiziell vom Wilhelmshavener Rathaus sprechen.

2   Höger 1929a. Weiter berichtet er: »Nach uns folgende Geschlechter werden sich an dem Wesen dieses Baues und seiner Wesensverwandten, wenn noch wieder Tiefenwellen unser Volk heimsuchen, aufrichten.«

3   Hildebrandt 1925, S. 288.

4   Zitiert nach Bucciarelli 1992, S. 50 – Ehl 1925, S. 34.

5   Zitiert nach Bucciarelli 1992, S. 51.

6   Bucciarelli 1992, S. 52.

7   Westphal 1938.

8   Westphal 1938, S. 5.

9   Höger Manuskript. Auf der letzten Seite (S.14) heißt es: »(Anmerkung: Abgebrochen, es kam Besuch.« – Vierzehn Tage später war der 21.6.1949: Högers Todestag!)

10   Gebhard 1952.

11   Binding 1928.

12   Banse 1952.

13   Kamphausen 1972.

14   Bucciarelli 1992, S. 52.

15   Habich 1973. Zusammenfassend schließt Habich seine Rezension mit folgender, berechtigter Kritik ab: »Sicher wird das Buch manchen Leser – vor allem den Kunstfreund der älteren Generation – ansprechen, und auch der Fachkollege erhält Anregungen und Hinweise, doch enttäuscht es in der wissenschaftlichen Reihe ›Studien zur schleswig-holsteinischen Kunstgeschichte‹ berechtigte Erwartungen.‹ S. 172.

16   Bucciarelli 1987.

17   Bucciarelli 1992.

18   Bucciarelli 1994.

19   Immo Boykens Vater, Ernst Boyken, war zeitweise im Büro Högers tätig. Er war u.a. am Rathaus in Wilhelmshaven beteiligt, Immo Boyken spricht von »federführend«.

20   Boyken 1985 und Boyken 1989.

21   Schmidt 1995.

22   Fuchs-Belhamri 1997.

23   Vgl. Claudia Turtenwald: Fritz Höger 1877–1949, Wilhelmshaven 2000.

24   Außen vor – Der Backsteinbaumeister Fritz Höger 1877–1949, hrsg. vom Stadtmuseum Delmenhorst in Zusammenarbeit mit dem Deutschen Werkbund e.V., Oldenburg 1999.

25   Als Grundlage zur Orientierung über den Rathausbau dienten mir die Veröffentlichungen von Kranz-Michaelis 1976 und Damus 1988.

26   Damus 1988, S. 46.

27   Zur weiteren Information verweise ich auf weiterführende Literatur: Zieler 1936 und Becher 1971.

28   Zieler 1936, S. 232.

29   Zieler 1936, S. 234. Eine gute Verbindung von Wasserturm und Restauration zeigt der Wasserturm in Posen von Hans Poelzig, der die Form des Wasserturms nicht durch Umbauten negieren will. Abb. in Zieler 1936, S. 236, Abb. 20.

30   Hahn 1919, S. 86. Willy Hahn (1887–1930) war ab April 1914 der Nachfolger von Martin Wagner als Stadtbaurat und stellt damit eine gut unterrichtete Quelle zu den Umständen des Rathausbaus dar. Im Mai 1921 wurde er in Kiel zum Stadtrat gewählt. Nach Wh. Heimatlexikon, S. 421.

31   Diese Verpflichtung hatten sich die »führenden Persönlichkeiten« bei der Zusammenlegung der Gemeinden selbst auferlegt. Paffrath spricht in einem Geleitwort davon, dass man so überzeugt von einem gemeinsamen Rathaus war, »dass durch Landesgesetz dieser Bau als Pflichtaufgabe der neuen Stadt festgelegt wurde.« In: Paffrath 1931, S. 5.

32   Hahn 1919, S. 86; Brune 1986, S. 567. Martin Wagner war Architekt und Städtebauer und hatte seine Ausbildung in Berlin und Dresden erhalten. Nach ersten Anstellungen in Berlin und Hamburg wurde Wagner im Herbst 1911 fünfundzwanzigjährig Leiter des städtischen Bauamtes in Rüstringen. Diese Stellung bekleidete er jedoch nur knapp drei Jahre und ging dann nach Berlin, wo er u.a. mit Architekten wie Mies van der Rohe und Gropius zusammenarbeitete. In Berlin ist die Hufeisensiedlung Britz zusammen mit Bruno Taut sein bekanntestes Werk. Wagner arbeitete ab 1924 als Nachfolger Ludwig Hoffmanns als Stadtrat in Berlin, bis er 1933 von den Nationalsozialisten entlassen wurde und zunächst in der Türkei lehrte, später in den USA. In Wilhelmshaven arbeitete Wagner u.a. am Stadtpark und am Villenviertel. Nach: Homann, Klaus: Als Architekten von Wilhelmshaven Karriere machten, in: Stadtgesicht 1982, S. 16.

33   Hahn 1919, S. 86f.

34   Hahn 1913, S. 372.

35   Hahn 1919, S. 86.

36   Bahn 1930, S. 297.

37   Die Errichtung von Markthalle und Saalbau stand aber nach Angaben Hahns noch in der Schwebe, da die Bedürfnisfrage noch nicht endgültig geklärt war. Hahn 1913, S. 373.

38   Vergleiche dazu die unterschiedlichen Angaben in folgenden Veröffentlichungen: Stadtgesicht, 1982, S. 18 und S. 21; Konkurrenzen 1913a, S. 1551; Konkurrenzen 1914a, S. 261 und DBZ, Nr. 92, November 1915, S. 509. Der Hinweis auf eine Volksküche mit Badeanstalt findet sich nur in einer Quelle, daher gehe ich davon aus, dass es sich um die Einbeziehung eines anderen Wettbewerbs handelt. In den Magistratsprotokollen fand sich der Hinweis auf den geplanten Erwerb eines Grundstückes an der Gökerstraße für die Errichtung einer Volksküche und einer Badeanstalt. Stadtratsprotokoll vom 08.04.1915, 8.

39   Hahn 1913, S. 374ff.

40   Grundig 1957, S. 450.

41   Hahn 1919, S. 87. Auch 1913 betonte er schon diese Wirkung und Funktion des Platzes: Hahn 1913, S. 372.

42   Magistrats- und Verwaltungsausschusssitzung vom 07.05.1913

43   Hans Poelzig (1869–1936) arbeitete nach dem Studium in Berlin-Charlottenburg im Baubüro von Hans Hartung, später beim Preußischen Staats-

bauamt. Es folgte eine umfangreiche Lehrtätigkeit in Breslau, Dresden, Berlin. 1911 errichtete er einen Wasserturm für Posen, der sehr bekannt geworden ist. Zur Jahrhundertausstellung in Breslau fertigte er Ausstellungsbauten. Seine bekannteste Arbeit ist der Umbau des Großen Schauspielhauses in Berlin mit seiner Stalaktitenausschmückung. Nach Gössel 1994, S. 414.

44 Peter Behrens (1868–1940) arbeitete nach seiner Ausbildung in Karlsruhe als Maler, Graphiker, Architekt und Designer. 1899 wurde er vom Großherzog Ernst Ludwig von Hessen berufen, die Mathildenhöhe in Darmstadt mit zu gestalten. Er war ab 1902 Leiter der Kunstgewerbeschule in Düsseldorf, ab 1907 künstlerischer Berater der AEG und schuf für die Firma von Bauwerken (z.B. die berühmte Turbinenfabrik in Berlin) über Lampenentwürfe bis zum Briefpapier alles. Viele wichtige Architekten gingen durch Behrens Atelier: Mies van der Rohe, Le Corbusier, Walter Gropius. Von 1922–27 war er Nachfolger von Otto Wagner an der Wiener Kunstakademie, 1936 übernahm er die Leitung der Meisterschule für Architektur in Berlin. Nach Gössel 1994, S. 395.

45 Heinz Stoffregen (1879–1929) plante und realisierte auch die Zentralanlagen der Stadt Delmenhorst und gehörte »zu den herausragenden Architekten der ›Reformbewegung‹. Zitat aus Aschenbeck 1990, Klappentext. Stoffregen trat 1928 dem konservativen Bündnis des »Blocks« bei. Zuckowsky 1994, S. 149.

46 Hans Bernoulli (1876–1959), Architekt, Schriftsteller und Stadtplaner aus Basel, baute vielfach in neoklassizistischen Formen, wechselte später aber zu einer gemäßigten Moderne. Die Gartenstadtidee beeinflusste sein gesamtes Werk. Unter den Schweizer Architekten war er im Kleinwohnungsbau nach 1900 am interessantesten. Saur 1994-1996, hier 1994, S. 617f.

47 Magistrats- und Verwaltungsausschussitzung vom 07.05.1913. Gründe hierfür werden nicht genannt. Hier ist nur von einer Vorstellung der Architekten die Rede, es handelt sich um die Findung einer kleineren Auswahl.

48 Magistrats- und Verwaltungsausschusssitzung vom 30.05.1913. Auch hier werden keine Gründe angegeben.

49 Konkurrenzen 1913a, S. 1517. Höger war zu diesem Zeitpunkt durch den Bau verschiedener Gebäudekomplexe in Hamburg zu beschäftigen.

50 Konkurrenzen 1913b, S. 1551. Dem entsprechen auch die Angaben von Grundig 1957, S. 450 und Lukowitz, in: Stadtgesicht 1982, S. 21.

51 Grundig 1957, S. 450. Schmidt 1995, S. 312 berichtet, dass Ostendorf ebenfalls teilnahm. Es sind aber keine Pläne von Ostendorf zum Projekt zu finden, und die Aussage taucht nur an dieser Stelle auf. Entweder wurde die Teilnahme des Architekten genehmigt und dieser gab doch keinen Beitrag zum Wettbewerb ab, weshalb er in der sonstigen Literatur nicht auftaucht, oder es handelt sich hier um eine Verwechslung seitens Schmidts.

52 Konkurrenzen 1914a, S. 261.

53 Konkurrenzen 1914a, S. 261.

54 DBZ, Nr. 92, 49. Jg., 1915, S. 509.

55 Konkurrenzen 1913b, S. 1551

56 Einteilung nach Hahn 1913, S. 372.

57 Hahn 1913, S. 372.

58 Hahn 1913, S. 373.

59 Es existiert ein zweiter Lageplan Wagners, der den Saalbau in das Rathaus integriert. Der Rathausplatz bleibt in der Folge, bis auf hier halbrund ange-

ordnete Marktstände, die wahrscheinlich als offener Arkadengang geplant sind und ihr Rund nach Norden hin öffnen, frei.

60 DBZ, Nr. 92, 1915, S. 509

61 DBZ, Nr. 1915, S. 509. Damit in Verbindung bringen lässt sich auch sein Titel für den Plan »Der Zeitgeist im Stadtbild«.

62 Konkurrenzen 1914a, S. 261.

63 Stadtgesicht 1982, S. 22

64 Hahn 1913, S. 376f. »Unter diesen Umständen konnte der Wettbewerb nur die Beleuchtung des Gedankens von verschiedenen Seiten ergeben und künstlerische und praktische Fragen allgemeinster Art behandeln.«

65 Kellerhoff 1937, S. 98.

66 Ahner 1964, S. 219 und Brune 1986, S. 568.

67 Mit Jakobs ist hier wahrscheinlich der Architekt Rudolf Heinrich Jacobs aus Bremen gemeint, der in und um Bremen zahlreiche Bauten unter Anlehnung an die ortsübliche Architektur errichtete. Thieme/Becker 1925–1931, hier 1925, S. 252.

68 Eine Begründung, warum gerade diese Architekten in Frage kommen sollten, wird im Protokoll vom 19.11.1914 nicht gegeben.

69 Karl Mühlenpfordt war als preußischer Regierungsbauführer mit der Inventarisation von Baudenkmälern in Lübeck beschäftigt, erhielt 1901 den Schinkelpreis, wurde 1907 Bauinspektor in Lübeck, später Baurat ebenda. Thieme/Becker 1925–1931, hier 1931, S. 214.

70 Stadtmagistratsprotokoll vom 19.11.1914.

71 Die Reise nach Bremen und Hamburg fand vom 14. bis 15. Dezember des Jahres statt. Aufgrund der Tatsache, dass Lübeck nicht besucht wurde, kann vermutet werden, dass Prof. Mühlenpfordt sich nicht an dem projektierten Wettbewerb beteiligen wollte.

72 Es ist nicht klar, ob diese Fahrten ebenfalls stattfanden, oder ob man sich doch anhand von Abbildungen über die dortigen Neubauten informierte.

73 Paul Bonatz (1877–1956) geht von einer gegen den schematischen Jugendstil gerichteten Architektur aus, die seine Beeinflussung durch Theodor Fischer zeigt. In seinen öffentlichen Bauten bis etwa 1914 wird eine Auseinandersetzung mit der französischen Baukunst des 18. Jahrhunderts deutlich. In Deutschland wird er zum Haupt der sog. »Stuttgarter Schule«. Am bekanntesten ist sein Bau des Stuttgarter Hauptbahnhofes (1914–28). Saur 1994-1996, hier 1996, S. 475f. Zu einer Beteiligung von Bonatz kam es aber aus unbekannten Gründen scheinbar nicht.

74 Ich vermute, dass es sich um den bekannteren Bruno Taut (1880–1938) handelte, der durch seinen Glaspavillon auf der Kölner Werkbundausstellung berühmt geworden war. Vor allem seine Siedlungsbauten waren später zukunftsweisend. Er war 1921–24 Stadtbaurat in Magdeburg, Berater der Gartenstadtgesellschaft, Begründer der bekannten Vereinigung »Gläserne Kette«. Zusammen mit Martin Wagner realisierte er 1925–27 die Hufeisensiedlung Britz in Berlin. Nach Turner 1996, S. 370f. Für Wilhelmshaven ist kein Entwurf für ein Rathaus erhalten.

75 Stadtmagistratsprotokoll vom 31.12.1914.

76 Ludwig Hoffmann (1852–1932) war ab 1896 Stadtbaurat von Berlin. Seine bekanntesten Bauten sind das Reichsgericht in Leipzig (1887–1895) und das Rudolf-Virchow-Krankenhaus in Berlin (1898–1906). Er baute während seiner langen Amtszeit als Stadtbaurat in Berlin viele Schulen, Bäder und Krankenhäuser. Um seinen historischen Bauten Substanz zu verleihen, un-

ternahm er viele Studienreisen nach Italien und Frankreich. In seinem Amt wurde er von Martin Wagner abgelöst. Nach Reichhardt 1986.

77 Bei Rauchheld handelt es sich um den Oldenburger Regierungsbaumeister.

78 Fritz Bräuning war von 1905 bis 1912 Regierungsbaumeister im Preußischen Staatsdienst, dann bis 1934 Amts- und Gemeinde- und später Stadtbaurat in Berlin-Tempelhof. Saur 1994-1996, hier 1996, S. 548.

79 Hahn 1919, S. 94.

80 Kellerhoff 1937, S. 98.

81 Grundig 1957, S. 451. Im Mai 1916 erhielt er dafür einen Modellabguss (des vorhergehenden Rathausmodells?). Magistratsprotokoll vom 25.05.1916.

82 Grundig 1957, S. 451. Laut Protokoll der Magistratssitzung vom 26.10.1916 wurde von Bräuning schon zu diesem Zeitpunkt ein ausgearbeitetes Modell vorgelegt, von dem bereits in der Magistratssitzung vom 27.06.1916 berichtet worden war, welches damals aber wahrscheinlich noch nicht ganz fertig gewesen ist. Im Protokoll vom 26.10. werden jedoch noch einige Ausführungen beanstandet und eine gemeinsame Beratung vorgeschlagen. Im Dezember 1916 wird im Protokoll von Änderungsvorschlägen berichtet, die zur Kenntnis genommen worden seien. Außerdem machte der Magistrat noch einige Bemerkungen zum Entwurf Bräunings, der offensichtlich noch immer nicht zusagte, die recht weitreichend in das Projekt eingegriffen hätten.

83 Grundig 1957, S. 451.

84 Stadtmagistratsprotokoll vom 3.12.1918

85 Ahner 1964, S. 219.

86 Angeblich trat Bräuning nach dem Krieg von seinem Rathausplan zurück. Nordwest-Zeitung, Nr. 102 vom 03.05.1958.

87 Paffrath, Friedrich: Zum Geleit, in: Paffrath 1931, S. 5.

88 Stadtmagistratsprotokoll vom 13.10.1926.

89 Stadtmagistratsprotokoll vom 13.10.1926. In der Stadtmagistratssitzung vom 14.01.1927 wird jedoch beschlossen, einen Kostenvoranschlag mit und einen ohne Turm erstellen zu lassen. Möglicherweise ist dies ein Hinweis darauf, dass damals nicht an die Errichtung eines Wasserturms gedacht wurde.

90 Stadtmagistratsprotokoll vom 01.11.1926.

91 Stadtmagistratsprotokoll vom 01.11.1926.

92 Stadtmagistratsprotokoll vom 15.11.1926.

93 Stadtmagistratsprotokoll vom 17.01.1927. Dennoch gab es im Magistrat noch immer unterschiedliche Meinungen darüber, ob es sich um eine Überarbeitung des früheren Projekts handele oder nicht doch um ein ganz neues Projekt. Besonders Ratsherr Freudendahl schien durch die Betonung, dass es sich um ein neues Projekt handele und daher ein neuer Wettbewerb ausgeschrieben werden müsse, eine Umsetzung des Bräuning-Planes verhindern zu wollen.

94 Stadtmagistratsprotokoll vom 17.01.1927. Leider liegt mir keine Zeichnung oder Skizze des veränderten Planes für das Rathaus vor, um diese beurteilen zu können. Fritz Schumacher (1869–1947) war 1909 zum Baudirektor nach Hamburg berufen worden, nachdem er zuvor in Leipzig als Stadtbaurat und in Dresden an der TH als Dozent tätig gewesen war. Er hatte in Hamburg einen wesentlichen Anteil an der Neubelebung des Backsteinbaus. Er war auch als Fachschriftsteller tätig. Aus Durth 1986, S. 60-64.

95 Stadtmagistratsprotokoll vom 28.02.1927.

96 Stadtmagistratsprotokoll vom 28.02.1927. Möglicherweise, weil dieser selber an dem ersten Wettbewerb zum Rathaus teilgenommen hatte.

97 Höger gibt den 1. März 1927 als Termin an. In: Höger 1929a. S. 2.

98 In das Magistratsprotokoll vom 14.03.1927 wird der Bürgermeister mit folgenden Worten aufgenommen: »Herr Höger sei offenbar ein großer Künstler.«.

99 z.B. Waldemar Augustiny (in: Höger 1929b) berichtet in diesem Artikel über eine Begegnung im Büro und vor Högers Lieblingsgebäude, dem Chilehaus.

100 Stadtmagistratsprotokoll vom 13.04.1927.

101 Stadtmagistratsprotokoll vom 14.03.1927.

102 Es ist hier also von zwei in Auftrag gegebenen Gutachten die Rede, im Protokoll vom 02.05.1927 auch von zwei Sachverständigen, deren Namen jedoch nicht genannt werden.

103 Ganz so dramatisch und nur in der Hand des Bürgermeisters liegend kann man sich das weitere Vorgehen wohl nicht vorstellen, aber Höger pflegte in seinen Erläuterungen über Bauvorgaben etwas zu übertreiben.

104 In den Stadtmagistratsprotokollen wird jedoch immer wieder erwähnt, dass die betroffenen Ämter ihren Raumbedarf für die genauen Planungen anmelden. Dies war bei den unterschiedlichen vorangegangenen Wettbewerben der Fall, und es wird auch diesmal der Fall gewesen sein. Högers Aussage diesbezüglich dient meines Erachtens der Deutlichmachung seiner sorgfältigen Vorgehensweise und der Betonung der Schlampigkeit der bisherigen Architekten.

105 Högers Manuskript, S. 5. Dieser fand nach Angaben von Sommer am 19.07.1927 statt. Sommer 1989, S. 4.

106 Weil sie selbst auch keinen Kritikpunkt an seinem Plan zu finden im Stande waren, wie Höger berichtet. Manuskript, S. 5. Von einem solchen Vortrag ist in den Magistratsprotokollen nichts zu finden.

107 Siehe Parallelen zum Wohnwasserturm in Wesermünde/Wulsdorf und zum Rathauswasserturm in Neuenhagen bei Berlin.

108 Bucciarelli 1992, S. 134/35.

109 Es ist ein Vorentwurf Högers erhalten, der später noch genauer mit dem endgültigen Entwurf verglichen wird.

110 Stadtmagistratsprotokoll vom 05.09.1927.

111 Stadtmagistratsprotokoll vom 29.09.1927. Darauf wird im folgenden noch einmal im Zusammenhang mit einem Vorentwurf einzugehen sein.

112 Es ist aber nicht mehr ganz nachzuvollziehen, ob dies der ausgeführte Plan war.

113 Stadtmagistratsprotokoll vom 29.09.1927.

114 Stadtmagistratsprotokoll vom 07.11.1927.

115 Stadtmagistratsprotokoll vom 07.11.1927.

116 Sommer 1989, S. 4. Seine Quelle hierfür ist mir nicht bekannt.

117 Stadtarchiv Wilhelmshaven, Bestand 5650 mit Abbildung der Grundsteinlegung durch den Bürgermeister.

118 Höger 1929a, S. 5.

119 Dadurch wurde in den zuvor genutzten Rathäusern Wohnraum frei, wie es von Planungsbeginn an gedacht war.

120 Erkennbar wird dies an dem Photo zum Richtfest, auf dem der Turm noch nicht ausgemauert ist, die Stahlbetonstützen aber bis zum Abschluss des Turmes reichen.

121 Sie wurden nach Angaben von Dr. Sommer extra aus Stuttgart geliefert. Nach Sommer 1989, S. 4.

122 Schmidt spricht davon, dass »die vorgeblendeten, in der Höhe zu beiden Seiten zurückgestuften Gitterstrukturen eine Beziehung zur Tradition des gotischen Stufengiebels her(stellen) und dem Bau historische Bindung« geben würden. Schmidt, 1995. Deutlicher ausgeprägt verwendet Höger dieses Motiv an der heute zerstörten Wichernkirche für Hamburg-Hamm von 1929. Abb. Boyken, S. 189

123 So z.B. der Turm seiner Berliner Kirche oder der Wasserturm in Bad Zwischenahn.

124 Damus 1988, S. 77f.

125 Damus 1988, S. 78.

126 Ein Gedicht Högers trägt die ausdrucksstarke Überschrift »Künstlertum ist Führertum«. Es ist von Westphal, in dessen Werk über Höger es abgedruckt wurde, nicht datiert, scheint aber in der Wortwahl seine Herkunft aus den dreißiger Jahren zu zeigen.

127 Boyken 1985, S. 181 und S. 192.

128 Paffrath 1931, S. 17.

129 Schon bei den Vorgängerprojekten zum Rathausbau war verschiedentlich darauf hingewiesen worden, dass bei der Innenausstattung des Rathauses sparsam verfahren werden müsse und unter Umständen im Laufe der Zeit erst weitere Ausstattungsstücke erworben werden könnten. Magistratssitzungsprotokoll vom 02.09.1929. Ob hierauf auch Taten folgte ist mir nicht bekannt. Die Lampen zeigen eine unübliche Formbehandlung in der Art von horizontal angeordneten, runden Beleuchtungskörpern.

130 Höger fertigte z.B. Detailzeichnungen von Treppenanläufen. Bis in den Bereich der Gestaltung von Supraporten und Tischgeschirr reichte sein Einfluss, Schmidt 1995. S. 106 und S. 108.

131 Die erwähnte Detailfreude ist am Chilehaus z.B. auch an den Terrakottaschildkröten als Beginn des Handlaufs oder an den Sitzgelegenheiten zwischen den Fenstern im Treppenbereich zu spüren.

132 Höger 1928, S. 113.

133 Das Motiv des vorgelagerten Wasserbassins stammt aus dem Schlossbau, wo es z.B. in Wien beim Schloss Belvedere (1714–23) ausgeführt wurde.

134 Siehe zu diesem Projekt Sommer 1993, S. 292f.

135 Höger legte gegen das Vorgehen Beschwerde beim Oberbürgermeister ein, konnte aber nicht viel ausrichten. Nach Sommer 1993, S. 293.

136 Willem Marnus Dudok (1884–1974) ist sowohl von den Architekturtheorien H.P. Berlages wie von denen der De-Stijl-Bewegung beeinflusst. Er eröffnet 1913 sein eigenes Architekturbüro in Leiden und wurde zwei Jahre später Leiter der städtischen Arbeiten in Hilversum. 1927 wurde Dudok zum offiziellen Stadtarchitekten ernannt und arbeitete auch an Stadtentwicklungsplänen. Seine Schul- und Hallenbadbauten für Hilversum weisen eine dem Rathaus der Stadt eng verwandte Baugliederung mit Turm auf. Ab 1934 arbeitete Dudok als Stadtplaner für Den Haag. Nach Gössel 1994, S. 397, Abb. S. 138 und S. 139.

137 Siehe dazu Tamms 1953; DBZ, Nr. 54, 59. Jg., 1925, S. 1-8, DBZ, Nr. 58, 59. Jg., 1925, S. 9-22.

138 DBZ, Nr. 54, 59. Jg.,1925, S. 3. Tamms erwähnt Höger nicht als Mitglied des Preisgerichtes, was aber daran liegen kann, dass er offensichtlich nicht alle Mitglieder aufzählt.

139 Tamms 1953, S. 11.

140 Siehe z.B. in der DBZ, 58 Jg., 1924, S. 436ff.: »New Yorker Wolkenkratzer im Urteil des Schöpfers«.

141 Durch Anregungen aus Amerika wendeten die deutschen Architekten ihr Interesse der Idee des Hochhauses zu. Man versuchte, die geeignete Ausdruckform und Einbindung dieses neuen Bautyps in die deutsche Architektur zu finden. Die Diskussion um die Hochhausfrage setzte in Deutschland etwa 1918 und damit im Vergleich zu Amerika relativ spät ein. Siehe dazu Schmidt, 1995, S. 130ff.

142 In Süddeutschland entstand ein technisches Rathaus für München von Fritz Belo. Es stammt aus den Jahren 1927–29 und zeigt einen einfachen Turmhauskörper. Seine Gliederung ist minimiert, die Fenster sind nahezu die ausschließlichen Strukturierungselemente des Baus. Über einem Sockelgeschoss folgt ein gleichförmiger fünfgeschossiger Mittelbau, darüber eine Abfasung der Gebäudeecken über drei Etagen, eine Lisenengliederung und Eckbänder in den drei Obergeschossen. Ein Gesims schließt den Bau ab.

143 DBZ, Nr. 4, 60. Jg., 1926, S. 1-14.

144 Siehe dazu den Entwurf »ravenna« von den Architekten Pipping und Dünkel, der den zweiten Preis erhielt. Er zeigt in der Turmform und der Zinnenkranzallusion Übernahmen aus der italienischen Baukunst und erinnert an den Palazzo Vecchio in Florenz.

145 Siehe dazu den Entwurf »Kreuz-Pfeiler« von Meyer und Freese

146 Während Högers Rathaus nur von der Vorder- oder Rückseite einen Gesamteindruck des Baues gibt, bieten sich in Hilversum von allen Seiten interessante Konstellationen der Bauteile untereinander.

Literaturverzeichnis

Ahner 1964
Ahner, Hermann: Hafenbauer gründeten Wilhelmshaven, Wilhelmshaven 1964.

Bahn 1930
Bahn, Hans: Das Rathaus zu Rüstringen, in: Deutsche Bauzeitung, Nr. 38, 64. Jg., 1930, S. 297-303.

Banse 1952
Banse, Ewald: Der Klinkerfürst von Hamburg, Fritz Högers Lebensroman, Typoskript 1952.

Becher 1971
Becher, Bernhard, u. a.: Die Architektur der Förder- und Wassertürme, München 1971 (Industriearchitektur des 19. Jahrhunderts, Studien zur Kunst des 19. Jahrhunderts, Band 13).

Binding 1928
Binding, Rudolf G.: Rufe und Reden, Frankfurt a. M. 1928.

Boyken 1985
Boyken, Immo, in: Fritz Högers Kirche am Hohenzollernplatz in Berlin – Architektur zwischen Expressionismus und »Neuer Sachlichkeit«, in: architectura 1985.

Boyken 1989
Boyken, Immo: Fritz Högers Celler Martin-Luther-Kirche. Vom »Wesen und Wert der Gotik« in seinem Werk, in: architectura, 1989, S. 76-93.

Brune 1986
Brune, Werner (Hrsg.): Wilhelmshavener Heimatlexikon, 3 Bände, Wilhelmshaven 1986.

Bucciarelli, 1987
Bucciarelli, Piergiacomo: Fritz Höger, Il verbo espressionista, in: Eupalino, 8, 1987, S. 40-51.

Bucciarelli, 1994
Nordwestdeutsche Universitätsgesellschaft e. V. Wilhelmshaven (Hrsg.): Bucciarelli, Piergiacomo: Fritz Höger. Der norddeutsche Backstein-Architekt, Wilhelmshaven 1994 (Schriftenreihe der Nordwestdeutschen Universitätsgesellschaft, Heft 63).

Damus 1988
Damus, Martin: Das Rathaus. Architektur- und Sozialgeschichte von der Gründerzeit zur Postmoderne. Schwerpunkt: Rathaus bau 1945–1986 in der Bundesrepublik Deutschland, Berlin 1988.

Durth 1986
Durth, Werner: Deutsche Architekten. Biographische Verflechtungen 1900–1970, Braunschweig/Wiesbaden 1986.

Ehl 1925
Ehl, Heinrich: Hamburgische Architektur, in: Der Cicerone, 17. Jg., 1925, S. 32-41.

Fuchs-Belhamri 1997
Fuchs-Belhamri, Elisabeth/Scholz, Kai-Uwe: Zwischen Hamburg und Holstein: Der Architekt Fritz Höger 1877–1949, Itzehoe 1997.

Gebhard 1952
Gebhard, Julius: Fritz Höger. Baumeister in Hamburg. Ein Beitrag zum Wiederaufbau, Hamburg 1952.

Gössel 1994
Gössel, Peter/Leuthäuser, Gabriele: Architektur des 20. Jahrhunderts, Köln 1994.

Grundig 1957
Grundig, Edgar: Chronik der Stadt Wilhelmshaven, Bd. II: 1853–1945, Wilhelmshaven 1957.

Habich 1973
Habich, Johannes: Rezension zu Alfred Kamphausen, Der Baumeister Fritz Höger, in: Zeitschrift des Vereins für Hamburgische Geschichte, Band 59, Hamburg 1973, S. 169-172.

Hahn 1913
Hahn, Willy: Wettbewerb um die städtebauliche Gestaltung der Zentralanlagen der Stadt Rüstringen, in: Baurundschau, Heft 40, 1913, S. 372-384.

Hahn 1919
Hahn, Willy: Vom Aufbau einer neuen Stadt. Ein Verwaltungsbericht des Hochbauwesens und der Kunstpflege der Stadt Rüstringen 1911–1919, Hamburg 1920.

Hildebrandt 1925
Hildebrandt, Hans: Die Kunst des 19. und 20. Jahrhunderts, Wildpark-Potsdam 1925.

Höger 1928
Höger, Fritz: Sakraler Backsteinbau, in: Kunst und Kirche, 3. H., 5. Jg., 1928/29, S. 105-114.

Höger 1929a
Höger, Fritz: Die Burg am Meer, in: Wilhelmshavener Zeitung, 11. Oktober 1929, Titelblatt (zitiert als »Höger Burg«).

Höger 1929b
Höger, Fritz: Mein Weg, der Erbauer des Chilehauses spricht über sich selbst in: Schünemanns Monatshefte, 1929, S. 184-196.

Höger 1929d
Höger, Fritz: Das neue Rathaus in Rüstringen, in: Bw, 28. Nov. 1929, 48, S. 1-16.

Kamphausen 1972
Kamphausen, Alfred: Der Baumeister Fritz Höger, Neumünster 1972 (Studien zur schleswig-holsteinischen Kunstgeschichte, hrsg. vom Landesamt für Denkmalpflege und der Gesellschaft für Schleswig-Holsteinische Geschichte, Band 12).

Kellerhoff 1937
Kellerhoff, Jürgen: Beiträge zur Geschichte der Stadt Rüstringen, Oldenburg 1937.

Konkurrenzen 1913a
Oeffentliche Bauten der Stadt Rüstringen in Oldenburg, in: Deutsche Konkurrenzen, Bd. 29. Juni 1913, S. 1517.

Konkurrenzen 1913b
Städtische Bauten in Rüstringen, in: Deutsche Konkurrenzen, Bd. 29, September 1913, S. 1551.

Konkurrenzen 1914a
Städtische Bauten in Rüstringen: Wettbewerb Nr. 259, in: Deutsche Konkurrenzen, Bd. 30, 1914, S. 261ff.

Kranz-Michaelis 1976
Kranz-Michaelis, Charlotte: Rathäuser im deutschen Kaiserreich 1871–1918, München 1976 (Materialien zur Kunst des neunzehnten Jahrhunderts, Band 23).

Reichhardt 1986
Reichhardt, Hans J./Schäche, Wolfgang: Ludwig Hoffmann in Berlin. Die Wiederentdeckung eines Architekten, Berlin 1986.

Saur 1994–1996
Saur: Allgemeines Künstlerlexikon, Band 9-13, München/Leipzig 1994–1996.

Schmidt 1995
Schmidt, Matthias: Der Dom der Sterne. Fritz Höger und das Anzeiger-Hochhaus in Hannover – Architektur der zwanziger Jahre zwischen Kosmologie und niederdeutschem Expressionismus, Münster 1995 (Göttinger Beiträge zur Kunstgeschichte, Band 2).

Sommer 1989
Sommer, Ingo: Zentralanlagen als Ursprung, in: Wilhelmshavener Zeitung. Sonderbeilage: 60 Jahre Rathaus, 14.10.1989.

Stadtgesicht 1982
Kunsthalle Wilhelmshaven (Hrsg.): Wilhelmshaven Stadtgesicht, Wilhelmshaven 1982.

Tamms 1953
Tamms, Friedrich: Die Düsseldorfer Rathausprojekte seit 1900, Düsseldorf 1953.

Turner 1996
Turner, Jane (Hrsg.): The Dictionary of Art, Band 30, New York 1930.

Westphal 1938
Westphal, Carl J.: Fritz Höger. Der niederdeutsche Backstein – Baumeister, Wolfshagen – Scharbeutz 1938.

Zieler 1936
Zieler, Otto: Über die Gestaltung von Wassertürmen, in: Baugilde, Heft 8, 1936, S. 230-237.

Zukowsky 1994
Zukowsky, John (Hrsg.): Architektur in Deutschland 1919–1939, München/New York 1994.

Matthew Jefferies

» ... ein schmerzhafter, aber lohnender Übergang in die Moderne«
Die Erfahrungen einer einfachen Stadt

Links:
Detail aus der Bleiverglasung im Ratssaal

Rechts:
Skizze zur Markthallte, aus der »Präsentations-
mappe« von H. Stoffregen

Die kleine Industriestadt Delmenhorst, am östlichen Rand der überwiegend ländlichen Region Oldenburg gelegen, ist auf den ersten Blick ein ungewöhnlicher Ort für die Suche nach Meilensteinen der deutschen Designgeschichte. Die architektonische Tourismusroute, die jedes Jahr mehr Besucher zu dem AEG-Komplex von Peter Behrens in Berlin und sogar in das kleine Alfeld zu den Fagus-Werken bringt, geht gänzlich an Delmenhorst vorbei, weil sie die konkurrierenden Attraktionen Bremens, dem historischen hanseatischen Nachbarn, vorzieht. Nach vielen Jahrhunderten als minderwertiger Halteposten des Kutschenweges zu Oldenburg und einiger Jahrzehnte als Schlafstadt für Bremer Berufspendler, hat Delmenhorst gelernt, mit der Unbekanntheit zu leben. Seine Abwesenheit in den heutigen Reiseführern erzeugt weniger Betroffenheit in der örtlichen Gemeinschaft als die Arbeitslosigkeits- und Kriminalitätsrate, die beide steigen, während die städtische Wirtschaft in eine rückläufige Periode eintritt.

Im ersten Jahrzehnt dieses Jahrhunderts genoss Delmenhorst eine viel zu kurze besondere Bedeutung im Licht der Öffentlichkeit als Zentrum der Kunst und politischer Innovation. Die seltene, aber glückverheißende Verbindung eines jungen linksliberalen Bürgermeisters, eines progressiven lokalen Unternehmers und eines ambitionierten modernen Architekten, war verantwortlich für diese hochinteressante Episode der Stadtgeschichte, die zwar seitdem anderswo in Deutschland vergessen wurde, aber zu dieser Zeit die wohl vollständigste aktive Demonstration der Werkbundidee repräsentierte. Die besondere Kombination von Personen und Umständen, die den Fall Delmenhorst so interessant machte, war natürlich einzigartig, obwohl die Stadtentwicklung in anderer Hinsicht sehr typisch war und die in vorigen Kapiteln diskutierten Trends widerspiegelte.

Aus diesem Grund untersuchen die folgenden Seiten Delmenhorsts Industrie, Architektur und Politik in der wilhelminischen Periode unter besonderer Berücksichtigung des Verhältnisses zwischen dem Bürgermeister Erich Koch, dem Industriellen Gustav Gericke und dem Architekten Heinz Stoffregen.

Delmenhorsts »unvorhergesehener Vorteil«

Delmenhorst bekam seine ersten Stadtrechte bereits 1371 verliehen, war aber in der Mitte des 19. Jahrhunderts immer noch nicht mehr als ein Dorf. Mit der Ausnahme von ein paar Dutzend Männern, die als Korkschneider oder Zigarrenmacher arbeiteten, verdienten die 2.000 Einwohner ihren Lebensunterhalt durch die Bearbeitung des umliegenden Landes.

Die einst beeindruckende Burg der Stadt, der frühere Sitz des Grafen von Oldenburg-Delmenhorst und jahrhundertelang der Mittelpunkt der Gemeinde, unterlag seit langem dem Verfall. 1855 erlitt Delmenhorst schließlich die Erniedrigung, auf den Status einer »Stadt zweiter Klasse« des Großherzogtums Oldenburg herabgestuft zu werden, was bedeutete, dass große Teile der Verwaltungsmacht an einen Hauptregierungsbeamten abgegeben werden mussten. Danach übernahm ein »Polizeichef« oder »Amtshauptmann«, das Oldenburger Equivalent des preußischen Landrates, die Gerichts- und Verwaltungsangelegenheiten der Stadt nach Maßgabe des herzoglichen Landbezirkes. Erst nachdem die Bahn 1867 kam, begannen sich Delmenhorsts Geschicke zu verbessern. Die Linie, die Bremen und Oldenburg verband, war eine essentielle Voraussetzung für die spätere Stadtentwicklung. Die Nähe zu Bremen, die bislang als Barriere des Delmenhorster Wachstums fungierte, half nun der industriellen Expansion. Denn mit der Zugverbindung vor Ort lag Delmenhorst perfekt, um den vollen Vorteil der aufgeschobenen Integration des hanseatischen Hafens in das Deutsche Reich auszunutzen. Bremen hatte wie Hamburg immer abgelehnt, Mitglied des deutschen Zollvereins zu werden und hielt weiterhin seine Unabhängigkeit aufrecht, sogar nach der Vereinigung. Der Freihafenstatus, der viele Jahrhunderte das Florieren des Bremer Hafens garantierte, wurde heftig verteidigt von den städtischen Kaufleuten, allerdings nur auf Kosten der Unterdrückung der Entwicklung der örtlichen Industrie, da alle in der Hansestadt gefertigten Waren dem Einfuhrzoll unterlagen, wenn sie in den Zollvereinigungsbereich eintraten.

In Anbetracht der zum Teil hohen Tarife, die auf fertigen Waren lagen, war es nicht überraschend, dass Bremer Industrielle sich bald außerhalb der Stadtgrenzen nach Fabrikstandorten umsahen. Delmenhorst, nur 10 Meilen weiter westlich, war die Hauptbegünstigte. Als Bremen schließlich 1888 der Deutschen Zollzone beitrat, war Delmenhorst fest als Industriezentrum etabliert.

Das erste Hauptindustrieunternehmen, das in Delmenhorst auf einem Grundstück neben dem städtischen Bahnhof errichtet wurde, war eine Jutefabrik, die von den Bremer Geschäftsleuten Vogt und Wex mit dem Namen »Hanseatische Jute-Spinnerei und Weberei« gegründet wurde. Die Fabrik, die anfangs 130 Arbeiter zur Herstellung von Säcken und Matten aus indischer Jute beschäftigte, eröffnete im Februar 1871. Zur gleichen Zeit durchlief Delmenhorsts kleine Korkschneideindustrie, die ebenso von dem Rohmaterialimport über Bremen abhängig war, einen Mechanisierungsprozess, der die Produktivität um ein Zehnfaches, aber auch den Materialabfall um 60% steigerte. Wie wir später erfahren werden, machte das Vorhandensein von beiden, der Jute- und der Korkschneideindustrie, später Delmenhorst zu einem idealen Zentrum für die Linoleumherstellung.

Die Fabrik, die Delmenhorsts größter Arbeitgeber wurde, eine expandierende Textilspinnerei, bekannt als »Norddeutsche Wollkämmerei und Kammgarnspinnerei« (NW&K), wurde 1884 auf einem 13 ha großen Grundstück nördlich der Bahnverbindung Bremen-Oldenburg gebaut. Die NW&K

Die Erfahrungen einer einfachen Stadt

Werbeanzeige der Hansa-Linoleumwerke Delmenhorst, um 1900

war die Idee des Bremer Wollkaufmanns Christian Lahusen, der große Schaffarmen in Südamerika besaß und 1873 eine der führenden europäischen Wollspinnereien in Neudek, Böhmen, erworben hatte. Die Produktion in Delmenhorst begann mit 100 Arbeitern, aber bis 1891 stieg diese Zahl schon auf 1.647 und 1914 erreichte man schon die Zahl 3.300.

Unter Christians Sohn Carl Lahusen (1858–1921) entwickelte sich die NW&K zu einem multinationalen Konzern, der in seiner Blütezeit ein Viertel der Weltproduktion des Kammgarns kontrollierte, bevor sie in der Depression von 1931 schändlich zusammenbrach. In den 1890er Jahren waren rund 20% der Delmenhorster Gesamtbevölkerung bei der NW&K angestellt, aber der Hauptsitz des Lahusenkonzerns blieb in Bremen und mit den überall in Zentraleuropa gegründeten NW&K-Fabriken wurde Delmenhorst nie so eng mit der Wollindustrie in Verbindung gebracht, wie die Statistik es vermuten lassen würde.

Tatsächlich wurde der Name Delmenhorst als ein Zentrum für Linoleumproduktion um die Welt getragen. Linoleum, 1860 durch den Engländer Frederick Walton entwickelt, war das Endprodukt eines langen und komplizierten Prozesses, der oxidiertes Leinöl, Kork und gewobene Jute so kombinierte, dass ein stark tragender und hygienischer Fußbodenbelag entstand, der farbig oder mit Inlaiddesigns dekoriert sein konnte. Große Importe von englischem Linoleum nach Deutschland in den 1870er Jahren überzeugten den Bremer Kaufmann Heinrich Bremer, den Bankier Georg Wolde und den Delmenhorster Korkfabrikanten J. C. Wieting, eine deutsche Linoleumfabrik in Delmenhorst aufzubauen. Nach Verhandlungen mit dem führenden englischen Unternehmen in Staines, das selbst eine Fabrik auf dem Kontinent gründen wollte, einigten sich

Bremer und Wieting auf ein gemeinsames Unternehmen: Die German Linoleum Manufacturing Company Ltd. wurde 1882 gegründet, und am nördlichen Stadtrand wurde eine Fabrik gebaut, die mit den neuesten englischen Maschinen ausgestattet war. Die anfängliche Arbeitskraft von 62 Mitarbeitern verdoppelte sich bald und 1891 produzierte die Fabrik 400.000 m² Linoleum jährlich mit einem Wert von ca. 1 Million Mark. 1896 wurde der Fabrikname umgewandelt in

»Deutsche Linoleumwerke Hansa AG«, aber die Aktienmehrheit blieb bis zum Ersten Weltkrieg in britischer Hand. Während dieser Zeit etablierten sich zwei weitere große Linoleumunternehmen in der Stadt. Die »Delmenhorster Linoleumfabrik AG« entstand 1892 mit 24 Aktionären und einem traditionellen Kaufmannssymbol, dem Anker, als Handelsmarke: Die Firma wurde schnell als »Ankermarke« bekannt. Zusätzlich zu ihrem erfolgreichen Linoleum-Design, bahnte

Werbeanzeigen der Anker-Linoleumwerke Delmenhorst und der Germania-Linoleumwerke Bietigheim, um 1910

Anker auch den Weg für die Entwicklung von Lincrusta, einer abwaschbaren Wandverkleidung, das eine große Beliebtheit in Krankenhäusern und Schulen genoss. Eine dritte Linoleumfabrik, gegründet von der Bremer Bank E. C. Weyhausen, siedelte sich 1898 in Delmenhorst an und nahm im darauf folgenden Jahr die Produktion auf. Die »Bremer Linoleumwerke AG Delmenhorst« übernahmen das traditionelle Emblem der Stadt Bremen, den Schlüssel, als Handelsmarke und waren daher als die Schlüssel-Marke bekannt.

Während die Hansa- und Anker-Unternehmen bald respektablen Profit erreichten, kämpfte die Schlüssel-Marke – deren Gründung zusammenfiel mit der Bildung zweier weiterer deutscher Linoleumproduktionen, den Germania Linoleumwerken in Bietigheim und einer ähnlichen Fabrik in Eberswalde – zunächst um den Durchbruch. Nachdem die Gewinnzone 1901 und 1902 nicht erreicht wurde, wurde die Schlüsselmarke einer großen Umorganisation unterzogen, einschließlich einer Fusion mit einer Linoleumfabrik in Köpenick und konnte so schließlich mit den anderen Delmenhorster Unternehmen konkurrieren. Die Überkapazität auf dem Delmenhorster Linoleumsektor führte zu vielen Versuchen, die Preise und die Produktion in der Industrie zu regulieren, wozu auch die Gründung eines Kartells der Deutschen Linoleumfabriken 1910 zählte, aber solche Arrangements erwiesen sich nicht als beständig.

Die Entwicklung Delmenhorsts zum Industriezentrum brachte eine Reihe anderer Geschäftszweige nach Delmenhorst: Kleine Maschinenbaubetriebe wie die Gebrüder Wehrhahn (1894) und Friedrich Christoffers, von denen jede mehrere Dutzend Arbeiter beschäftigte, um die Linoleum- und Textilfabriken mit Maschinenteilen und Ersatzteilen zu beliefern, wurden gegründet. Eine Automobilfabrik, die Delmenhorster Wagenfabrik Carl Tönnjes AG, wurde 1909 gegründet und sah ihre anfänglichen Arbeitskräfte von 120 bald auf mehr als 750 steigen.

Im darauffolgenden Jahr wurde die Margarinefabrik Petersen eröffnet, die große Mengen der beliebten Marke »Sanella« produzierte.

In der Zwischenzeit expandierte die Kork und Jute verarbeitende Industrie auf dem Rücken der Linoleumindustrie mit nicht weniger als neun Firmen, die die Hansa-, Anker- und Schlüssel-Betriebe vor dem Ersten Weltkrieg mit dem Rohstoff Korkabfall versorgten. Das schnelle Wachstum der Industrie in Delmenhorst hatte weitreichende Konsequenzen für die Stadt. Drei neue Ziegelwerke mussten errichtet werden, um der großen Nachfrage gerecht zu werden, die durch den örtlichen Bauboom entstand.

Die Bevölkerung stieg von 4.018 in 1871 auf 16.569 in 1900 und 22.516 in 1910 an. Diese Art von Zuwachs assoziierte man üblicherweise mit den Schwerindustriestädten des Ruhrgebietes. Viele der Arbeiter, die kamen, um den neuen Industrien zu arbeiten, waren Ausländer, darunter Ukrainer, Polen, Tschechen und Kroaten. Daraus folgte, dass der Katholikenanteil der Bevölkerung von einem Zwölftel 1885 zu einem Fünftel bis 1890, einem Viertel 1900 und fast einem Drittel in 1910 anstieg. Die Wohnverhältnisse verschlechterten sich, als die Stadt darum kämpfte, mit dem Arbeiterzustrom Schritt zu halten, und sowohl Straßen- als auch öffentliche Versorgungsbetriebe wurden nahezu bis zum Zusammenbruch strapaziert durch die erhöhte Nachfrage. Der sich verändernde Charakter der Gemeinschaft reflektierte sich auch in der Architektur.

Erich Kochs »Städtischer Sozialismus«

1901 gewann die aufblühende Stadt einen neuen Bürgermeister.

Der vorherige Amtsinhaber, Odo Willms, war einige Zeit schwer krank und so handelte ein junger Rechtsanwalt aus Bremerhaven als sein Stellvertreter. Als der Bürger-

Die Erfahrungen einer einfachen Stadt ▪

meister starb, zögerte der Delmenhorster Amtshauptmann Rabben nicht, den jungen Stellvertreter Erich Koch (1875–1944) als Willms dauerhaften Ersatz vorzuschlagen. Am 26. April 1901 beschlossen der Stadtmagistrat (ein fünfköpfiger Exekutivrat) und der Gesamtstadtrat (der zusammengeschlossene Rat für Stadt und Land) in einer Gemeinschaftssitzung, den Vorschlag anzunehmen, obwohl Koch noch sein Abschlussexamen beenden musste. Kochs Alter und Unerfahrenheit wurden nicht als ernsthaftes Handicap angesehen, da der Bürgermeister einer »Stadt zweiter Klasse« vergleichsweise wenig Verantwortung besaß: Es war der Amtshauptmann, der die Fäden zog.

Jedoch dauerte es nicht lange, bis der ambitionierte und idealistische Koch realisierte, dass die Stadt, wenn sie ihre wachsenden Probleme erfolgreich angehen sollte, mehr Kontrolle über ihre eigenen Angelegenheiten gewinnen musste. Von Anfang an beeindruckte Koch die Menschen durch seine Kompetenz und seinen Enthusiasmus und nach langen Debatten konnte er die Oldenburger Staatsbehörden davon überzeugen, dass Delmenhorst seinen »Erster Klasse«-Status zurückbekommen sollte.

Mit der Unterstützung des Amtshauptmanns Rabben wurde die Stadt am 1. Mai 1903 ein Selbstverwaltungsstadtbezirk, was weitreichende Macht über die meisten Bereiche der lokalen Verwaltung beinhaltete, eingeschlossen der Planung, der Versorgungsbetriebe, der Kontrolle und des Amtsgerichts. Jedoch war Koch klar, dass die neuen Vollmachten auch neue Verantwortungen mit sich brachten, für deren Bewältigung die Stadt bis jetzt schlecht gerüstet war.

Eine von Kochs ersten Prioritäten war es, sicherzustellen, dass einige Bauvorschriften für die Stadt erlassen wurden, um falsche spekulative Entwicklungen, die bereits einige neuere Stadtteile entstellt hatten, zu verhindern. Bereits 1900 wurde eine Kommission gegründet, die dieses Thema untersuchen

sollte, aber die Überlegungen dieser Kommission waren zur Zeit der Amtsübernahme Kochs noch lange nicht abgeschlossen. Der neue Bürgermeister erkannte die Dringlichkeit dieser Situation, doch es dauerte noch bis August 1904, bis der Stadtrat die neue Bauordnung anerkannte und noch einmal weitere zehn Monate, bis die Regelungen endgültig festgesetzt waren. Die Wartezeit hat sich aber gelohnt, weil Delmenhorst schließlich eine exemplarisch moderne Satzung bekam, die alle Baubereiche abdeckte, einschließlich eines Paragraphen, der Bedingungen für Industriebauten umriss.

In der Zwischenzeit etablierte Koch ein Planungsamt im Rathaus (1902) und inserierte in den führenden professionellen Zeitschriften für einen städtischen Architekten. Er bekam nicht weniger als 102 Bewerbungen. Der erste Stadtbaumeister, ein Bauingenieur aus Hagen, erwies sich als unpassend für diese Aufgabe, aber sein Nachfolger, ein Thüringer namens Karl Kühn, verbrachte drei Jahrzehnte von 1903 bis 1933 auf diesem Posten. Kühn (1884–1952) diente nach dem Zweiten Weltkrieg auch für kurze Zeit als städtischer Bürgermeister. In den 1900er Jahren arbeitete er eng mit Erich Koch zusammen an mehreren Projekten, die das Stadtbild verändern sollten. Eine ihrer wichtigsten Taten war die Sicherstellung eines großen Geländes unbebauten Landes in der Stadtmitte, einschließlich des 1,5 ha großen Neuen Marktplatzes durch städtischen Ankauf, auf dem das Herz des neuen Delmenhorst bald entstehen sollte.

In seinen ersten Jahren als Bürgermeister beaufsichtigte Koch lang überfällige Verbesserungen des Kanalisationssystems, der Straßen, der Straßenbeleuchtung und Drainage und plante die Einrichtung vieler benötigter öffentlicher Dienste. 1906 lenkte er die Gründung der Stadtsparkasse, um die Sparsamkeit zu fördern und eine weitere Einkommensquelle für die Stadt vorzuhalten. Ein Jahr später wurden die bis dahin privaten Gaswerke akquiriert, um die städtische Bevölkerung mit Licht und Energie zu

Erich Koch (1875–1944) in der Mitte

versorgen. 1908 durchlief den Stadtrat ein Plan zum Bau eines städtischen Wasserwerkes und 1910 wurde der Aufbau eines städtischen Elektrizitätswerkes befürwortet. Diese Art schneller infrastruktureller Modernisierung, die keineswegs ungewöhnlich war in den Stadtzentren des späten wilhelminischen Deutschland, wurde von einigen Historikern als »städtischer Sozialismus« bezeichnet.

Tatsächlich versuchte Delmenhorsts Bürgermeister Erich Koch stets eine politisch neutrale Haltung zu bewahren, aber gleichzeitig versuchte er, nie seine eigenen ernsthaften politischen Überzeugungen zu verstecken. Er sollte später prominent werden als Vorsitzender der DDP und diente unter dem Namen Koch-Weser als Minister einer Reihe Weimarer Kabinette, ehe er 1933 durch die Nationalsozialisten ins Exil gezwungen wurde, aber seine frühen Jahre in Delmenhorst waren mehr als eine Präambel seiner späteren politischen Karriere. Als Mitglied der Freisinnigen Vereinigung und ein Bewunderer von Friedrich Naumanns Nationalersozialer Bewegung erwies sich der junge Koch als unermüdlicher Arbeiter für politische Reformen und sozialen Ausgleich. Koch bekam im November 1902 erste nationale Aufmerksamkeit, als er unter höchst ungewöhnlichen Umständen in den Oldenburger Landtag gewählt wurde. Die Wahlen im Delmenhorster Wahlbezirk hatten wie überall in der Grafschaft das Ein-Klassen-Wahlrecht, aber waren indirekt.

So gelang es SPD-Unterstützern, sich eine Mehrheit im Wahlmänner-Gremium zu sichern, die das Schicksal der fünf freien Sitze bestimmen würde. Doch statt nur für SPD-Kandidaten zu stimmen, kamen die sozialdemokratischen Wahlmänner zu einer Übereinkunft vor der Wahl und wählten zwei Linksliberale, darunter Koch, sowie drei Männer aus ihren Reihen. Wie »Die Hilfe« unter der Titelzeile »Eine bemerkenswerte Wahl« schrieb, war die tatsächliche Annahme des Sitzes des Stadtbediensteten Koch auf diese Art und Weise (von Sozialdemokraten-Gnaden gewählt) genauso bemerkenswert, wie das Wahlverhalten der SPD-Delegierten, die ihn dorthin brachten.

Kurt Klaus von »Die Hilfe« bemerkte (1902): »Es ist gut, dass Herr Koch nicht Bürgermeister einer preußischen Stadt ist (obwohl, als solcher wäre es kaum wahrscheinlich, daß er in der Position wäre, von den Sozialdemokraten in den Landtag gewählt worden zu sein!), weil der Landrat und der Regierungspräsident ihn einer furchtbaren Befragung unterzogen hätten. In Oldenburg scheinen sie seine Erklärung ohne großes Aufheben akzeptiert zu haben und legten die Angelegenheit zu den Akten.«

Koch sah seine Wahl als »ermutigendes Zeichen«, daß darauf hinweist, dass man, wenn man mit Arbeitern kooperiert und sie in verantwortliche Positionen setzt, die Fraktion in der SPD, die »einen echten Anstieg der Arbeiterklasse begehrt«, gestärkt wird auf Kosten derer, die lediglich mit »Schlagwörtern und Fantasien« spielen. Kurt Klaus endete, indem er Kochs »Mangel an Vorurteilen« und

seine »intellektuelle Freiheit« lobte: »Er verkörpert die neue politische Tendenz, die sich in dankbarer Weise aus der gebildeten Mittelklasse herausbildet, die die Sozialdemokraten ohne die Nervosität und unerträgliche Ungeduld, die bislang die Norm waren, betrachten und die dazu tendiere, sie in angemessenerem Ton zu beurteilen. Er gehört zu den Optimisten in seiner Sicht der Sozialdemokraten.«

Koch sah seinen Oldenburger Landratssitz mehr als Plattform für die Durchsetzung der Delmenhorster Interessen denn als Engagement in der Parteipolitik, und diese Haltung schien den Respekt der politischen Gegner ebenso gewonnen zu haben wie der Freunde. Er wurde in den Landtagswahlen 1904, 1905 und 1908 wiedergewählt und jedes Mal unterstützt durch SPD-Stimmen. Als Koch später Delmenhorst verließ, um in Bremerhaven Bürgermeister zu werden, brach die Kooperation zwischen den städtischen Liberalen und den sozialistischen Stimmen in den Landtagswahlen zusammen und alle fünf Delmenhorster Sitze bekamen ländliche Konservative aus der außerhalb liegenden ländlichen Umgebung.

Eine von Kochs Prioritäten als Landtagsmitglied war es, die Wahlreform voranzubringen. Fast fünf Jahre, nachdem er das Thema aufgeworfen hatte, erreichte Koch die Akzeptanz der Oldenburger Behörden für die Durchführung der Delmenhorster Stadtratswahlen nach dem Verhältniswahlrecht. Das neue Wahlgesetz, ausgearbeitet vom Stadtbeamten Rudolf Königer, im Dezember 1907 vom Gesamtstadtrat genehmigt, machte aus Delmenhorst die erste Stadt Norddeutschlands, die ein solches System einführte. Stadtratswahlen waren bisher geradlinige Wettstreits zwischen dem angesehenen Bürgerverein und der SPD. Die Wahlunterstützung der beiden Blöcke war nach 1900 ziemlich gleich, und da die Hälfte des Rates alle zwei Jahre zur Wiederwahl anstand, konnte eine Hand voll Stimmen einen Erdrutschsieg erzielen zur jeweiligen Seite, wie es 1906 geschah, als die SPD alle Ratssitze verlor.

Die erste Wahl, die im Februar 1908 nach dem Verhältniswahlrecht durchgeführt wurde, erreichte eine Wahlbeteiligung von 87%. Eine separate Katholische Liste wurde erstmalig aufgestellt und gewann einen Sitz, während die SPD sechs Sitze besetzte, und zwei bürgerliche Listen gewannen fünf Sitze zwischen ihnen. Ende 1909 wählte die Stadt noch einmal, wobei die SPD fünf Sitze gewann, der Bürgerverein drei, eine separate liberale Liste auch drei und die Katholiken wieder einen einzigen Sitz erhielten. So hatte der Stadtrat Ende 1909 elf SPD-Mitglieder und 13 Nichtsozialisten, mit einem ähnlichen Verhältnis in dem größeren Gesamtstadtrat. Die Machtverteilung verschob sich nicht wieder nennenswert vor 1918. Es war Kochs Testament in bezug auf Charakter und Fähigkeiten als Bürgermeister, dass er in der Lage war mit beiden Seiten des Rathaussaals durchweg herzliche Beziehungen zu pflegen während seiner Zeit in Delmenhorst.

Durch die Unterstützung von beiden, den angesehenen Bürgerlichen und den Sozialdemokraten, war es Koch möglich, eine Reihe von Initiativen im Bereich der Sozialpolitik und Gesundheitspflege in Gang zu setzen, einschließlich des Baus eines städtischen Sanatoriums, das sich um die unnatürlich hohe Rate an Tuberkuloseerkrankungen kümmerte. Lungenerkrankungen waren ein unglücklicher Nebeneffekt der Linoleumindustrie, die bis heute einen besonders charakteristischen und kräftigen Geruch über der Stadt ausströmt. Koch war auch auf dem Gebiet der Bildungspolitik aktiv, wo er sich einen Namen machte als Befürworter der Gemeinschaftsschulen. Die Akten seiner Verwaltung zum Thema »Wohnen« waren nicht so beeindruckend, zumal er es nicht schaffte, die ständige Wohnkrise der Stadt anzugehen. Trotzdem schrieb eine linksliberale Zeitung aus Berlin, die »Welt am Montag«, 1909: »Klein aber fein, die Stadt Delmenhorst in Oldenburg, den meisten nur durch sein Linoleum bekannt, verdient es von jedem modernen Sozialpolitikspezialisten für ihre sozialen Institutionen studiert zu werden.«

Die Erfahrungen einer einfachen Stadt

Kochs Wunsch, in der neuen Industriegemeinde eine soziale Harmonie zu kreieren und zur Selbstverbesserung zu ermuntern, zeigt sich in seinem Vorsitz des städtischen Goethebundes, eines Kultur- und Bildungsvereins, dessen stellvertretender Vorsitzender der sozialdemokratische Stadtrat Jan Schmidt war. Tatsächlich war Kochs Beitrag zum kulturellen Charakter der Stadt genauso signifikant wie sein Einfluss auf ihr politisches Leben. Angesichts seiner sozialen und politischen Überzeugungen ist es nicht verwunderlich zu entdecken, dass Koch besonders von dem reformorientierten Ethos des Werkbundes begeistert war. Sein Name taucht in der DWB-Mitgliederliste ab 1910 regelmäßig auf. Obwohl die Umstände von Kochs Beitritt zu dieser Organisation nicht bekannt sind, würde es Sinn ergeben, anzunehmen, dass er durch den örtlichen Industriellen Gustav Gericke, einem Mitglied des Delmenhorster Magistrats seit 1907 und seit 1908 Mitglied des IndustriedirektorenVorstands, in die Welt der Architektur und des Designs eingeführt wurde.

Linoleum: Ein echtes Kulturprodukt?

Gustav Gericke (1864–1935) war Direktor der Delmenhorster Anker-Linoleumwerke seit 1903 und steuerte das Unternehmen erfolgreich an die Spitze der künstlerischen Reformbewegung. Das Anker-Unternehmen war ein frühes Mitglied des DWB, wie auch die Hansa-Werke in Delmenhorst und die Germania-Werke in Bietigheim. Linoleummuster führender Designer waren ein vertrauter Anblick in allen DWB-Publikationen und Ausstellungen. In der Tat war Linoleum in vielerlei Hinsicht ein ideales Objekt für die Aufmerksamkeit des Werkbundes, als Nebenprodukt der Chemieindustrie des 19. Jahrhunderts war es nicht durch historische Konventionen belastet, aber es musste immer noch eine überzeugende moderne Form gefunden werden. Schon seit seiner Einführung in Deutschland in der Gründerzeit lastete auf Linoleum das Stigma des Ersatzstoffes, aber man glaubte, dass aus der bescheidenen Mixtur aus Korkabfall, Jute und oxidiertem Leinöl ein geldbringendes Qualitätsprodukt entstehen könnte, wenn sein »wahrer Charakter« herausgestellt würde.

Viele Jahre lang waren Linoleumhersteller selbst verantwortlich für die Weiterführung der »Ersatzstoff«-Marke, indem sie versuchten, beliebte Teppichmuster direkt auf das neue Material zu übertragen oder Kacheln oder parkettähnlichen Holzfußböden imitierten. Schließlich wurden durch die Entwicklung von »Inlaid«-Linoleum, einem Prozess bei dem Designs in das Linoleum eingeprägt wurden, anstatt als öliger Film auf der Oberfläche zu bleiben, neue Möglichkeiten eröffnet für fantasievolle und dauerhafte Muster. Die Anker-Werke in Delmenhorst spielten die Vorreiterrolle indem sie viele moderne Künstler und Architekten in ihren Dienst stellten, um passende Designs zu entwerfen: die DWB-Mitglieder van de Velde, Behrens, Hoffmann, Müller, Vogeler, Paul und Riemerschmied verpflichteten sich alle. Linoleum wurde Thema aggressiver Marketingkampagnen, die es als echtes Kulturprodukt porträtierten, hygienischer und praktischer als traditionelle Fußbodenbeläge und dichter am Zeitgeist.

Peter Behrens hatte besonders lange und fruchtbare Verbindungen mit Anker. 1905 entwarf er einen Pavillon für das Unternehmen als Teil eines umjubelten Gebäudekomplexes auf der Nordwestdeutschen Kunstausstellung in Oldenburg. Der Bremer Kunstkritiker Karl Schäfer (1870–1942), der für »Die Rheinlande« schrieb, lobte sowohl die weißgewaschene, rotgedeckte und symmetrische Außenansicht als auch das geschmackvolle bühnengleiche Interieur, das aus den aufrechtstehenden Linoleumrollen eine beeindruckende architektonische Vorstellung machte. In der Ausgabe vom 15. August 1905 pries auch das Delmenhorster Kreisblatt die Ausstellung: »Die Linoleumrollen sind subtil beleuchtet und an beiden Seiten des Pavillons mit einem sehr sensiblen Verständnis für das Far

Gustav Gericke (1864–1935)

benspiel arrangiert.
Sie reflektieren die verschiedenen Geschmäcker der Öffentlichkeit mit verschiedenen Mustern und Stilen, aber man muss der Firma ein besonderes Lob aussprechen für ihre Fortschritte, Muster in den Handel zu bringen, die von führenden Architekten speziell für Linoleum entworfen wurden. Die Unternehmensbemühungen, den Geschmack der Öffentlichkeit auf diese Weise zu verbessern und zu veredeln waren bisher ein großer Erfolg.«

Der positive Zuspruch für den Pavillon überzeugte Gericke davon, dass Behrens auch mit der Beteiligung des Unternehmens an der Dritten Nationalen Ausstellung für Angewandte Kunst in Dresden im folgenden Jahr betraut werden sollte. Der Kuppel-Ankerpavillon erwies sich als der meistbesprochenste Bau dieser Ausstellung.

Behrens Biograph Hans-Joachim Kaddatz beschrieb ihn 1972 als einen der »anerkannten Vorboten der neuen Architektur-Konzeption«. Behrens dritter und letzter Ausstellungs

Oben:
Anzeige der Anker-Linoleumfabrik Delmenhorst mit
der Darstellung des Behrens-Pavillons, Oldenburg
1905

Mitte:
Peter Behrens, Anker-Linoleum-Pavillon, Dresden
1906

Unten:
»Bremen-Oldenburger Haus der Delmenhorster Li-
noleum-Fabrik-Anker-Marke« auf der Werkbund-
Ausstellung, Köln 1914

bau für Anker war ein Raum im Deutschen Pavillon auf der Brüsseler Weltausstellung 1910, der sowohl Möbel im Behrens-Design als auch Linoleummuster darbot.

Es war auch Behrens, der das Anker-Logo entwarf, das ein Inventarstück in Kunstzeitschriften und Werkbundveröffentlichungen vor dem Ersten Weltkrieg wurde und das außerdem den Hauptschornstein der Delmenhorster Fabrik des Unternehmens zierte. Ankerkataloge und Broschüren, wie die 1906, 1907, 1909, 1912 und 1913 erschienen, wurden für sich als Kunstwerke angesehen und enthielten üblicherweise einen Text des vorher erwähnten Journalisten Karl Schäfer, selbst ein Mitglied des DWB. Zu der Firma gehörte auch eine Vertriebsstelle in Hamburg, in der der örtliche DWB-Architekt und Lehrer Hans Haller verantwortlich war für das Design der preisgekrönten Ausstattung und Schaufensterdekoration. Alle drei Delmenhorster Linoleumunternehmen inszenierten Präsentationen auf der Werkbundausstellung 1914 in Köln.

Gericke spielte eine aktive Rolle in DWB-Angelegenheiten. Auf der ersten Jahreskonferenz der Organisation in München 1908 wurde er in das höchste Gremium des

Werkbundes, dem Direktorenvorstand, gewählt und blieb hier, bis er 1914 abdankte, um für Walter Gropius Platz zu machen. In seiner Ansprache auf der Münchener Konferenz, bei der Gericke als Sprecher für die Industriefraktion des DWB agierte, betonte er die Schwierigkeiten, die mit der Umstellung auf Qualitätsarbeit und dem Bedürfnis der Mitglieder geduldig zu bleiben, einhergingen. Er erzählte dem Publikum:

»Wenn die hier anwesenden Industriellen heute auf die Probe gestellt würden, bin ich der Überzeugung, dass kaum einer von uns in der Lage wäre, ganz ehrlich zu sagen: ›Ich arbeite schon absolut im Einklang mit der Satzung des Werkbundes.‹ Unser gesamtes Herstellungssystem kann einfach nicht über Nacht geändert werden. Die Betriebsanlagen und die produzierten Mengen sind zu groß, das Verständnis des Konsumenten ... zu klein.«

Gericke war ähnlich geradeheraus in seinem Aufsatz für das Jahrbuch des DWB 1912 mit dem Titel »Deutsches Linoleum auf dem Weltmarkt«, in dem er eingestand, dass der neue deutsche Stil Schwierigkeiten hatte, auf ausländischen Märkten einzuschlagen. Nur in Australien und der Schweiz, wo die deutsche Reformbewegung Bewunderer gewonnen hatte, und in Belgien, wo die Weltausstellung 1910 ein Zeichen setzte, erreichte »Designer Lino« einen größeren Erfolg. Woanders schienen die Konsumenten das billigere britische Produkt zu bevorzugen, welches von geringerer Qualität war und immer noch andere Materialien imitierte. Gericke erkannte an, dass deutsche Hersteller Schwierigkeit haben würden, sich ausschließlich auf Qualitätsproduktion zu konzentrieren, so lange dies der Fall war. Die Zukunft hinge in größerem Maße von der Entwicklung des amerikanischen Marktes ab, wo eine Verkaufsoffensive für moderne deutsche Produkte jetzt notwendig würde. Aus diesem Grund war Gericke erpicht darauf, die Wanderausstellung des Deutschen Museums für Kunst in Handel und Gewerbe zu unterstützen, das

Die Erfahrungen einer einfachen Stadt ▪

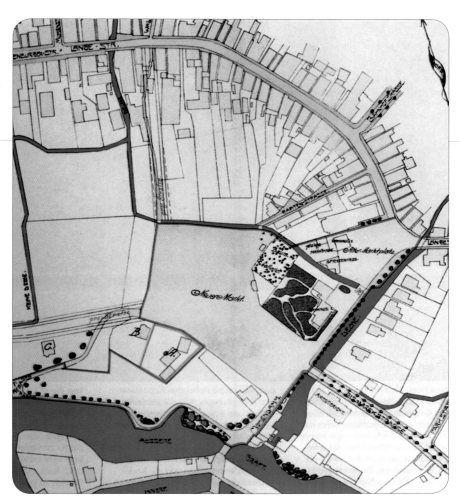

Lageplan des »Neuen Marktes« von Delmenhorst vom Stadtbauamt, 1908 (Stadtarchiv Delmenhorst)

sechs amerikanische Städte von 1912 bis 1913 besuchte und viele Beispiele von Anker-Linoleum und Lincrusta dabei hatte. Ein Jahr zuvor war Gericke tatsächlich dem Managementkomitee des Museums beigetreten, wo er neben Bruckmann, Osthaus und Muthesius saß. Anker-Poster, Kopfbögen, Anzeigen und Musterbücher wurden in großen Mengen nach Hagen gesandt und bildeten die Basis vieler anderer Wanderausstellungen des Museums, einschließlich einer, die ausschließlich »Tapete, Linoleum und Lincrusta« gewidmet war. Zusätzlich zu der jährlichen Zuwendung von 200 Mark seines Unternehmens, gab Gustav Gericke nicht spezifizierte private Beiträge für den Museumserhalt. Es ist interessant festzuhalten, dass die Hansa-Linoleum-Werke schnell der Anker-Spur folgten und das Museum unterstützten, aber die dritte Delmenhorster Fabrik, die Schlüssel-Marke, reagierte typisch langsam, wurde erst im November 1913 Mitglied und unterstützte dann nur mit 20 Mark jährlich.

Das Anker-Unternehmen war üblicherweise schnell dabei, Beispiele seiner Produkte, die in Gebrauch waren, hervorzuheben. So zeigte z.B. die Werbebroschüre von 1912 Fotografien von zwei großen Häusern, die kürzlich von Behrens in Hagen gebaut wurden, in denen Linoleum verlegt wurde. Anker-Linoleum fand man auch in einem Stockholmer Theater, in der königlichen Bibliothek in Berlin und im königlichen Gericht in Dresden. Weniger konventionell wurde es oft von Behrens als Belag für Wohnzimmertische und andere Möbel, die er für modellhafte Arbeiterfamilien entwarf, benutzt, obwohl es sich bei den avisierten Konsumenten als unpopulär erwies, die es ablehnten, ein riechendes

und institutionelles Surrogat in ihre »gute Stube« eindringen zu lassen. Uwe Henning machte 1987 darauf aufmerksam, dass dieser sehr exzessive Gebrauch von Linoleum sicherlich die wahren Intentionen der Werkbunddesigner, die in solche Versuche involviert sind, in Frage stellt.

Trotz all seiner Verbindungen zu den Anker-Werken baute Peter Behrens nie im Delmenhorster Stadtgebiet. 1907 kam er am dichtesten heran, als er von Gustav Gericke beauftragt wurde, ein Bismarckdenkmal auf dem Bookholzberg zu errichten, ein paar Meilen von der Stadt entfernt. Gericke und Koch waren beide Mitglieder des örtlichen »Bismarck Gedächtnis Komitees«, das 1908 und 1909 mehrere öffentliche Treffen abhielt, um Unterstützung zusammenzutrommeln. Behrens Design wurde vom »Delmenhorster Kreisblatt« als »eine Art gigantischer Altar für das Genie Bismarck« beschrieben und wurde auch in den »Bremer Nachrichten« von Karl Schäfer gelobt, aber obwohl fast 500 Bismarckdenkmäler vor dem Ersten Weltkrieg in Deutschland errichtet wurden, schaffte es dieses nicht, vom Zeichenbrett herabzusteigen. Aber Gericke und Koch mussten nicht lange auf die nächste Gelegenheit warten, ein Zeichen in der städtischen Landschaft zu hinterlassen.

Heinz Stoffregen und das Neue Delmenhorst

Eine häufige Zielscheibe für »Heimatschützer« und »Werkbündler« war die armselige Qualität der Architektur in der Nachbarschaft von Bahnhöfen, besonders in Kleinstädten auf dem Land. Fast jede Gemeinde bekam eine Bahnhofstraße in der zweiten Hälfte des 19. Jahrhunderts und Delmenhorst war keine Ausnahme. Nach der Ansicht von Schultze-Naumburg und Muthesius symbolisieren diese Straßen ausnahmslos die Degeneriertheit und Prunksucht der Gründerzeit mit halbvertrauten Stilen, angebracht an den bescheidensten Gebäuden und die ehrbaren Tugenden der Handwerkskunst untergrabend durch den rigiden Formalismus der Akademien. Delmenhorsts Bahnhof, der nördlich der Altstadt lag, war umgeben von Feldern, als er 1867 öffnete. Eine gerade gepflasterte Straße wurde angelegt, um den Bahnhof mit der Stadt zu verbinden: Die Stadt expandierte nach außen, so dass die übliche Ansammlung von Hotels, Geschäften und Werkstätten in historistischem Stil emporschossen.

Am Stadtende der Delmenhorster Bahnhofstraße erwartete den Besucher jedoch etwas überraschendes, denn anstatt direkt zur Hauptstraße zu führen, versickerte die Straße in einem Labyrinth aus Gassen und Höfen. In den frühen 1900ern entschied der Stadtrat, dass der Zugang von der Bahnhofstraße zu der wichtigen Langestraße verbessert werden musste; eine Anzahl von Gebäuden wurde abgerissen und die Bahnhofstraße wurde erweitert. 1908 initiierte der Bürgermeister Erich Koch, zweifellos in dem Bewusstsein der Kritik, die auf den Seiten vielgelesener Zeitschriften wie »Kunstwart« und »Die Hilfe« gegen solche Entwicklungen gerichtet wurden, einen Wettbewerb zum Entwurf einer passenden Gestaltung für die neuen Bauten dieser Straße. Er hatte bereits Interesse an Planungs- und Erhaltungsangelegenheiten demonstriert durch den Versuch, ein »Denkmalschutzgesetz« durch den Oldenburger Landtag zu erreichen.

Der Preisrichterausschuss für den Bahnhofstraßenwettbewerb wurde von Koch selbst angeführt und schloss auch den Stadtbeamten Königer, Gustav Gericke, den Oldenburger Staatsarchitekten Adolf Rauchheld

und den bereits erwähnten Emil Högg ein. Die Mitglieder der Jury waren alle als Gegner der historistischen Architektur bekannt. In der Tat folgten Rauchheld und Högg Gericke und Koch bald in den Werkbund. Es ist daher nicht verwunderlich, dass die favorisierten Eingänge sich als schlicht, funktional und von eher strengem Charakter erwiesen. Unter den Gewinnern war ein junger Architekt aus Bremen namens Heinz Stoffregen, dessen vorangegangene Praxiserfahrung sich auf ein Haus in Bremerhaven und eines in Delmenhorst begrenzte. Als Ergebnis des Wettbewerbs wurde Stoffregen (1879–1929) eingeladen, zwei Einzelhandelshäuser für diese Straße (Nr. 4 und Nr. 39) zu entwerfen, die 1910 und 1913 gebaut wurden. Der Bahnhofsstraßenwettbewerb erwies sich jedoch nur als Generalprobe für ein viel größeres Projekt später im gleichen Jahr. Die Expansion der Delmenhorster Verwaltungskompetenzen um 1900 setzte die beiden umgebauten Häuser, die den Mitarbeiterstab des Stadtrates seit der Jahrhundertwende beherbergten, einer unerträglichen Belastung aus. Die Notwendigkeit, ein Einwohnermeldeamt und einen Ratssaal unterzubringen, war für alle offensichtlich. 1908 wurde entschieden, den Bau des neuen Rathauses mit einem Feuerwehrgebäude, einem Wasserturm und einer Markthalle zu verbinden. Wieder wurde ein Wettbewerb ausgeschrieben, um die adäquatesten Pläne zu finden.

Die Details wurden in der »Deutschen Bauzeitung« vom 8. August 1908 bekanntgegeben und der Abgabetermin wurde auf den 15. Dezember festgesetzt. An dem Wettbewerb konnten alle Architekten, die in dem Großherzogtum Oldenburg, der preußischen Provinz Hannover oder der Hansestadt Bremen lebten oder geboren waren. Für die besten drei Einsendungen stand eine Gesamtsumme von 3.500 Mark als Preisgeld zur Verfügung. Es wurde kein Stil oder Material vorgegeben, aber die Gebäude sollten »einfach, beständig und ehrwürdig« sein. Zu der Bahnhofstraßen-Jury gehörte auch der technische Beigeordnete der Stadt Köln,

Carl Rehorst, eine prominente Figur sowohl in der Werkbund- als auch in der Heimatschutzbewegung. In seiner ersten Kontaktaufnahme zu Rehorst schrieb Koch: »Ihre Ziele und Erfolge auf dem Gebiet der Architektur und Städteplanung haben meine volle Unterstützung.«

Als sich die Juroren am 28. Dezember 1908 trafen, hatte man 51 Einsendungen erhalten, von denen fünfzehn einer genaueren Prüfung unterzogen wurden. Letztendlich wurden zwei erste Preise vergeben an den Berliner Architekten Emmingmann und Heinz Stoffregen, einem der Gewinner des früheren Bahnhofswettbewerbs. Beide wurden durch die Juryentscheidung per Telegramm, abgesendet am 30. Dezember, informiert. Aus dem Ausschussbericht ging klar hervor, dass Stoffregens Einsendung den Beifall für sein architektonisches Konzept gewonnen hatte, während Emmingmanns Beitrag durch sein Layout beeindruckte. Stoffregens Entwurf, eingegangen unter dem Titel »Festgemauert«, bekam spezielles Lob für die Bemühungen des Architekten, »die Aufgabe in einem durch und durch modernen Geist zu lösen.« Delmenhorsts fünfköpfiger Magistrat, einschließlich Koch und Gericke, befürworteten, dass Stoffregen mit dem Auftrag betraut werden sollte auf der Basis von Emmingmanns Entwurf.

Am 9. Januar 1909 schrieb Koch ein Memorandum an die Mitglieder des Gesamtstadtrates, dem kombinierten Stadt- und Bezirksrat, die nach der Empfehlung des Magistrats während der nächsten Woche beschließen sollten. Darin pries er die Schlichtheit von Stoffregens Architektur und hob den Wasserturm als »besonders gelungen« hervor. Er erinnerte die Ratsleute daran, dass der Bau des Wasserturms eine dringende Angelegenheit sei, da die neuen städtischen Wasserwerke in sechs Monaten fertig würden und idealerweise der Turm zur gleichen Zeit fertig sein sollte. Als der Rat am 14. Januar 1909 zusammentrat, um die Entscheidung über das bei weitem größte städtische Bauprojekt, das jemals für diese

Die Erfahrungen einer einfachen Stadt ■

Stadt ins Auge gefasst wurde, zu fällen, war die Debatte entsprechend aufgeladen.

Die starken Emotionen, die durch Stoffregens Entwürfe hervorgerufen wurden, waren vorhersehbar, da der junge Architekt, der 1909 dem DWB beitreten sollte, das modernste städtische Gebäude, das man jemals in Deutschland gesehen hatte, vorschlug. Zu einer Zeit, in der Zeitschriften wie die »Deutsche Bauzeitung« in fast jeder Ausgabe über neue Rathäuser berichteten – um die einhundert deutsche Städte planten zwischen 1900 und 1914 neue Rathäuser – behielt der Historismus immer noch Einfluss auf diesem Gebiet architektonischer Aktivität. Wie Willi Schäfer auf den Seiten von »Der Kunstwart« 1908 bedauerte: »Wenn wir alle deutschen Rathausgebäude der letzten zwanzig Jahre in einer Reihe aufstellen würden und sie als Symbol unseres Bürgertums der Jahrhundertwende ansehen, glaube ich, dass sogar die einfachsten Seelen sie eher komisch finden würden. Nichts als Steingebäude in deutschem, französischem, italienischem und seit kurzem sogar assyrischem Renaissance-Stil (Wer kennt irgendwelche Ausnahmen?), die wie alles mögliche aussehen, aber nicht wie Orte für die städtische Verwaltung.«

Moderate progressive Entwürfe, wie Paul Bonatz Plan 1908 für ein Rathaus in Barmen, wurden in den reformorientierten Teilen der Architektur-Presse favorisiert, hatten aber wenig Chancen ausgewählt zu werden. Vor diesem Hintergrund wirkte Delmenhorsts Entscheidung, Stoffregens Vorschlag auszuwählen, wagemutig und kontrovers zugleich. Die ausschlaggebende Ratssitzung wurde von Koch eröffnet, der seinen geschriebenen Bericht mit einigen weiteren befürwortenden Worten für Stoffregen unterstützte, aber bald wurden die Pläne durch den Ratsherrn Vosteen des Bürgervereins unter Beschuss genommen, der argumentierte, dass das neue Rathaus nicht mit den Wasserwerken vermischt werden sollte. Würde sich der geplante Wasserturm mit seiner starren modernen Form einfügen

in die Nachbarschaft des Gerichtsgebäudes oder der Schulen, fragte er. Darauf antwortend betonte Koch, dass der Wasserturm keinen besonderen »Stil« habe und gewissenhaft so entworfen wurde, um Teil eines kompletten Ensembles städtischer Bauten zu sein. Er fügte hinzu, dass »die ganze Angelegenheit« vorsichtiger geprüft und ausgearbeitet wurde, wie kaum etwas sonst.« Vosteens Kollege Pape räumte ein, dass dies der Fall war, aber forderte trotzdem, dass sich frischer Entwurf unterordnen sollte, da es schwer sei, »sich an das Neue zu gewöhnen«, wie das »schockierende Beispiel« des Baus der Stadtsparkasse zeige.

Dann war der städtische Architekt Kühn an der Reihe, den Entwurf in einer längeren Rede zu verteidigen, in der er die Kompetenz der Ratsherrn, über die Pläne zu urteilen, anzweifelte. Dennoch wiederholte Pape seine Kritik und wurde unterstützt von dem katholischen Mitglied Leffers, einem Bewunderer gotischer Architektur, der festhielt, dass er dem Plan in seiner jetzigen Form nicht zustimmen könnte. Er meinte, das Stadtbauamt sollte seinen eigenen Stil entwickeln »anhand der Vorgaben des Gerichtsgebäudes«. Es wäre falsch, den Geschmack eines auswärtigen Sachverständigen Delmenhorst aufzuerlegen, argumentierte er. Leffers bekam unerwartet Unterstützung von der anderen Seite des Sitzungssaales, als der führende SPD-Ratsherr Jan Schmidt die Stadtsparkasse und andere moderne Gebäude angriff. Bezeichnenderweise erkannte Schmidt die bedeutende Rolle, die Gustav Gericke von den Anker-Linoleum-Werken in Delmenhorsts Bekräftigung der architektonischen Reformbewegung spielte: »Diese Geschmacksverirrung, die durch die Anker-Marke importiert wurde, wird nicht lange währen«, berichtete er dem Rat. Besonders kritisch sah er die geplante Verwendung von Rauhputz für die Rathausfassade, die »Nonsens« sei. Die Menschen würden sich die Hände abschürfen, sobald sie die Wand berühren. Und es wäre notwendig, einen Erste-Hilfe-Kasten für die Verletzten bereit zu halten!

Das war zuviel für Gustav Gericke, der aufstand, um Stoffregens Pläne etwas übertrieben zu loben. »Es ist offensichtlich« erzählte er dem Rat, »dass das Rathaus nicht in einem gotischen Stil« gebaut werden könnte. Delmenhorsts kürzlich fertiggestellte katholische Kirche, die in gotischer Tradition entworfen wurde, wäre sicherlich kein Kulturwerk nach zeitgenössischen Standards und das Gerichtsgebäude sei nichts mehr als eine Imitation der Renaissance-Architektur, übersät von Fehlern. Die Spaltung innerhalb der SPD-Fraktion wurde dann offensichtlich, als ein weiterer prominenter Sozialdemokrat, August Jordan, für Gericke Partei ergriff in der Befürwortung des Stoffregenentwurfes. Die Debatte dauerte bis lang in die Nacht hinein an, aber als die Angelegenheit schließlich zur Abstimmung kam, wurde der Empfehlung des Magistrats mit einer Mehrheit von neun Stimmen zugestimmt.

Stoffregen wurde schnell über die Entscheidung informiert und begann, die Details des Entwurfs in Angriff zu nehmen. Vorrang bekam der Wasserturm, und die Bauarbeiten liefen bald mit dem örtlichen Bauunternehmer Karl Twisterling an, der sich den 71.000-Mark-Vertrag sicherte. Die Kontroverse um die neuen Gebäude brodelte auf den Seiten des Delmenhorster Kreisblattes, wo Stoffregens anfängliche Pläne am 17. Januar 1909 veröffentlicht wurden, weiter. Ein Korrespondent schrieb: »Sollten wir erlauben, dass der attraktivste Platz, den wir in Delmenhorst besitzen, von einem Wasserturm verschandelt wird, zusammen mit einem Feuerwehrgebäude, dessen Form und Aussehen in den Augen vieler Menschen alles andere als attraktiv ist. Die Hauptverantwortlichen für diesen Entwurf, der Bürgermeister und sein städtischer Architekt, können ihre Taschen packen und gehen, wann immer es ihnen passt, aber für uns werden die Verschandelung des schönen Marktplatzes und die Bezahlung der Rechnungen bleiben! Bürger, es ist nicht zu spät, rafft euch auf und protestiert gegen den Wasserturmbau und seine unkalkulierbaren Konsequenzen!«

Bauarbeiten am Wassertrum der Delmenhorster Rathausanlage, 1908

Der Bau des 42-Meter-Turmes, »des ersten Wolkenkratzers in Delmenhorst«, wie ihn örtliche Witzbolde nannten, verzögerte sich durch einen zweimonatigen Bauarbeiterstreik, aber Ende 1909 nahm der Koloss Gestalt an. Dann kamen Gerüchte auf in der Stadt, dass die Fundamente des Turmes unzulänglich für das Marschland am Ufer des Flusses Delme seien. Angeblich wurden Wetten auf die Chancen, dass der Turm umkippen könnte, sobald er mit Wasser gefüllt werde, abgeschlossen. Obwohl solche Mängelrügen als Nonsens abgetan wurden, waren die Behörden besorgt genug, eine geheime Generalprobe kurz vor der offiziellen Eröffnung des Turmes zu machen; sogar der Stadtrat wurde nicht informiert, als die riesigen Tanks zum ersten Mal gefüllt wurden. Der Turm stand jedoch fest und am 29. April 1910 wurde er mit einer Zeremonie für eröffnet erklärt. Erleuchtet von einem riesigen Feuerwerk war Delmenhorsts neues »Markenzeichen« meilenweit sichtbar.

Die Stabilität des Wasserturms stoppte einen Aspekt der Kampagne gegen ihn, aber die Gegner kritisierten weiterhin sowohl die ästhetische Qualität des Gebäudes als auch die Notwendigkeit eines Wasserwerkes überhaupt. Einige Einwohner weigerten sich, an das neue Wassersystem angeschlossen zu werden und verlangten ein Dutzend der öffentlichen Wasserpumpen zurück, während andere die Kosten von 420.000 Mark

angriffen, von denen 82.000 Mark allein für den Wasserturm ausgegeben wurden.

Das Gebäude hatte aber auch Verteidiger, und nach einem Angriff auf seine Gestaltung im »Delmenhorster Kreisblatt« schrieb ein Einwohner der Zeitung mit eindeutigem Hintergedanken: »Bravo! Endlich wieder eine laute Stimme gegen den viereckigen Wasserturm. Er sollte natürlich rund sein und einen Hut haben, wie ein riesiger Pilz – alle anständigen Wassertürme haben das. Und der Preis von 85.000 Mark ist viel zu hoch, sogar 20.000 oder 10.000 Mark wären zu hoch. Alles was man hätte tun müssen, wäre, ein Gestell zu zimmern, einige leere Benzinfässer oben drauf, das kostet höchstens 5.000 Mark... Arme Menschen, wenn ihr nur wüsstet, was passiert wäre. Die Turmspitze wäre nicht für die Öffentlichkeit zugänglich gewesen, es wäre rundum verglast worden und in einen Palmengarten für die exklusive Nutzung des regierenden Bürgermeisters umgewandelt worden!«

Stoffregens viereckiger Wasserturm mit seinem mächtigen und kompakten Charakter stieß auch in Architektenkreisen auf Interesse. Der Architekt selbst schrieb einen Artikel über das Gebäude, der mit Fotografien auf der Titelseite von »Der Industriebau« 1913 veröffentlicht wurde. Wie wir gesehen haben, wurden Wassertürme in vielen Formen und Größen gebaut in der wilhelminischen Ära, aber nichts konnte sich mit der Schlichtheit oder Reinheit der Komposition Stoffregens messen, eine logische Progression von Olbrichs »Hochzeitsturm« 1907 in der Künstlerkolonie Darmstadt. Der Turm war weder angestrichen noch gekachelt, aber die Sensibilität des Architekten schaffte es trotzdem, dass er über die »nackte« Funktionalität hinauswuchs. Sein südwestliches Aussehen verband sich mit einer ungewöhnlichen roten Backsteinstruktur, die für Feuerwehrübungszwecke entworfen wurde.

Im Oktober 1911 sandte Gustav Gericke zwei Graphiken des Wasserturms zum Deutschen Museum für Kunst in Handel

und Gewerbe, und später tauchte er in vielen Ausstellungen als »Modell« von Industriegebäuden auf. Der Wasserturm sollte aber nicht in prächtiger Isolation stehen, und es war immer noch nicht sicher, ob die anderen städtischen Gebäude, die ein integrierter Teil von Stoffregens Konzeption waren, es jemals vom Zeichenbrett schaffen würden. 1910 mussten die Stadträte entscheiden, ob Teil Zwei des Projektes mit dem Bau des Feuerwehrhauses und des Stadthauses, wie geplant folgen sollte. Die Debatte ergab eindeutig, dass die Opposition zu diesem Entwurf nicht vermindert war. Die erste Abstimmung endete mit einem Unentschieden, und nur eine kleine Mehrheit sicherte den zweiten Schritt. Die letzte Weiterführung des dritten und teuersten Abschnitts des Entwurfes wurde schließlich im April 1912 ermöglicht, als der Gesamtstadtrat einstimmig beschloss, für das neue Rathaus 250.000 Mark auszugeben.

Danach ging es zügig voran, die Fundamente wurden im Juni gelegt und am 3. Dezember 1912 war Richtfest. Im späten Frühling 1914 wurde ein altes Rathausgebäude abgerissen und die Behörde begann ab Juni in die neuen Gebäude umzuziehen. Die erste Sitzung des Stadtrates in dem eigens dafür gebauten Saal fand am 10. September 1914 statt. Ohne die Markthalle, die bis 1920 noch nicht fertiggestellt war, kostete der Bau des neuen Delmenhorster Stadtzentrums über 440.000 Mark.

Das Rathaus selbst war ein dreistöckiges Gebäude mit Rauhputzwänden und hochansteigenden, geziegelten Dächern. Es kombinierte Funktionalität und Würde, ohne nach historischen Zitaten oder wagemutigen Experimenten zu greifen. Die erdachte Zentralachse der Nordost-Fassade, der Haupteingang des Rathauses, war eine besondere Kraftanstrengung, da viele dekorative Elemente enthalten waren, einschließlich des Stadtwappens, Skulpturenrepräsentationen von Handel und Industrie und einem Wasserspeier des Architekten unter seinem steilen Giebel, ohne einen

Die Erfahrungen einer einfachen Stadt ▪

Hauch seiner nüchternen Rationalität zu verlieren. Delmenhorsts Rathaus war überdies ein wahres Gesamtkunstwerk, denn Stoffregen entwarf nicht nur die Gebäude selbst, sondern auch die Vorhänge, Stühle, Heizkörper, Garderoben, Briefkästen, Türgriffe und Papierkörbe. Wie Nils Aschenbeck schrieb, war auch die räumliche Organisation des städtischen Gebäudes bemerkenswert: »Der Entwurf zeigt sehr aufregende moderne Raumaufteilung ... die Aufteilung der offenen Räume und die Anordnung der Gebäude ist dynamisch und asymmetrisch. In dieser Weise antizipiert er das räumliche Anrrangement des Bauhauses in Dessau.«

Die weite Fläche ungenutzten Landes, die bis dahin das Herz der Stadt umfasste, war geschickt durch die neuen Stadtgebäude in drei separate und gut definierte Marktgebiete geteilt. Zugang zu jedem wurde durch eine Reihe von Arkaden möglich gemacht, die das Rathaus mit dem Feuerwehrhaus und der runden Markthalle verbanden und auch unter dem Wasserturm selbst durchliefen.

Emil Högg, einer der Juroren, der für die Auswahl von Stoffregens Entwurf verantwortlich war, lobte die Stadt Delmenhorst für ihre Erfolge, »die architektonischen Sünden der vorigen Generation zu berichtigen.« Im Kreisblatt schreibend, begrüßte er den neuen Stadtkomplex 1909: »Damit wird die Stadt einen Mittel- und Brennpunkt bekommen, der Einfluß nehmen kann auf zukünftige architektonische Änderungen und Verbesserungen, weil er die Essenz einer modernen, aufstrebenden Industriestadt perfekt ausdrückt. Sollen andere deutsche Städte Delmenhorst als Vorbild nehmen – die meisten könnten dringend eins gebrauchen.«

Bürgermeister Koch, der so viel für das Projekt geworben hatte, war nicht länger im Amt, als das Rathaus schließlich öffnete; er verzog einige Jahre früher in seine Heimatstadt Bremerhaven, um einen ähnlichen Posten zu übernehmen. Sein Freund Gericke hatte auch seinen Sitz im Magistrat

freigemacht, um sich auf seine geschäftlichen Aktivitäten zu konzentrieren. Nichtsdestotrotz steht der fertige Komplex als eine bleibende Erinnerung an Kochs Amtszeit, die den Charakter und das Erscheinungsbild der Stadt dauerhaft veränderte. Wie Wolfgang Hofmann in seiner Studie über Bürgermeister in deutscher Politik 1974 schrieb: »Diese Gelegenheiten für eine aktive Rolle in der Umgebungsgestaltung, die von vielen Bürgermeistern, zusammen mit den besonderen Konditionen des Beamtenkarriereweges – sich von Stadt zu Stadt hocharbeitend, Wiederwahlen sichern durch Erfolge – begierig ergriffen wurden, waren besonders wichtig für die Förderung der infrastrukturellen Entwicklung von Städten. Bürgermeister wollten oft ein eigenes Denkmal in Form eines Rathauses oder eines anderen städtischen Gebäudes hinterlassen.«

Nach einem kurzen Aufenthalt in Bremerhaven wurde Erich Koch Bürgermeister von Kassel, bevor er im Oktober 1919 die nationale Bühne des politischen Lebens als Innenminister betrat, aber er gedachte weiterhin seiner Delmenhorster Zeit mit besonderer Liebe. 1928 kehrte er in diese Stadt zurück, um die Ehrenbürgerwürde der Stadt zu empfangen, eine Ehre, die ihm später von den Nationalsozialisten wieder aberkannt wurde. Er sprach zu dem Publikum während dieser Auszeichnungszeremonie: »Ich habe nirgendwo mehr Arbeit hineingesteckt als in Delmenhorst. Hier, wo resultierend aus dem schnellen Wachstum alles noch wie weiches Wachs war – Politik, Verwaltung, Stadtplanung, Bildung – war ich in der Lage, alles mit meiner jugendlichen Energie zu formen. Ich bin erfreut, dass so viele Ideen, die ich damals nur planen oder beginnen konnte, heute realisiert worden sind.«

Koch-Wesers Beziehung zur Stadt Delmenhorst war unzweifelhaft etwas Besonderes, aber keineswegs einzigartig. Ein vergleichbares Beispiel einer Kooperation zwischen linksliberalen Lokalpolitikern und der architektonischen Avantgarde gab es zur ziem-

lich gleichen Zeit in Hagen, einer Industriegemeinde ähnlich wie Delmenhorst. Willi Cuno, der Bürgermeister dieser Stadt von 1901 bis 1925, hatte einen Naumannschen Hintergrund und von 1906 an auch einen Sitz im Reichstag, gewählt als Mitglied für Hagen-Schwelm in der Nachfolge des verstorbenen Eugen Richter. In vielerlei Hinsicht war Cunos Amtszeit von den gleichen infrastrukturellen und sozialen Reformen gezeichnet, die Kochs Jahre in Delmenhorst charakterisierten. Es war beispielsweise Cuno, der Hagens ersten städtischen Architekten einstellte, Ewald Figge, und eine neue Bauordnung für die Stadt einführte. Figge, der von 1906 bis 1929 in Hagen arbeitete, war eine Leitfigur in der Reform des Schulgebäudeentwurfs und Mitglied des Werkbundes. Er gestaltete sowohl die neue städtische Bücherei (1915) als auch ein imposantes Rathaus (1914-22), dessen monumentale Kuppel die städtische Skyline dominierte, bis es im Zweiten Weltkrieg zerstört wurde. Bürgermeister Cuno war ein enthusiastischer Förderer der unermüdlichen Bemühungen Karl Ernst Osthaus', Hagen erstmalig auf die kulturelle Landkarte zu setzen. Er saß im Managementkomitee des Deutschen Museums für Kunst in Handel und Gewerbe, unterstützte Wettbewerbe zur Verbesserung des ästhetischen Standards der Schaufenstergestaltung in der Innenstadt und lud einmal 400 Mitglieder des Werkbundes zu einer Sonntagsexkursion nach Hagen ein. Das greifbarste Ergebnis der Beziehung zwischen Osthaus und Cuno war jedoch das große Haus, das Peter Behrens für den Bürgermeister baute in Osthaus Hohenhagen-Bauprojekt 1909/10. Das Haus, für welches Osthaus Baukosten von 40.000 Mark erreichte, wurde an Cuno vermietet und war eine kuriose Mischung zwischen Klassischem und Futuristischem.

Es ist auch erwähnenswert, dass ungefähr ein Jahrzehnt später ein anderer linksliberaler Bürgermeister, Fritz Hesse von der DDP und seit 1918 Bürgermeister von Dessau, zum Retter des Bauhauses von Walter Gropius wurde, nachdem die Designschule aus

Weimar hinausgetrieben wurde durch feindliche Politiker des rechten Flügels. Dessau, das wie Delmenhorst und Hagen eine mittelgroße Industriestadt ohne Tradition kultureller Vorzüge war, investierte beachtlich, um sicherzustellen, dass die Schule auf einem Grundstück in der Stadt errichtet wurde. Bürgermeister Hesse, verfocht weiterhin, anerkennenswerter Weise, lange nachdem es politisch schädlich geworden war, die Institution und Methoden des Bauhauses.

Heinz Stoffregen und die Anker-Marke

Mittlerweile, zurück in Delmenhorst, arbeitete Heinz Stoffregen an den Details des neuen Rathauses, als Gustav Gericke ihn ansprach, eine ganz andere Art von Projekt in Angriff zu nehmen: den Entwurf einer Reihe von Linoleumproduktionsgebäuden der Ankerfabrik, nördlich des Delmenhorster Bahnhofs. Die Anker-Marke führte in den 1900ern beständig die anderen Linoleumproduzenten der Stadt vor, indem sie regelmäßig jährlich Dividenden von über 20% an ihre Aktionäre auszahlte, und indem sie einen ambitionierten Expansionsplan verfolgte, zu einer Zeit, als andere Unternehmen einer ungewissen Zukunft entgegensahen. Die Firma schaffte es auch, sich eine große Beachtung in den Medien im alltäglichen Leben der Stadt zu sichern, da ihre Erfolge regelmäßig auf den Seiten des Kreisblattes gelobt wurden.

Es gab also eine Menge Gründe, warum die Anker-Marke mit ihrem steigenden lokalen Ruf die Fähigkeiten eines progressiven Architekten suchen sollte, um die neuen Fabrikgebäude zu entwerfen. Erstens hatte Gericke als führender Werkbündler das deutliche Interesse, die Industriearchitekturreform auf praktischer Ebene zu fördern. Zweitens fühlte Gericke, als eine prominente Figur der Gemeinschaft und als Mitglied des Magistrats, eine persönliche Verantwortung gegenüber der Stadt dafür, dass seine Fabrik in keiner Weise die lokale Landschaft verschandeln sollte. Und drittens wollte das

Anker-Unternehmen, nachdem es sich als Hauptarbeitgeber und Kommunalabgabenzahler etabliert hatte, seinen neu entdeckten Status und Stellenwert in architektonischer Form zum Ausdruck bringen.

Wie wir gesehen haben, war Delmenhorsts größter Arbeitgeber überhaupt während dieser Zeit der NW&K-Textilkonzern, dessen Fabrik sich über mehr als 30 ha Land entlang der Bremen-Oldenburg-Bahnlinie erstreckte. In den 1900ern konnte jedoch die Linoleumindustrie legitim für sich in Anspruch nehmen, wichtiger für die Geschicke der Stadt geworden zu sein. Während die Familiensitze der Lahusens und der NW&K-Verwaltung beide in Bremen blieben – was bedeutete, dass keiner maßgeblich an Delmenhorsts Finanzen mitwirkte – tendierten die Führungspersonen der Linoleumindustrie dazu, in der Stadt zu leben und zu arbeiten. Während außerdem die NW&K in großem Maße auf ausländische Arbeitskräfte oder unausgebildete Frauenarbeiterinnen zurückgriff, beschäftigte die Linoleumindustrie lokale ausgebildete Männer und hatte den Ruf, die besten Arbeitskräfte der Stadt an sich zu binden. 1911 gab es innerhalb der 3000 Arbeiter der NW&K ca. 2000 Männer und Frauen ausländischen Ursprungs, meistens aus Osteuropa. Ein ähnliches Verhältnis von Einwanderungsarbeitern (ca. 700 von 1050) wurde in der Jutefabrik beschäftigt, aber bei dem Linoleumwerk hatten Außenstehende kaum eine Chance beschäftigt zu werden. Wenn man Mitglied der Delmenhorster Arbeiterklassenelite werden wollte, waren Familienkontakte zu Anker, Hansa oder Schlüssel unerlässlich. Wenn man einen Job bei den Linoleumwerken sicher hatte, war es meistens kein Problem in den Geschäften der Stadt Kredit zu bekommen.

Die Linoleumunternehmen unterhielten generell bessere industrielle Beziehungen als die Jutefabrik oder die NW&K, obwohl letztere versuchte, ihre Arbeitsprobleme durch eine Reihe von Wohlfahrtseinrichtungen, einschließlich einiger angebundener

Wohnsiedlungen zu lösen – mehr als ein Viertel der Arbeiter lebte vor Ort. Der strenge autoritäre Geschäftsführungsstil des Lahusenkonzerns manifestierte sich als ungute Vorahnung in der Außenfassade der 1884er-Fabrik, die von dem Bremer Architekten Wilhelm Weyhe gebaut und später von Henrich Deetjen (1884-1916) erweitert wurde. Beide favorisierten eine funktionelle rote Backsteinarchitektur mit romanischen Details, obwohl Deetjen sich eigentlich mit dem Entwurf neogotischer Kirchen einen Namen gemacht hatte. Deetjen, der durch seine Mutter mit der Lahusenfamilie verbunden war, wurde 1897 als Leiter der Bauabteilung der NW&K eingestellt und blieb dort bis zu seinem Tode 19 Jahre später. Eines seiner wichtigsten Projekte war 1902 der Entwurf der neuen Maschinenhalle mit ihrer repräsentativen südlichen Fassadenfront.

In den 1900ern beaufsichtigte Deetjen eine große Erweiterung des Werks, die zwei weitere Stockwerke für das dreistöckige Lagerhaus von 1896 und den Bau eines monumentalen Wasserturms am Ostende beinhaltete. Die Erweiterungen, der Gebäude, die die Bahnstrecke überschatteten und deshalb das öffentliche Gesicht des Unternehmens darstellten, hielten sich strikt an das Original-Architekturkonzept der 1884er NW&K-Fabrik. Aber während die Rundbogenfenster und die rhythmischen Sägezahngesimse sehr progressiv waren im architektonischen Klima der 1880er, war die NW&K-Fabrik, zu der Zeit, als die Anbauten fertiggestellt wurden in 1910, bereits ein ästhetischer Anachronismus. Insbesondere der Wasserturm sah wie ein Rückschritt in frühere Jahre aus, ähnlich dem Malakowturm, vom Ruhrkohlerevier transportiert und in der Norddeutschen Ebene hingestellt. Er war dekoriert mit einem goldgehörnten Widder-Backsteinornament mit der Inschrift »1884«, dem Jahr der Firmengründung.

Der Turm und die 600 m lange Fassade des NW&K-Wollelagerhauses waren die ersten Gebäude, die ein Bahnreisender von Bre-

Die Erfahrungen einer einfachen Stadt ■

Heinz Stoffregen, Entwurf zu einer »Ausstellungshalle zu Berlin«, 1914

men her bei seiner Ankunft in Delmenhorst sah, und sie ließen keinen Zweifel an den imperialen Bestrebungen des Lahusen-Konzerns. Die Möglichkeit in so imposantem Maßstab zu bauen, stand Gustav Gericke und dem Management der Anker-Linoleum-Werke nicht offen, als sie sich entschlossen, zwei neue Oxidationsgebäude, eine Trockenhalle und eine große Lagerhalle zu bauen. Die Funktion der benötigten Bauten diktierte eine anspruchslose, große, fensterlose Struktur, die sich nicht leicht dafür eignete, als architektonischer Blickfang behandelt zu werden. Gericke, der auf Heinz Stoffregens Fähigkeiten durch den Bahnhofstraßen- und Rathauswettbewerb aufmerksam wurde, meinte jedoch, dass Bedeutung immer noch erlangt werden könne, indem man einen Architekten auswählt, der mehr Wert legt auf Qualität statt Quantität, Modernität statt Monumentalität. Trotz seiner großen Arbeitsbelastung nahm Stoffregen die Aufgabe an.

Die Oxidationsgebäude, die im Laufe des Jahres 1910 gebaut wurden, waren rechteckige Backsteinbauten von bemerkenswerter Schlichtheit mit kleinen viereckigen Fenstern und niedrigen, kaum sichtbaren Spitzdächern. Ihre nüchterne Funktionalität wurde belebt durch die sehr individuellen rautenförmigen Blendrahmen und die Andeutung klassischer Giebel über den weiß gestrichenen Eingängen. Obwohl dies vielleicht das zuletzt erfolgreichste Charakteristikum des Entwurfs war, war es, wie Aschenbeck bemerkte, für den Gesamteindruck weitgehend irrelevant.

Die beiden Oxidationsgebäude, verbunden mit einer Reihe Tanks und Pumpen für Leinöl, wurden 1913 im Jahrbuch des Werkbundes abgebildet und in »Der Industriebau« ausgezeichnet, ebenso wie die Trockenhalle, die zur selben Zeit gebaut wurde.

Letztere bestand tatsächlich aus zwei parallelen Hallen mit einem Minimum an Fensterwerk und großen gewölbten Eingängen. Hier wurden die frischen Linoleumbahnen mit Hilfe eines durchdachten Zentralheizungssystems zum Trocknen aufgehängt. Um einen Raum ohne innere Stützen oder Teilbereiche zu bilden, stabilisierte Stoffregen die Haupthalle, die über 40 m lang und 11 m hoch war, mit einer Reihe von externen Backsteinpfeilern. Unterdessen wurde das Lagerhaus gebaut, in dem die fertigen Linoleumrollen vor der Verschickung aufbewahrt wurden. Es war über 50 m lang und ca. 30 m breit, aber benötigte nur ein niedriges Dach. Die kleinen, viereckigen Fenster, die rhythmisch entlang der Längsseite angeordnet waren, wiesen das gleiche charakteristische rautenförmige Design auf, wie es bei den Oxidationsgebäuden angewandt worden war. In »Der Industriebau« erklärte Stoffregen 1912 seinen Gedankengang bezüglich der Ankergebäude: »Die Hauptleistung der Konstruktion dieser Gebäude zielte auf die Anwendbarkeit und Funktionalität, und darum gibt es deutliche Unterschiede im Charakter der einzelnen Gebäude. Bis jetzt war es möglich, ein Oxidierungsgebäude mit einer Trockenhalle oder einer Produktionshalle und umgekehrt zu verwechseln, dank der Gliederung jeder Fassade in Pfeiler und Fenster. Dies geschieht so, dass die inneren

Stockwerke suggeriert werden, sogar wenn tatsächlich ein offener weiter Raum bis zum Dach aufsteigt.«

Stoffregen behauptete, dass die Ankerbauten beweisen, dass es möglich war, Backstein und Dachpappe einfach und ästhetisch einzusetzen, ohne auf historische Lehren zurück zu greifen und so dass eine »echte Monumentalität« erreicht werden kann, ohne zusätzliche Kosten für den Kunden.

Es dauerte nicht lange, bis das Deutsche Museum für Kunst in Handel und Gewerbe von Stoffregens Arbeit für die Linoleumindustrie hörte. Am 7. April 1911 schrieb das Museum an Anker: »Wir wurden vom DWB informiert, dass Sie kürzlich sehr schöne Fabrikgebäude errichtet haben. Könnten Sie uns einige gute Illustrationen für unsere Modellausstellung von Industriebauten, die in diversen Ausstellungen hier und im Ausland gezeigt werden wird, zusenden?« Ankers Gustav Gericke tat diesen Gefallen natürlich gerne. Die kritische Reaktion war durchweg positiv, wie A. Goetze von »Profanbau« 1914 schrieb: »Man kann schon behaupten, dass sie bereits mustergültig geworden sind ... man spürt hier die Sprache des modernen Geistes in einer sehr konzentrierten Art und Weise, die sich kraftvoll in das Neue drängt... Wer immer diese einfachen kubischen Formen sieht, die Wirkung zeigen durch die sorgfältige Massenverteilung und die nichts mehr mit dem nützlichen Auftreten früherer eintöniger Industriegebäude zu tun haben, wer immer die Bemühungen erkannt hat, Harmonie und Schönheit durch das unglaublich verführerische Design der Türen und Fenster zu erreichen, wird begreifen, dass in diesen Mauern der freudlose Geist von harter Mühe und Verarmung nicht länger regiert. Stattdessen hat es ein Architekt unter Berücksichtigung des Charakters seines Kunden geschafft etwas von der Würde der Arbeit in diese Fabrik einzubringen.«

Adolf Behne schrieb in seinem Artikel »Romantiker, Pathetiker und Logiker im modernen Industriebau«, 1913, über diese Gebäude: »Hier ist Pathos mit einem Hang zur Tragik kombiniert, so dass man fast die Geister von Agamemnon und Aegisthus spüren kann!«

Zusätzlich zu seiner Arbeit für die Anker-Marke wurde Stoffregen als beratender Designer bei der kurzlebigen Automobilfabrik Carl Tönnjes AG eingestellt. Einer seiner Entwürfe für den Innenraum einer Limousine wurde 1914 im DWB-Jahrbuch abgebildet. In der folgenden Jahrbuchausgabe war Stoffregen einer der Architekten, die Walter Gropius in seinem bahnbrechenden Aufsatz »Die Entwicklung der modernen Industriearchitektur« erwähnte, in dem die Ankerbauten in einem Atemzug mit Behrens Arbeit für die AEG, Wagners Kaffee-Hag-Komplex und Poelzigs Chemiefabrik in Luban angeführt werden. Daher ist es überraschend, dass sein Name nicht prominenter in der Architekturgeschichte dieser Zeit aufzufinden ist.

Neben Aschenbecks unveröffentlichtem Aufsatz, einem Ausstellungskatalog und einem kurzen Eintrag in der »Bremischen Biographie«, wurde bis zu seinem verfrühten Tod 1929 in Bad Tölz, nichts über den Architekten geschrieben. Dies liegt zum Teil an Stoffregens eigener Zurückhaltung, seine

Ansichten über Architektur schriftlich auszudrücken. Während Gropius, Muthesius, Behrens und Poelzig manchmal genauso lange an der Schreibmaschine zu verbringen schienen wie am Zeichenbrett, umfasste Stoffregens Gesamtergebnis seiner literarischen Leistungen nur fünf kurze Texte für »Der Industriebau«. Es muss aber auch hinzugefügt werden, dass er wahrscheinlich nicht genügend außerhalb des Bremen-Delmenhorst-Bereichs gebaut hat, um weitreichendere Beachtung zu finden.

Stoffregen stand teilweise in den unmittelbaren Vorkriegsjahren unter einem schlechten Stern, als er nahe daran zu sein schien, den so wichtigen Durchbruch zu schaffen, als seine Hoffnungen nur durch Umstände außerhalb seiner Kontrolle zerschlagen wurden. Seine Entwürfe für eine Bank in Kassel (1907) und ein hydro-elektrisches Kraftwerk auf der Weser nahe Bremen (1908) wurden beide nur zweitplatzierte Sieger in Wettbewerben. Als er den ersten Preis bei einem Siedlungsentwicklungswettbewerb in Bremen, gesponsert vom Verein für Soziale Reform (1912), und für eine 225 m lange Ausstellungshalle, ausgeschrieben von der Vereinigung deutscher Motoren-Hersteller (1914) in Berlin, gewann, konnte er nicht das Vertrauen der Abschlusskommission gewinnen. Ein Trost kam in Form einer Maschinenhalle für die Norddeutschen Seekabelwerke in Nordenham, die 1912 gebaut wurde. Sein Ausstellungspavillon für den Werdandi-Bund auf der Baltic-Messe in Malmö wurde auch nur gebaut, um beim Ausbruch des Krieges geschlossen zu werden.

In den ersten Kriegsjahren war Stoffregen involviert in den Wiederaufbau zerstörter ostpreußischer Städte, aber nach dem Ende der Kampfhandlungen war es für ihn schwierig, die Zügel seiner Karriere wieder in die Hand zu nehmen. Zu den sehr unterschiedlichen architektonischen Konditionen der 20er Jahre kämpfte er darum, Wettbewerbskommissionen zu finden, obwohl er weiterhin Gebäude und Muster für die Del-

Der »Delmenhorster Volkskalender 1931« der SPD zeigt als Titelbild einen Holzschnitt mit einer künstlerischen Komposition von Delmenhorster Wahrzeichen: v.a. der Wasserturm des Rathauses, der Wasserturm der Nordwolle und Industrieschornsteine.

menhorster Linoleumindustrie entwarf. Sein letztes Industrieprojekt war eine große Trockenhalle für die Hansawerke, gebaut 1925. Er arbeitete an einer Reihe von Siedlungsprojekten in Bremen, wurde aber jetzt von den modischen Magazinen abgelehnt und ein wachsendes Gefühl der Bitterkeit mag seine Entscheidung bewirkt haben, dass er das Manifest des »Blocks«, der nationalistischen Anti-Bauhausgruppe von Architekten unterschrieb, unter deren Mitgliedern die Werkbündler Bonatz, Bestelmeyer und Schultze-Naumburg waren. Er starb jedoch bevor die Polarisierung von professionellem und politischem Leben seine grauenvollste Phase erreicht hatte.

Im ersten Jahrzehnt des 20. Jahrhunderts profitierte Delmenhorst glücklicherweise von der zufälligen Verbindung dreier Einzelpersonen, die zwar sehr verschiedene Hintergründe hatten, aber ein ähnlich star-

Die Erfahrungen einer einfachen Stadt

kes Engagement teilten, die städtischen Rahmenbedingungen zu verbessern. Das Banner, unter dem sich der Politiker, der Industrielle und der Architekt vereinigen konnten, war das des Werkbundes, dessen reformorientierter Ethos in dieser bescheidenen Stadt, wenn nur auch kurz, erblühen durfte, als sie ihre schmerzhaften, aber lohnenden Übergang in die Moderne schaffte. Obwohl Stoffregens Anker-Fabrikhallen seit langem verschwunden sind, im Namen der Rationalisierung geopfert, bleiben noch die städtischen Gebäude. Sie sind nicht nur eine Erinnerung an ein faszinierendes Kapitel der Stadtgeschichte, sondern auch eine perfekte Illustration des ausgeübten Werkbundideals.

Im weiteren Sinne können die Beispiele von Koch in Delmenhorst, Cuno in Hagen und Beutinger in Heilbronn vielleicht ein wenig neues Licht auf eine Ära wilhelminischen Lebens werfen, die meistens von Historikern übersehen wird. Untersuchungen über Stadtpolitik in deutschen Regionen bleiben relativ dicht am Boden, obwohl es weitgehend anerkannt ist, dass die wirkliche Stärke des liberalen Deutschlands nur aus der Perspektive von Provinzstädten gemessen werden kann. Sicher war für die Linksliberalen, die Macht auf nationaler Ebene ablehnten, die Stadtregierung ein wertvoller Testboden für soziale und politische Reformtheorien. Nach den Beispielen, die hier angeführt werden, scheint dies auch ein vitaler Faktor für die Förderung architektonischer Regeneration zu sein. Industriestädte mit kleinem architektonischen Erbe oder historischer Identität boten den Reformern einen besonders fruchtbaren Boden, oder, um Kochs Metapher zu benutzen, ein besonders formbares Wachs, mit dem sie ihre politischen Visionen in architektonischer Form ausdrücken konnten.

Die Schlüsselrolle, die in diesem Prozess bei der lokalen Prominenz lag, wie z.B. Gericke, Bruckmann und Osthaus, bringt uns dazu, einige unserer Hypothesen über den Niedergang der Honoratiorenpolitik in den

späten wilhelminischen Jahren, neu zu überdenken, da es klar ist, dass diese Figuren bis ins Zeitalter der »Massenpolitik« kraftvolle Förderer professioneller Veränderungen blieben. Sie waren respektierte Pfeiler des lokalen Establishments mit einem starken Sinn für regionale Loyalität, die nichtsdestotrotz weit entfernt von beschränkter Sichtweise waren in ihren Anschauungen und Engagements. In der Tat verschrieben sie sich ganz der Entwicklung einer liberalen Politikstruktur, die lebhafter und dynamischer war als manchmal behauptet wird.

Man muss aber daran erinnern, dass der Übergang junger, expandierender Gemeinden in selbstbewusste Stadtgemeinden nichts Unumgängliches war. Delmenhorsts Glück steht in scharfem Gegensatz zu den Erfahrungen anderer Industrieansiedlungen wie z.B. Borbeck im Ruhrgebiet, das es weder schaffte den Verwaltungsstatus noch den architektonischen Charakter einer Stadt zu erreichen, trotz der stolzen Bevölkerungszahl von 77.000 in 1915. Es war nicht einmal in der Lage, den Titel »Preußens größtes Dorf« beizubehalten, weil es diese besondere Auszeichnung an das nahe Hamborn verlor, dessen Bevölkerung die 100.000er Marke überschritt, bevor es 1910 Stadtrechte verliehen bekam. Wie Lutz Niethammer 1979 in seinem Buch über Borbeck beschreibt, wurde die dörfliche Entwicklung zunichte gemacht durch die politischen und kommerziellen Kalkulationen konservativer Bezirksmitglieder und den Regierungspräsidenten in Düsseldorf, dessen Machenschaften den Kommunalbaumeister von Borbeck, Johann Heinrich Voßkühler (1852–1914), in Verzweiflung, Schande und letztendlich in den Tod trieben.

Vosskühler, der neben dem Bürgermeister der einzige führende Verwaltungsbeamte des Bezirks war, sah viele begehrte Pläne für öffentliche Parks und breite Stadtstraßen einem Stadtrat zum Opfer fallen, der von Großgrundbesitzern und Schwerindustrierepräsentanten, die große Teile des Landes

für die Entwicklung der Kohleminen vorgesehen hatten, beherrscht wurde. Borbeck blieb ein »Industriedorf«, bis es von Essen 1915 geschluckt wurde, wie Niethammer festhielt: »Große ländliche Industriegemeinden sind eine charakteristische Variante für Urbanisation im Imperialistischen Deutschland. Sie zeigen auf, dass die Entwicklung der bürgerlichen Gesellschaft sich nicht ereignete indem alle Faktoren im Gleichschritt eine Einbahnstraße namens ›Modernisierung‹ entlangmarschierten, sondern eher gegen ein Netz von Machtinteressen, das sie zum Stillstand bringen oder teilen, aber auch zum plötzlichen Durchbruch bringen konnte.«

(aus: M. Jefferies, Politics and Culture in Wilhelmine Germany. The Case of Industrial Architecture, Oxford/Washington D.C., USA 1995)

Nils Aschenbeck

Stadtkrone Delmenhorst
Heinz Stoffregens Rathausanlage und ihre Vorgeschichte

Links:
Beleuchtungskörper im Flurbereich

Rechts:
Markthalle, aus der »Präsentationsmappe« von
H. Stoffregen

»Als ich im Frühjahr 1911 in Rom zufällig mit dem mir bekannten Direktor der Delmenhorster Linoleumwerke, einem kunstbegeisterten Herrn, zusammentraf, konnte er mir nicht genug davon erzählen, dass er einen hochbegabten jungen Architekten entdeckt habe, von dem noch Vieles und Schönes zu erwarten sei.«

Albert Gessner über Gustav Gericke und Heinz Stoffregen[1]

Unordnung

Delmenhorst war um 1900 eine rasch wachsende Stadt, die beinahe im Chaos versank. Von »Delmenhorster Verhältnissen« sprach man im Westfälischen – und man bezeichnete damit latente soziale Konflikte und eine hohe Kriminalität, ausgelöst oftmals durch eine beengte und ungenügende Unterbringung der Arbeiter und Arbeiterinnen, begünstigt durch kulturelle Unterschiede verschiedener Volksgruppen, die auf engem Raum zusammenleben mussten, gefördert natürlich auch durch eine geringe Entlohnung harter Arbeit.

Doch die »Delmenhorster Verhältnisse« fanden zudem Ausdruck in einer ungestalten Stadt. Delmenhorst bot damals, zwischen 1870 und 1900, geradezu das Gegenbild einer klassischen Idealstadt. Im historischen Zentrum erstreckten sich eine weitläufige Brachfläche sowie einige Gärten. Die Posthalterei – das Fitgerhaus – sowie das in einem ehemaligen Bürgerhaus untergebrachte Rathaus konnten durch ihre Lage und ihre Architektur kaum den zentralsten Ort der aufstrebenden Industriestadt markieren. Es war den Delmenhorstern kaum möglich, ein schlüssiges Bild ihrer Stadt, ein Selbstverständnis oder gar Selbstbewusstsein zu entwickeln – es fehlten die Symbole.

Während das Zentrum der Stadt schwach und rückständig erschien – die Bauten stammten überwiegend aus vorindustrieller Zeit –, wurden am Rande der Stadt modernste Industrieanlagen hochgezogen.

1871, 1882, 1884, 1892 und 1898 sind als Gründungsjahre der Delmenhorster Großindustrien zu nennen. Vor allem Bremer Kapital floss in die Stadt und ermöglichte hier eine umfangreiche Bautätigkeit. Keine andere Stadt im Oldenburger Land wuchs derart schnell wie Delmenhorst.

Damals, vor der Kreisfreiheit der Stadt (1903), gab es keinen verantwortlichen Lenker des Baugeschehens. Baurechtliche Entscheidungen wurden in Oldenburg getroffen, ästhetische und städtebauliche Fragestellungen spielten – aus Oldenburger Sicht – offenbar keine Rolle. Die Unternehmen erwarben ihre Flächen nach den Gesichtspunkten guter Verkehrsanbindung (Bahnanschluss), guter Be- wie Entwässerung (Delme und Welse) sowie preiswerter Verfügbarkeit des Bodens. An der Stadt und deren Entwicklung hatten sie kein vorrangiges Interesse. Während die »Nordwolle«, die drei Linoleumindustrien sowie die Mühlenwerke entlang der Hauptlinie der Bremen-Oldenburger Bahn errichtet wurden, entstanden die Linoleumwerke »Hansa« und auch die Seifenfabrik DELESPA weit außerhalb bebauter Bezirke – ohne, dass städtebauliche Gründe hierfür maßgeblich gewesen wären.

Die Fabriken veränderten durch ihr plötzliches und fast zufälliges Entstehen tiefgreifend die Stadt. Das Bremer Bürgertum, das bis in die zweite Hälfte des 19. Jahrhunderts Landhäuser in Delmenhorst bezogen hatte – Teile der Stadt galten als »Sommerfrische« –, kehrte der Stadt schnell den Rücken. Stattdessen entstanden im Umfeld der Fabriken neue Häuser – Arbeiterhäuser und villenartige Direktorenhäuser, jeweils in Ausrichtung aber auch in ihrer Architektur abhängig von den Fabriken. Delmenhorst geriet zu einer Stadt der unterschiedlichen Herrschaften. Die Fabriken, besonders die Nordwolle, bildeten autonome Bezirke in der Stadt.

Für den Organismus einer so kleinen Stadt wie Delmenhorst hatte die so unkalkuliert entstandene polyzentrale Ausrichtung verheerende Folgen. In Delmenhorst bildete sich ein Nebeneinander der sozialen Strukturen, die trotz der Kleinheit der Stadt wenig Austausch hatten. Auch entstand ein Nebeneinander ästhetischer Grundlinien, die keine Abstimmung untereinander erfuhren. Noch heute kann man unschwer im Stadtbild erkennen, welche Häuser im Umfeld der Jute, der Nordwolle oder der Linoleumfabriken entstanden.

Links:
»Gruss aus Delmenhorst«, Postkarte von 1895

Rechts:
«Gruss aus Delmenhorst», von 1910, mit verschiedenen Stadtmotiven u.a. Haus Coburg (obere Reihe, zweites v.l., 1905)

Der Linoleumdirektor Gustav Gericke und der Bürgermeister Erich Koch kamen kurz nach der Jahrhundertwende in eine Stadt, deren Zustand sie nur ablehnen konnten. Beide zeigten sich an Gestaltungsfragen interessiert, beide kritisierten die Scheinwelt der Gründerzeit, beide suchten nach einer neuen Ordnung im Sinne der Reform. Vermutlich kannten sie das Werk von Camillo Sitte, das einen scheinbar natürlich gewachsenen Stadtgrundriss vorstellte, vielleicht hatten sie auch bereits Schultze-Naumburgs »Kulturarbeiten« gelesen, in denen die gesellschaftliche aber auch ästhetische Ordnung von »um 1800« idealisiert wurde – im Gegensatz zu den damals so gesehenen gründerzeitlichen »Verirrungen« und den historistischen ästhetischen Übertreibungen und Überspitzungen.

Delmenhorst war also für beide nicht die Stadt ihrer Träume – es hätte für sie in dieser Hinsicht kaum schlimmer kommen können. Reformorientierte Aussteiger, die es sich leisten konnten, verließen um 1900 zu Hunderten die Städte um in den Bergen oder auf dem Land mit Siedlungsexperimenten ein neues Leben zu beginnen und nicht zuletzt eine neue Gesellschaft zu begünstigen. Doch ein Fabrikdirektor und ein Bürgermeister, die jeweils erst am Beginn ihrer Karriere standen, konnten kaum fliehen, sie mussten im vorgegebenen Rahmen handeln.

Damit standen sie nicht allein. Überall in Deutschland entdeckten Reformgruppen die Städte. Sie wollten dort handeln, wo im Gegensatz zu unberührten Naturregionen tatsächlich Handlungsbedarf bestand, wo ästhetische und soziale Not herrschten. Doch in den meisten Städten gab es bis zum Ersten Weltkrieg erhebliche Widerstände traditioneller Kräfte gegen die Reformbewegung. So kam es oftmals nur zu Insellösungen, zu sogenannten Gartenstadt-Vororten, die mit einem reformorientierten Bauherren realisiert werden konnten.

In Bremen-Schwachhausen errichtete Heinz Stoffregen ab 1907 eine Siedlung, die aus zahlreiche individuellen Landhäusern besteht. Die Haustypen folgten den ästhetischen Vorgaben, die Hermann Muthesius im »Englischen Haus« gegeben hatte. Stoffregen wollte eine ideale Siedlung schaffen, in der der einzelne »gesund« leben könne – ein Vorbild für die weitere Stadtentwicklung Bremens. Im Mitteilungsblatt des Gewerbemuseums appellierte er an die Bremer:

»Möge das Bremer Publikum zeigen, daß es nicht nur Interesse hat, Vorträge über Gartenstadtbebauung anzuhören, und sich an den geplanten Ideen zu erfreuen, sondern möge es die hier in Wirklichkeit bereits umgesetzten Bestrebungen unterstützen.«[2]

Im selben Zeitraum entstanden im Bremer Zentrum jedoch weiterhin gründerzeitlich geprägte Großbauten wie das Polizeihaus am Ostertor. Teile des Bremer Bürgertums und des Bremer Rats schätzen weiterhin die großen Historisten der Stadt – den aus Delmenhorst stammenden Maler Arthur Fitger und den Architekten Johann Georg Poppe. In Delmenhorst hingegen waren die beiden wichtigsten und einflussreichsten Personen der Stadt – Bürgermeister Koch und Fabrikdirektor Gericke – Anhänger der Reformbewegung.

Personen und Projekte

Anfang des Jahrhunderts schien es gerade den Oldenburgern zweifelhaft, ob eine Position in Delmenhorst der Karriere förderlich sein könne. Nur so ist es zu erklären, dass Erich Koch (1875-1944) bereits im Alter von 26 Jahren Bürgermeister der Stadt wurde. Auch Gustav Gericke (1864-1935) wurde mit relativ jungen Jahren Direktor einer großen Fabrik – er war, als er in die Stadt kam und das Direktorenhaus an der Linoleumstraße bezog, 39 Jahre alt. Genau elf Jahre trennten also Koch und Gericke – nicht zuviel, um schnell gleiche Interessen zu entdecken, um bald gemeinsame Pläne und Projekte zu entwickeln.

Gustav Gericke hatte sein anfängliches Augenmerk als Fabrikdirektor jedoch durchaus nicht auf Delmenhorst gelegt. Vielmehr bemühte er sich um die internationale Aufstellung seines Unternehmens. Er gewann zahlreiche Künstler, unter ihnen den Düsseldorfer Peter Behrens und den Wiener Josef Hoffmann, als Gestalter des Inlaid-Linoleums. Gericke bemühte sich darum, dass Peter Behrens Architekturen für das Unternehmen entwarf – so einen Ausstellungspavillon 1905 in Oldenburg und den sehr bekannt gewordenen Pavillon 1906 für die Kunstgewerbeausstellung in Dresden. Auf dem Delmenhorster Fabrikgelände sollte Behrens jedoch nicht bauen – zu unbedeutend schien Gericke anfänglich der Delmenhorster Rahmen; es war für ihn in dieser frühen Phase der Reformbemühungen einfach nicht vorstellbar, dass eine herausragende Behrens-Architektur in Delmenhorst auf dieselbe überregionale Resonanz stoßen würde wie die Ausstellungsbauten in Oldenburg oder Dresden. Die Fabrik, in dem die Künstlermuster hergestellt wurden, blieb vorerst ein ungestalteter Ort.

Vorstadtsiedlung in Bremen-Schwachhausen, Architekt: Heinz Stoffregen, 1907

Doch die öffentlichen Auftritte der Linoleumwerke »Ankermarke« und ihr Anspruch, mit Architekten und Künstlern der Zeit zusammenzuarbeiten, waren sicher Anlass auch für Dritte, den Kontakt mit dem Unternehmen zu suchen. Auch die Vorgespräche für die Gründung des Deutschen Werkbundes 1907, die auf der Kunstgewerbeausstellung in Dresden geführt wurden, haben vielleicht zu einer Kontaktaufnahme auch bereits mit Gustav Gericke geführt – immerhin wurde Gericke bereits 1908 Vorstandsmitglied des Werkbundes.

Fast anzunehmen ist, dass es 1905 oder 1906 zu einem Treffen von Gustav Gericke und Emil Högg, dem Direktor des Bremer Gewerbemuseums, kam. Högg war seit 1904 Vorsitzender des Vereins für Niedersächsisches Volkstum, der wohl wichtigsten Reforminitiative in Bremen vor der Gründung des Werkbundes. Aus der Erinnerung beschreibt Högg, wie er 1904 überredet wurde, sich entsprechend zu engagieren. »Es geschah nun aber an einem, schönen Vormittag des Jahres 1904, daß ich in meinem Amtszimmer Kaiserstraße 20/22 saß und sorgenvoll überlegte, wie ich mein kümmerliches Gewerbe-Museum zu Macht und Ansehen bringen können, als Herr Dr. Schäfer mit einem gleichfalls sehr stattlichen und einnehmenden, und zudem von einem kastanienbraunen langen Barte umwallten Herrn bei mir eintrat und ihn mir als den bedeutenden Architekten Hugo Wagner vorstellte. Die beiden setzten mir auseinander, weshalb sie gekommen seien: Allerorten in deutschen Landen sei bekanntlich eine Bewegung im Gange, die von einen gewissen Dr. Ernst Rudorff ausgehe und von Schultze-Naumburg weitergeführt werde und die darauf hinziele, die Verschandelung unserer Heimat in Stadt und Land und die Auswüchse der Industrie zu bekämpfen, bodenständige Bauweise, Volkskunst und urwüchsiges Volkstum zu pflegen, kurzum dafür einzutreten, daß, um mit Morris zu reden [...], der Erde, in diesem Fall der niedersächsischen Erde, ihre Schönheit erhalten werde. Ich hörte äußerlich wohlwollend,

innerlich erstaunt die ausgezeichneten Darlegungen mit an [...].«[3]

Noch im selben Jahr wurde in Bremen der Verein für Niedersächsisches Volkstum gegründet, dessen Vorsitz Högg übernahm.

Das Gewerbemuseum bot den reformbewegten Bremer Künstlern fortan ein Forum. Hier konnten sie ihre Arbeiten ausstellen, in der Druckschrift des Museums konnten sie publizieren wie es beispielsweise Heinz Stoffregen 1908 mit seinem Bremer Gartenstadt-Projekt tat. Vielleicht war es Högg, der Gericke dazu bewegte, sich nicht nur mit internationalen Künstlern zu umgeben, sondern sich für die Region, für die eigene Stadt einzusetzen, hier vor Ort die »Auswüchse der Industrie« zu bekämpfen.

Der Stadtumbau von Delmenhorst im Sinne der Reform, die Neuordnung der Stadt hin zu einem scheinbar natürlichen Organismus, die Läuterung der schmutzigen und chaotischen Industriestadt hin zur idealen Reformstadt begann irgendwann zwischen 1905 und 1907. Die Gründung des Deutschen Werkbundes 1907 in München gab dann auch den Delmenhorster Bestrebungen eine neue Dynamik, wollte der Werkbund doch gerade die Einheit von Kunst und Industrie herstellen und die Arbeit »veredeln« – programmatische Inhalte, wie für Delmenhorst geschrieben.

Im Jahr 1904 beauftragte der Delmenhorster Arzt Hermann Coburg den jungen Architekten Heinz Stoffregen, der bislang nur ein einziges Doppelhaus in Bremerhaven errichtet hatte, mit dem Bau seines ländlichen Wohnhauses in unmittelbarer Nähe zur Delmenhorster Industrie. Der 26jährige Heinz Stoffregen konnte den Bau 1905 fertigstellen.

Im Jahr 1906 wurde auf Beschluss des Delmenhorster Stadtrates, in dem auch Gustav Gericke saß, das alte Burggelände, die sogenannte Graft, in eine öffentliche Parkanlage umgestaltet – ein erster Schritt hin zu einer Neuordnung des Zentrums.

1906 baute der Bremer Reformarchitekt Carl Eeg, Mitglied des Vereins für Niedersächsisches Volkstum, für den Amtsrichter Ramsauer ein Wohnhaus an den Graften – in einer betont sachlichen Gegenarchitektur zum Renaissance-Amtsgericht.

1907 gab Gustav Gericke dem Bremer Architekten Hugo Wagner, ebenfalls Mitglied des Vereins für Niedersächsisches Volkstum, den Auftrag, zwei Endhäuser an eine bestehende Arbeiterhauszeile an der Mühlenstraße zu setzen. Wagner schuf zwei dunkle Rauhputz-Giebelhäuser, die im bewussten und überdeutlichen Kontrast zu den traditionellen Arbeiterhäusern stehen. Gerickes Ziel war es, die Arbeiterhauszeile an der Mühlenstraße, die er von seinem Vorgänger übernommen hatte, einzupassen in den läuternden Rahmen der Reform. Die Eckbauten sind derart auffällig geraten, ihre architektonische Aussage scheint derart bemüht, dass man von einer Architektur-Strategie sprechen kann.

In den folgenden Jahren entstanden an der Delmenhorster Mühlenstraße im Einzugsgebiet der Linoleumwerke »Ankermarke« weitere Bauten im Sinne der Reform. Einfache Fassaden, hohe Satteldächer und dunkler Rauhputz zeichneten die Architektur aus. Der Rauhputz sollte einen natürlichen Eindruck vermitteln – als seien die Bauten wie selbstverständlich aus niedersächsischem Boden gewachsen. Hugo Wagner baute noch 1912 an der Mühlenstraße für den Delmenhorster Bauverein ein Mehrfamilienhaus.

Ausgelöst durch das Bevölkerungswachstum mussten in Delmenhorst Anfang des 20. Jahrhunderts zahlreiche neue soziale Einrichtungen errichtet werden, so neue Schulbauten und Turnhallen. Für die »Schulacht Deichhorst« hatte das Stadtbauamt 1907 einen Turnhallen-Entwurf geliefert – ein Hallenbau mit neobarocken Schaugiebel –, der noch ganz einer gründerzeitlichen Architek-

tursprache verpflichtet war. Bürgermeister Koch griff, als er den Entwurf zu Gesicht bekam, sofort ein. Er schrieb an niemanden anders als Hugo Wagner – neben Högg damals vermutlich die höchste Reform-Autorität in Bremen – mit der Bitte »um eine gefl. Äußerung, ob es möglich sein wird, den Bauentwurf, gegen dessen Raumeinteilung nicht viel einzuwenden sein wird, derartig umzugestalten, daß der Bau entsprechend wirkt.«[4]

Es erstaunt, dass Koch keine weiteren Angaben zur der seiner Ansicht nach richtigen Gestaltung der Turnhalle machte. Wagner, das setzte Koch voraus, wusste, wie eine Turnhalle »reformgemäß« zu errichten sein. Wagner gab Ende 1907 einen Entwurf ab, der sich in jeder Hinsicht vom Vorentwurf des Stadtbauamtes unterschied. Aus der eher grazilen barockisierenden Halle geriet ein erdenschwerer Ziegelbau mit weit aus der Fassade heraustretenden Strebepfeilern und schmalen Fledermausgauben (Kantstraße). Wagners Entwurf wurde ohne Änderungen realisiert.

Dank der Fürsprache durch Bürgermeister und Fabrikdirektor war Wagner plötzlich ein vielbeschäftigter Architekt in Delmenhorst. Ebenfalls 1908 baute er eine weitere Turnhalle an der Koppelstraße[5] und noch im selben Jahr das Wohnhaus des Oberlehrers Pflüger an der Bismarckstraße.[6]

Hugo Wagner und Emil Högg gehörten in Bremen zu den besonders engagierten Vertretern der Reform- und Heimatschutzbewegung. Beide traten früh dem Deutschen Werkbund bei. Werkbund-Mitglieder wurden zudem Gustav Gericke, Erich Koch und Heinz Stoffregen. Zu den Mitgliedern des Vereins für Niederdeutsches Volkstum gehörten auch der Architekt Dietrich Bollmann, der ab 1911 zahlreiche Wohnhausbauten für die Linoleumfabrik »Schlüsselmarke« errichtete und Carl Eeg, der 1908 von Gustav Gericke damit beauftragt wurde, das Direktorzimmer der Ankermarke neu auszustatten sowie ein »Künstler-Vogelhaus« in den Garten zu stellen.[7]

Hugo Wagner (1873–1944), Entwurf zum Bau der Sparkasse an der Bahnhofsstraße in Delmenhorst, 1908 (Stadtarchiv Delmenhorst)

Spätestens 1908 also begann Gericke mit der Umgestaltung, der »Veredlung« der eigenen Fabrik.[8]

Neuordnung

Getragen von der Emphase der Reform, vorbereitet durch zahlreiche Einzelaufträge an Bremer Reformarchitekten, abgestimmt vermutlich mit dem Gewerbemuseum-Direktor Högg, begann 1908 in Delmenhorst der planmäßige Stadtumbau. Ganz gezielt wurden Architekturwettbewerbe ausgeschrieben, um bestimmte Bereiche der Stadt neu zu ordnen.

Nach Vorarbeiten, die leider nicht dokumentiert werden können, beschloss die Stadt Delmenhorst vermutlich im ausgehenden Jahr 1907 einen Wettbewerb für die Neugestaltung des Durchbruchs zwischen Bahnhofstraße und Langer Straße auszuschreiben.[9] Die alte Bahnhofstraße führte nicht direkt auf die Hauptstraße der Stadt zu, sondern verlief sich in Höhe der Stadtkirche in Nebenstraßen. Die »Neue Bahnhofstraße«, die nun Bahnhof und Stadtzentrum direkt und repräsentativ verband, sollte ganz im Sinne der Architekturreform bebaut werden. Keineswegs sollte ein derart zentraler Straßenabschnitt, den zukünftig nahezu alle Besucher der Stadt passierten, den örtlichen Baumeistern überlassen werden. An dem Wettbewerb nahmen die Architekten August Bertram (Bremen), Hasse (Stadtbauamt Delmenhorst), Kayser & Jatho (Bremen und Delmenhorst), Neumann (?) sowie Hugo Wagner aus Bremen teil (es ist davon auszugehen, dass diese gezielt eingeladen waren). Heinz Stoffregen, nach Fertigstellung des Hauses Coburg durchaus mit Delmenhorster Verhältnissen vertraut, fehlte.

In der Jury, die über die eingereichten Arbeiten entschied, saßen natürlich Bürgermeister Koch, Ratsherr und Fabrikdirektor Gericke, Stadtbaumeister Kühn, Kaufmann und Bahnhofstraße-Anrainer Hohenböken sowie als Auswärtige Direktor Högg aus Bremen und Baurat Rauchheld aus Oldenburg. Rauchheld (1868-1932), ebenfalls ein ausgewiesener Reformer und Werkbund-Mitglied, war 1908 in Delmenhorst durch den dunklen Rauhputz-Bau des Vaterländischen Frauenvereins an der Schulstraße hervorgetreten. Ganz offensichtlich waren in der Jury-Runde die Reformer weitgehend unter sich.

Leider sind von dem Wettbewerb keine Pläne überliefert. Über das Ergebnis berichtet jedoch das Delmenhorster Kreisblatt: »Als für die Ausführung in erster Linie geeignet wurden bezeichnet die Entwürfe mit dem Kennwort ›Heimatklänge‹ [August Bertram] und dem Kennzeichen ›zwei Raben‹ [Hugo Wagner].«[10] Es läßt sich nicht mehr nachvollziehen, welche Bauten auf Grundlage der Wettbewerbsergebnisse errichtet wurden. Das Haus des Jury-Mitglieds Hohenböken war von August Bertram bereits 1906 erstellt worden. Nach 1908 baute Bertram kein weiteres Haus an der Bahnhofstraße. Hugo Wagner errichtete im unmittelbaren Anschluss an den Wettbewerb die Städtische Sparkasse am Übergang von der alten zur Neuen Bahnhofstraße. Mit dem Bau betont Wagner geschickt die Ecksituation, indem er zwei Mansarddach-Giebel ineinander verschränkt. Sein Wettbewerbs-Kennwort »Zwei Raben« deutet darauf hin, dass es sich bei seinem Beitrag um den Entwurf der Sparkasse gehandelt hat.

Der Bau der Sparkasse zeigt eine schmucklose Rauhputz-Fassade, die allein durch Dachform und Fensterverteilung gegliedert wird. Der Bau, der keineswegs nur Zustimmung erntete und auf dem in der Diskussion der Stoffregen-Rathaus-Entwürfe kritisch Bezug genommen wurde, war der erste öffentliche Bau des neuen Delmenhorsts.

Im weiteren Verlauf der Bahnhofstraße wurden bis 1914 sehenswerte Reform-Geschäftshäuser errichtet. Unter den Architekten waren lokale Baumeister, die den neuen Stil offenbar rasch verinnerlicht hatten sowie nun plötzlich Heinz Stoffregen, der hier bereits zwei Geschäftshäuser errichten konnte. Die Bahnhofstraßen-Häuser sind teilweise noch mit floraler Ornamentik geschmückt, teilweise fast kubisch klar gegliedert, so das Stoffregen-Geschäftshaus an der Bahnhofstraße Nr. 4.[11]

Der Bahnhofstraßen-Wettbewerb hatte Koch und Gericke offenbar davon überzeugt, dass ein Stadtumbau im Sinne der Reform zu bewerkstelligen ist. Schnell erkannten sie, dass auch die Raumsituation der beiden Rathausbauten nicht mehr ausreichend war. Rathaus I, Rathaus II, das Feuerwehrhaus sowie eine hölzerne Markthalle standen ungeordnet östlich des Fitgerhauses am Übergang zur neuen »Graftanlage«. Eine eigens eingesetzte städtische Kommission kam zu dem Schluss, dass in den Rathäusern I und II die »Räume zu einem großen Teile unzulänglich sind, daß der Betrieb dadurch erschwert und verteuert wird, daß auch für das Publikum damit Belästigungen verbunden sind und daß die Feuergefahr für die im Rathause aufbewahrten z.T. wertvollen Akten eine erhebliche ist«.[12] Allerdings konnte sich die Kommission nicht zu der Empfehlung durchringen, dass ein Neubau zwingend zu errichten ist. Vielmehr sollten für weitere klärende Vorarbeiten, die »annähernd ein Jahr in Anspruch nehmen werden«, die aber nicht weiter erläutert wurden, 5000 Mark bewilligt werden.

Doch tatsächlich lief die weitere Entwicklung schneller als erwartet. Die 5000 Mark

wurden dazu benutzt, einen konkreten Rathaus-Wettbewerb auszuschreiben. Als Preisrichter wurden neben Koch, Kühn, Gericke der Delmenhorster Kaufmann Mühlenbrock sowie der Kölner Landesbaurat a.D. Carl Rehorst gewonnen.[13] Bereits im Juli desselben Jahres wurde der Wettbewerb unbeschränkt ausgeschrieben. 52 Architekten reichten ihre Arbeiten ein.[14] Bei der Jury-Sitzung Ende Dezember 1908 wurden in einem ersten Durchgang vermutlich noch historistisch geprägte Arbeiten mit den Kennworten »Prunkstuben« oder »Wie in Venedig« ausgesondert. Aber auch das »Backsteinhaus« fiel durch. In einem zweiten Durchgang wurden auch die mit reformorientierten Kennworten versehenen Arbeiten »Camillo Sitte«, »Norddeutsche Art«, »Norddeutsch« oder »Flachland« ausgesondert. Schließlich wurden zwei erste Preise vergeben – an Gerrit Emmingmamm aus Berlin und Heinz Stoffregen aus Bremen. Den dritten Preis erhielten Hans und Heinrich Lassen aus Bremen. Am 30.Dezember 1908 erfuhren die Preisträger von der Entscheidung der Jury. Am 31.12.1908 wandte sich noch einmal Preisrichter Emil Högg an Bürgermeister Koch: »Nr. 6 unserer engsten Wahl hat sich also doch als die Arbeit von Herrn Wagner entpuppt. Ich bitte Sie, mich nicht falsch zu verstehen, wenn ich – zugleich einer Anregung des Herrn Direktor Gericke folgend – im Hinblick auf diese Tatsache den unmaßgeblichen Vorschlag zur Erwägung stelle, ob es sich nicht machen ließe, unter den 6 besten Bewerbern noch einmal einen engeren Wettbewerb zu erlassen, dessen Preis die Ausführung wäre.« Offensichtlich war Heinz Stoffregen in Bremen noch so unbekannt, dass Museumsdirektor Högg versuchte, den ihm vertrauten Hugo Wagner mit einem erneuten Wettbewerb gegen Stoffregen (der nicht Mitglied im Verein für Niedersächsisches Volkstum war) zum Sieg zu verhelfen. Höggs Ansinnen fand bei Koch keine Unterstützung.

Doch Högg unterstützte weiterhin uneingeschränkt die Delmenhorster Reformbestrebungen. 1909 schrieb er im Kreisblatt über

Stadtkrone Delmenhorst

Gerrit Emmingmann, (geb. 1868), Berlin:»Rathaus für Delmenhorst«, 1908, »Ansicht von der Delme« und Grundriss

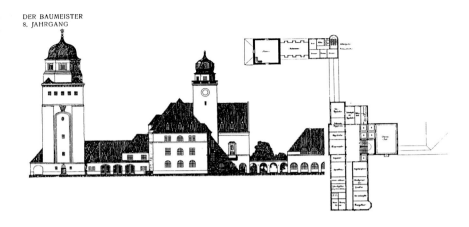

DER BAUMEISTER
8. JAHRGANG

die Neuordnung der Stadt: »Die Stadt wird damit einen Mittel- und Schwerpunkt erhalten, der maßgebend für ihre künftige bauliche Umgestaltung und Gesundung werden kann, weil er das Wesen einer neuzeitlichen aufstrebenden Industriestadt ganz vortrefflich zum Ausdruck bringt. Mögen andere deutsche Städte sich Delmenhorst zum Vorbild nehmen – sie haben es zumeist sehr nötig.«[15]

Im Protokoll der Jury wird Emmingmanns Platzgestaltung besonders gelobt. Als zweiter Preisträger wurde Heinz Stoffregen benannt, dessen klarer, sachlicher Entwurf schon fast außerhalb seiner Zeit stand, der eher an Industrieentwürfe eines Hans Poelzig denn an Rathausentwürfe anderer Architekten erinnert, dessen Baumassen allerdings sehr blockhaft in das Zentrum der zu schaffenden Plätze gesetzt waren. Am 16. Januar 1909 wurde im Delmenhorster Kreisblatt der »Bericht der zur Prüfung der Frage der Unzulänglichkeiten der Rathäuser gewählten Kommission«[16] veröffentlicht, der hier nahezu im gesamten Wortlaut wiedergegeben ist:[17]

»Der Stadtmagistrat beantragt: der Gesamtstadtrat wolle beschließen, dass der Architekt Stoffregen Pläne und das Stadtbauamt Kostenanschläge für den Neubau des Rathauses aufstellt.

Gründe:
Wie den Mitgliedern des Gesamtstadtrats aus den ihnen durch Bürgermeister Rehorst und dem Stadtbaumeister Kühn gegebenen Erläuterungen bekannt ist, hat das Preisausschreiben für die Erlangung von Plänen für die Gestaltung des Marktplatzes und den Neubau des Rathauses erfreuliche Ergebnisse erzielt. Durch den mit einem 1. Preis gekrönten Entwurf des Architekten Emmingmann-Berlin ist eine vorzügliche Gestaltung des Marktplatzes gewonnen worden. Der Wochenmarktsplatz, Krammarktplatz und Viehmarktplatz sind für Fußgänger alle drei unmittelbar miteinander verbunden, andererseits liegt der Viehmarktplatz so, daß Fuhrwerke und Vieh, das dort hingelangen wird, einer bequemen Kontrolle unterworfen ist. Die Größe der Plätze geht über die bisherige nicht unerheblich hinaus. Das Rathaus erhält seinen Standort in der Nähe der Langenstraße, das Spritzenhaus so, daß eine bequeme Ausfahrt aus ihm möglich ist. Der Wasserturm liegt an einer augenfälligen Stelle derartig, dass er von einer Reihe der wichtigsten Straßen der Stadt (Langestraße, Bremerstraße, Bahnhofstraße, Bismarckstraße, Stedingerstraße, Oldenburgerstraße, Sykerstraße usw.) als ein Wahrzeichen in die Erscheinung tritt. Dagegen ist die Architektur des Architekten Emmingmann verhältnismäßig kostspielig, und gibt dem Rathaus außer dem Wasserturm noch einen zweiten überflüssigen Turm. Auch die

Grundrißlösung ist nicht besonders geglückt.

Der Plan des Architekten Stoffregen hat eine weniger gelungene Platzlösung. Sein Bau zeichnet sich aber durch eine einfache Architektur für die Räume des Rathauses aus. Sein Wasserturm erscheint besonders gelungen. Außerdem ist es ihm geglückt, mit besonders geringen Mitteln die in dem Ausschreiben vorgesehenen Räume in den Bau einzufügen, sodaß sein Plan zu den billigsten sämtlicher Pläne gehört.

Die Rathauskommission ist zu dem Ergebnis gelangt, daß die Gestaltung des Marktplatzes im wesentlichen nach den Entwürfen des Architekten Emmingmann zu geschehen hat. Nur wird, um die Marktplätze noch weiter zu vergrößern, die Südwandung des Marktplatzes noch weiter hinaus zu rücken sein, so daß dort der Marktplatz seine jetzigen Grenzen behält. Der Rathausbau wird unmittelbar hinter die Flucht des jetzigen Rathauses I zurückzudrängen sein, um den Wochenmarkt (der ja gleichzeitig auch Krammarktszwecken dient) zu vergrößern und den Betrieb im Rathaus I während der Bauzeit nicht aufzuheben. Auf diese Weise wird durch den Neubau nur ein Teil des Harbou'schen Gartens in Anspruch genommen. Der Rest steht späterhin zur Vergrößerung des Marktplatzes zur Verfügung, und ebenso diejenigen Grundflächen, auf denen

Heinz Stoffregen, Bremen, »Wettbewerbsentwurf für das Rathaus in Delmenhorst«, 1908 (Stadtarchiv Delmenhorst)

jetzt die Rathäuser und das Spritzenhaus stehen. In letzter Linie kann durch Hinzuziehen des Gartens und des Hauses, das jetzt dem Stadtbaumeister zur Verfügung steht, sowie des Mühlengartens eine Erweiterung geschaffen werden. Die Rathausbaukommission ist der Ansicht, dass diese weiteren Fragen einer späteren Zukunft vorbehalten bleiben müssen und es zur Zeit nur darauf ankommt, daß der richtige Platz für das Rathaus, den Wasserturm und das Spritzenhaus und damit die richtige Abgrenzung des von der Langenstraße aus sichtbaren Wochenmarktplatzes gewonnen wird. [...]

Bezüglich des Rathausbaues wird es sich empfehlen, mit dem Architekten Stoffregen-Bremen weiterhin dahin zu verhandeln, daß er seine Bauskizze so umgestaltet, daß er sie in die Emmingmannsche Platzlösung hineinpaßt. Er ist dazu bereit. Gleichzeitig wird er kleinere und detaillierte Pläne anzufertigen haben, da in dem Preisausschreiben, dessen Zweck in erster Linie die Platzlösung war, lediglich Bauskizzen verlangt waren. Auf Grund dieser genauen Pläne, deren Ausarbeitung voraussichtlich einige Monate in Anspruch nehmen wird, wird dann das Stadtbauamt an die Bearbeitung sorgfältiger Kostenanschläge heranzugehen haben. [...]

Der Bau des Wasserturms ist eilig, da das Wasserwerk in 6 Monaten fertig gestellt sein wird und bis dahin der Turmbau, wenn eben möglich, vollendet sein muß. Der von dem Architekten Stoffregen geplante Wasserturm scheint allgemein befriedigt zu haben, es wird – auch nach Ansicht des Preisgerichts und des Architekten Stoffregen selbst – kein Bedenken haben, ihn auf den von dem Architekten Emmingmann geplanten Platze alsbald zu errichten.«

Nach dem Bericht des Wettbewerbsergebnisses dokumentiert das Kreisblatt auch die anschließende Debatte:

»Herr Bürgermeister Koch fügt dem Bericht noch mündliche Ausführungen hinzu.

Herr Vosteen glaubt, daß man den Rathausneubau nicht mit dem Wasserwerk verquicken solle, wünscht Besichtigung an Ort und Stelle und fragt, ob der geplante Wasserturm auch zu einem Gebäude nach Art des Amtsgerichts oder der Realschule passen würde.

Herr Bürgermeister Koch betont, daß der Wasserturm keinen ausgesprochenen Stil habe. Der den Stadtratsmitgliedern vorliegende Plan schaffe geräumige Plätze, die in schöner Verbindung ständen. Die ganze Angelegenheit sei so sorgfältig geprüft und vorgearbeitet, wie wohl selten etwas.

Herr Pape gibt gern zu, daß sorgfältig geprüft ist, hält es aber doch für richtig, wenn noch einige Pläne mehr ausgearbeitet werden. An das Neue gewöhne man sich so leicht nicht, ein abschreckendes Beispiel hätten wir an dem Gebäude der städt. Sparkasse.

Herr Eisenkolb wünscht, daß noch wieder 3 Herren in engere Konkurrenz treten und auch hiesige Bauunternehmer hinzugezogen werden.

Herr Bürgermeister Koch macht darauf aufmerksam, daß dann noch wieder ganz erhebliche Kosten entstehen werden und wir dann auch noch nichts weiter wären. Unsere hiesigen Bauunternehmer würden sich wohl nicht an dem Wettbewerb beteiligen.

Herr Mühlenbrock (Kommissionsmitglied) stimmt dem Herrn Bürgermeister zu und hält den eingeschlagenen Weg für den richtigen.

Herr Stadtbaumeister Kühn tritt in längeren Ausführungen wiederholt für den Magistratantrag ein und hält es für ausgeschlossen, dass der Gesamtstadtrat über die Ausführung beschließen könne.

Herr Jordan und Redakteur Havighorst (Kommissionsmitglied) treten ebenfalls für den Magistrats- resp. Kommissionsantrag ein.

Herr Pape tritt nochmals für seinen Antrag ein und will die Sache an die Kommission nochmals zurückverwiesen haben.

Herr Leffers stimmt Herrn Pape zu, denn er könne dem Plane nicht so ohne weiteres zustimmen. Das Stadtbauamt könne einmal einen Plan anfertigen etwa in der Art des Amtsgerichts. Wenn gesagt werde, dass er absolut Anhänger des gotischen Stils sei, so träfe das nicht zu.[18]

Herr Bürgermeister glaubt, daß die Ansichten über den Bau für die Sparkasse sich noch einmal ändern werden. Daß Stoffregen ein ähnliches oder gar dasselbe Gebäude als Rathaus ausführe, sei völlig ausgeschlossen. Mit dem Bau des Wasserturms müsse gleich begonnen werden, sonst würde die Stadt sich sterblich blamieren, wenn sie das Wasserwerk in Angriff nähme und nicht den Wasserturm.

Herr Schmidt spricht sich gegen den Sparkassenbau und andere Gebäude aus. Diese Geschmacksverirrung, die von der Ankermarke importiert sei, werde nicht lange Stand halten. Auch der rauhe Putz an den Gebäuden sei Unfug. Wenn man mit der Hand daran komme, verletzt man sich, man solle dann auch gleich einen Verbandskasten am Hause anbringen.

Herr Leffers wünscht nochmals eine engere Konkurrenz und neue Pläne. Der Geschmack der Preisrichter aus verschiedenen Städten sei für Delmenhorst nicht maßgebend.

In längerer Ausführung spricht sich sodann Herr Ratsherr Gericke über die Pläne aus, bezeichnet die Platzfrage als vorzüglich gelöst und auch den Grundriß des Stoffregen'schen Gebäudes. Letzterer entspreche vollständig dem Zweck eines Rathauses. Über den Geschmack des Äußeren könne man verschiedener Meinung sein, so wolle er sagen, um sich etwas vorsichtiger auszudrücken als Herr Schmidt. Daß im gotischen Stil das Rathaus nicht gebaut werden könne, sei selbstverständlich. Das Gebäude der katholischen Kirche sei kein Kulturwerk im Sinne unserer heutigen Auffassung. Unser Amtsgericht ist eine Renaissancearbeit und habe so viele Fehler, daß der Stadt damit kein Dienst geleistet sei. Er halte es auch für notwendig, daß der Turm sofort bewilligt werde.

Es sprechen dann noch die Herren Stadtbaumeister Kühn, Pape, Bürgermeister Koch, Leffers und Schmidt.

Der Antrag Pape wird mit 9 Stimmen abgelehnt und der Magistratsantrag angenommen.«

Die Debatte im Delmenhorster Stadtrat war eine exemplarische Auseinandersetzung um die moderne Architektur. Die von Hugo Wagner gebaute Sparkasse sowie das Neorenaissance-Amtsgericht bildeten die Eckpunkte der Diskussion. Die Reformer konnten sich dank des entschiedenen Einsatzes von Koch und Gericke durchsetzen. Nicht zuletzt dank der Dringlichkeit des Wasserturmbaus wurde auf einen weiteren engeren Wettbewerb verzichtet und die Auftragsvergabe an Heinz Stoffregen eingeleitet.

Das Wirken der Reformer, das Wirken von Erich Koch und Gustav Gericke, begründete eine Kontinuität der Reform. Vermutlich war es der Bau des Rathauses, der die Ideale und die Ästhetik der Reform breit in das Delmenhorster Bürgertum trug. Delmenhorst wurde jetzt tatsächlich Reformstadt.

Heinz Stoffregen konnte nach 1908, nach der Rathaus-Auftragsvergabe, zahlreiche Wohn- und Geschäftshäuser in Delmenhorst errichten. An der Bismarckstraße entstanden nicht weniger als fünf Stoffregen-Bauten, an der Bahnhofstraße zwei, an der Langen Straße zwei sowie an der Oldenburger Straße die bedeutende Leffers Villa und das Landhaus Schaub (abgerissen). Für die Linoleumwerke »Ankermarke« errichtete Stoffregen Fabrikbauten und eine Angestelltensiedlung an der Linoleumstraße.

Hugo Wagner hingegen bekam nur noch einen einzigen Bauauftrag vom Delmenhorster Bauverein.

Die Stoffregen-Architektur fand Nachahmer. Der Delmenhorster Architekt Bernhard Himmelskamp beherrschte schnell die Formensprache der Reform und baute

Landhaus Schaub (Oekermann) in Delmenhorst, H. Stoffregen 1914

im Stadtgebiet unzählige sachliche Bauten. Fritz Drieling, der während der Rathaus-Entwurfsarbeit im Büro Stoffregen tätig war und der nach dem Ersten Weltkrieg Delmenhorster Stadtarchitekt wurde, setzte die Reformarchitektur noch in den 1920er Jahren fort.

Obwohl Erich Koch bereits 1909 die Stadt verlassen hatte, obwohl auch Gustav Gericke nach dem Ersten Weltkrieg in Rente ging, wurde noch in den 1920er Jahren die Stadtentwicklung im Sinne der Reform vorangetrieben. Das Rathaus bestimmte als ästhetisches Leitbild die Stadtentwicklung bis zum Bau des Höger-Krankenhauses von 1925 bis 1928.

Im Jahr 1925, die unmittelbare Nachkriegszeit war überstanden, sollte am Jahrmarkt (Bismarckplatz) gegenüber dem Hauptflügel des Rathauses ein Finanzamt errichtet werden.[19] Die Stadt lud drei Architekten zu einen Wettbewerb: Heinz Stoffregen, Carl Eeg und Fritz Drieling.[20] Als auswärtigen Preisrichter hatte man, nachdem der Hamburger Baurat Fritz Schumacher abgelehnt hatte, Hermann Muthesius gewinnen können.[21] Gustav Gericke, seit 1922 Bewohner eines Stoffregen-Hauses an der Bismarckstraße Nr. 89, gehörte wie der Oldenburger Baurat Adolf Rauchheld ebenfalls zur Jury. Nachdem Hermann Muthesius im Auftrag der Stadt eine überaus freundliche Begutachtung der Kriegerdenkmal-Anlage geschrieben hatte, verwundert es kaum, dass bei ei-

Wohnhäuser an der Düsternortstraße in Delmenhorst, Stadtbauamt, um 1930

ner entsprechend besetzten Jury Stoffregen mit seiner Arbeit, die »Im Geist 1908« betitelt war, den ersten Preis (31.3.1925) und anschließend auch den Bauauftrag bekam.

Ein Jahr später, im Juli 1926, wurde ein Wettbewerb zur Bebauung des Viehmarktes (Hans-Böckler-Platz) ausgeschrieben, zu dem Heinz Stoffregen, Carl Eeg und Fritz Höger, der gerade mit dem Fassadenentwurf des Delmenhorster Krankenhauses betraut war, geladen wurden. In der Jury saßen neben Adolf Rauchheld diesmal Stadtbaurat Wolf aus Dresden und wieder Hermann Muthesius. Mit einem Entwurf für eine geschlossene Randbebauung des Viehmarktes – von Heinz Stoffregen bereits im Rahmen einer ersten Skizze für die zentralen Plätze im Januar 1909 angedeutet – gewann Carl Eeg die Konkurrenz. Allerdings ist neben einer Reihe von Grundrissen nur eine einzige Ansichtszeichnung überliefert, die einen Treppengiebel in einer geschlossenen Zeilenbebauung zeigt.

Die Eeg-Planung konnte nur noch fragmentarisch umgesetzt werden. Das Wohnhaus an der Ecke zur Rudolf-Königer-Straße sowie das gegenüberliegende Polizeihaus (ehemalige Berufsschule) orientieren sich an der Planung von 1926.[22]

Die Neuordnung der zentralen Plätze sollte nach Rathausbau, Finanzamtbau und nach Neugestaltung des Jahrmarktplatzes abgeschlossen sein. Ein neu definiertes Zentrum

der Stadt sollte Voraussetzung sein, dass sich die Stadt auch in ihren Wohngebieten weiter im Sinne der Reform »naturgesetzlich« entwickelt. Die Neubauten an der Bismarckstraße, die in den 1910er und 1920er Jahren entstanden und vor allem die städtische Siedlung Düsternort waren Beispiel für das Gelingen dieser Strategie.

Tempelbezirk

Der Bau der Delmenhorster Rathausanlage lässt sich in vier Abschnitte unterteilen, die jeweils, durch die Entstehungszeit bedingt, für sich zu betrachten sind, die aber dennoch Teile eines einheitlichen Konzeptes sind. Der erste Abschnitt umfasst die Jahre 1908 bis 1910. In diesem Zeitraum wurden der Wasserturm und die Feuerwache auf der Grundlage der Wettbewerbsentwürfe errichtet. Aus dem Jahr 1911 liegen erstaunlicherweise keine Entwurfszeichnungen zur Rathausanlage vor. In einer zweiten Etappe von 1912 bis 1914 entstand das eigentliche Rathaus bereits auf der Grundlage stark modifizierter Pläne. Nach dem Ersten Weltkrieg konnte 1919 die Markthalle mit Arkadengang errichtet werden. 1925 folgten die sogenannte Kriegerehrung und das Finanzamt am Jahrmarkt-Platz (Bismarckplatz). In ihrer Gesamtheit bilden die Bauten einen herausgehobenen Bezirk mit sakralen Orten (Ratssaal, Kriegerehrung), den man fast als modernen Tempelbezirk benennen kann.

Wasserturm und Feuerwache

Da die Delmenhorster Wasserversorgung ausgebaut werden sollte und da der Bau eines Wasserwerks bereits vergeben war, drängte die Stadt Anfang 1909, den Bau des Wasserturms nach Wettbewerbsentscheidung rasch zu beginnen. Stoffregen hatte seinen Wettbewerbsentwurf nur geringfügig modifiziert, so verzichtete er auf die Straßendurchfahrt durch den Turm, die am neuen Standort nicht mehr vorgesehen war. Seine ersten Detailpläne (Grundriss) sind mit »März 1909« datiert, bereits

im Mai waren die Detailzeichnungen abgeschlossen. Die anschließende Feuerwache entstand im Laufe des Jahres 1910 – ebenfalls eng an den Wettbewerbsentwurf angelehnt.

Der Wasserturm ist der härteste oder ungeschmückteste Bau der ganzen Anlage. Zwar verjüngt er sich leicht nach oben, doch die kubische Massigkeit des Bauwerks wird dadurch kaum gemildert. Allein Fenstereinschnitte und ein schmales Gesims wenige Meter unter der Dachbrüstung gliedern die Putzfläche, die wie Beton erscheint. Der Wasserturm, 42 Meter hoch, geriet zum Symbol einer Industriestadt, der keine anderen Werte als Arbeit und Modernität vorgeben wollte.

An die Südseite des Wasserturms hat Stoffregen den sogenannten Steigergiebel angesetzt, eine Ziegelkonstruktion, die am Rauhputzbau etwas irritierend wirkt. Der Architekt hat sich hier offenbar bemüht, der Architektur bei aller Modernität noch eine historische Dimension zu geben. Der Steigergiebel wirkt wie ein Zitat der alten Delmenhorster Burg – als ob ein althergebrachter Bauteil in das Rathaus implementiert sei.

Hauptflügel

Der ursprüngliche Wettbewerbsentwurf von 1908 zeigt einen von zwei Pylonen gerahmten Hauptgiebel, der so weitgehend realisiert wurde, sowie zwei Seitenflügel, die sich in Geschosshöhe und Fassadenausbildung unterscheiden. Während bei dem östlichen (linken) Seitenflügel das Dach tiefer herunter gezogen ist und die Fensterreihe des dritten Obergeschosses in einer Pfeilerreihe eingefügt wurde, erscheint der westliche (rechte) Flügel ganz sachlich: Die Fenster sind asymmetrisch in die Fassade gesetzt, die mit einem kleinen Ziergiebel abgeschlossen wird. Beiderseits des Hauptgiebels unterstützten aus der Fassade heraustretende Strebepfeiler die Solidität und Bodenständigkeit des Gebäudes.

Stadtkrone Delmenhorst ■

Bei dem bis 1914 verwirklichten Rathaus blieb die Grundidee des Entwurfs unverändert. Vor allem jedoch wurden die Seitenflügel geändert. Die Pfeilerreihe am östlichen Flügel wurde über das erste und zweite Obergeschoss runtergezogen, der Dachansatz liegt bei beiden Flügeln jetzt einheitlich über dem zweiten Obergeschoss. Die Pfeiler sind sind in Klinker ausgeführt und vor die Rauhputzfassade gesetzt. Sie geben dem Ostgiebel ein repräsentatives Erscheinungsbild.

Die westliche Seite des Rathauses, die weniger sichtbare Seite, von Markthalle und später auch von der Kriegerehrung teilweise verdeckt, auch eingebettet in einen alten Baumbestand, wurde ganz sachlich aber auch streng geordnet gestaltet. Kein Fenster fällt mehr aus der Achsenordnung heraus.

Eine wesentliche Änderung zum Wettbewerbsentwurf ist die erheblich stärkere ornamentale Durchbildung sowohl der Fassade als auch der Innenräume – und entsprach damit einer allgemeinen Stilentwicklung. In den Jahren unmittelbar vor dem Ersten Weltkrieg war es in Deutschland zu einem Erstarken der Form gekommen. Nachdem die modernen Architekten zwischen 1906 und 1912 vielfach auf jede Ornamentik verzichtet hatten – Stoffregen beschränkte sich in dieser Zeit auf einzelne Vasenmotive und kannelierte Pfeiler – erfanden nun auch die Protagonisten einer neuen »Sachlichkeit«, zu den Stoffregen gehörte, neue Dekorationen. Es herrschte die Überzeugung vor, dass man die läuternde Einfachheit hinter sich lassen könne, um endlich mit einem neuen Stil zu experimentieren. Die neuen Formen sollten das Erreichte – gerade auch in Delmenhorst – zum Ausdruck bringen. Die Stadt war nicht mehr nur karge Industriestadt, sondern durfte als Musterstadt der Reform ihren Status durch bildhafte Dekorationen unterstreichen: muskulöse Atlanten, mittelalterlich anmutende Tierfriese und sogar kleine Putten in den Treppenhäusern geben

dem Rathaus einen neuartig repräsentativen Charakter.

Doch trotz der verstärkten Ornamentik lässt sich das Rathaus keinem Stil zuordnen. Stoffregen wollte nichts weniger als in eine vordefinierte historische Stilarchitektur zurückzufallen. Er experimentierte vielmehr mit den Elementen eines neuen Stils. Alle Formen die einen Natur- bzw. Ursprungsbezug aufwiesen, schienen besonders geeignet, einen neuen Stil umzusetzen. Auch die von Stoffregen wiederholt eingesetzten Kannelierungen von Pfeilern (mal flach aufgesetzte Lisenen, mal massive säulenartige Vorbauten mit angedeutetem Kapitell) waren ein Element des neuen Stils, das Solidität und Ordnung versprach.

Gerade im ersten Obergeschoss des Rathauses, dort, wo die Zimmer der Verwaltungsspitze lagen und teilweise noch liegen, ordnete Stoffregen die öffentlichen Räume durch Pfeiler, die noch entfernt an Säulen erinnern. Die Kapitelle scheinen zu flachen Kissen zerdrückt. Hier spielt Stoffregen mit traditionellen Elementen, führt sie auf fast natürliche naturgesetzliche Formen zurück, fügt sie ganz frei und spielerisch ein, um eine Strukturierung der Innenräume zu erreichen.

Im Erdgeschoss befanden sich die Räume mit starkem Publikumsverkehr, so die Polizeiwache mit Arrestzellen, über einen eigenen Eingang am Ostseitenflügel zu erreichen (heute Standesamt). Des weiteren befanden sich im Erdgeschoss das Meldeamt (östlicher Hauptflügel), die Kämmerei mit hölzernen Schaltereinbauten (westlicher Hauptflügel) sowie das Standesamt mit Trauzimmer (westlicher Seitenflügel). Standesamt und Trauzimmer sind dank auffälligen Erkerfenstern an der Fassade ablesbar.

Möbel für das Rathaus hat Stoffregen nur in Teilen entworfen. So bekam er 1913 den Auftrag, das Stadtsyndikus- und das Trauzimmer auszustatten. Auch schuf er eine Uhr für das Treppenhaus sowie Laternen für

H. Stoffregens Wasserturm und Feuerwehrgebäude (oben) sowie Haupteingang des Rathauses in Delmenhorst, um 1930

die Arkaden am Haupteingang. Für welchen Raum er die Bänke, die heute in den Rathaus-Fluren stehen, entwickelt hat, ist nicht bekannt. Neben den Möbeln entwarf Stoffregen den Garderobenständer im Sitzungssaal, die Beleuchtungskörper der Arkaden und für das Spritzenhaus, Fahrradständer, einen Briefkasten sowie Schrifttafeln für die Erdgeschosshalle.[23] In zwei nischenartigen Räumen beiderseits des kreisrunden Vestibüls befanden sich kleine Räume für den Hausmeister und den Stadtboten sowie ein Fahrradraum.

Markthalle

Von Anfang an sollte neben dem Wasserturm, der Feuerwehr und dem Rathaus auch eine Markthalle im Zentrum der Stadt neu errichtet werden. Auf dem Lageplan, den Stoffregen im Januar 1909 zeichnete und noch im selben Monat im Delmenhorster Kreisblatt veröffentlichte, ist ein Arkadengang eingezeichnet, der vom Hauptgiebel des Rathauses zu einer Markthalle auf rechteckigem Grundriss führt und diese noch begleitet. Auf einer perspektivischen Zeichnung des Delmenhorster Rathauses, die in der Leipziger Illustrierten Zeitung im November 1912 veröffentlicht wird, erkennt man einen Arkadengang, der mit Erreichen einer Markthalle endet. Die hier im Anschnitt zu sehende Halle auf rechteckigem Grundriss besitzt offenbar ein Walmdach. Im März 1914 plante Stoffregen eine Markthalle mit ovaler Grundform. Der Arkadengang war vorgezogen bis hin zum Fitgerhaus; es entstand so im Winkel zwischen Markthalle und Fitgerhaus ein rückwärtiger Hof.[24] Im Februar 1919, kurz vor der Ausführung der Markthalle, lieferte Stoffregen noch den Entwurf einer Markthalle, an die ein offenes, sich quer über den Marktplatz erstreckendes Schutzdach angefügt war. Stoffregen wollte erreichen, dass es ein harmonisches Miteinander der Marktstände im Innen- und im Außenbereich gab. Tatsächlich wurde die Markthalle dann als kreisrunder Bau mit einer doppelten Laterne verwirklicht. Der Raum im Inneren war freitragend und durch

H. Stoffregen, Arkadengang zwischen Rathaus und Markthalle in Delmenhorst, um 1930

die allseits verglasten Laternen gut beleuchtet. »Das Äußere des Baues wird aus oldenburgischen Klinkern in bunter Sortierung hergestellt.«[25] (Königer, 11.03.1919)

1919 schien die Rathausanlage mit Bau der Markthalle und des verbindenden Arakadengangs vollendet. Der Magistrat beschloss am 11. März 1919, die alten Rathausbauten und das alte Spritzenhaus, das vor dem Rathaus auf dem Marktplatz stand, endlich abzureißen. Gleichzeitig bezeichnete der Magistrat das Rathaus als »Hauptzierde der Stadt«.[26]

»Kriegerehrung«

Eine letzte Ergänzung fand die Rathausanlage durch ein Denkmal für im Ersten Weltkrieg gefallene Soldaten. Ohne Wettbewerbsausschreibung wurde Stoffregen im Februar 1925 mit dem Bau eines Kriegerdenkmals betraut[27] – vorbehaltlich der Einschätzung von Hermann Muthesius, der sich im März 1925 lobend über die Stoffregen-Entwürfe äußerte.[28] Vermutlich verzichtete man auf einen Wettbewerb, da ein Hauptteil der Baukosten durch die Delmenhorster Industrie aufgebracht wurde, die sich offenbar unter Gustav Gericke, der Mitglied des zuständigen Denkmalsausschusses war, früh auf Stoffregen verständigt hatte.[29]

Stoffregen führte parallel zum Markthallen-Arkadengang eine fünf Meter hohe Klinkermauer mit einer apsisartigen Erweiterung, an die er die Tafeln mit den Namen der Gefallenen setzte. Zwischen Rathaus und Markthalle, zwischen Arkadengang und Klinkermauer, abgegrenzt noch durch eine

Klinkerausmauerung der Arkadenöffnungen, entstand eine Art Ehrenhof, ein kleiner verschwiegener Platz inmitten der großen Plätze – ein sakraler Ort. Heinz Stoffregen: »Das Ganze ergibt eine Raumwirkung im Zusammenhang mit dem vorhandenen Baumbestand, wie wir sie weihevoll abgeschieden in unseren altehrwürdigen Kirchen und Klosteranlagen aus früherer Zeit in ähnlicher Weise kennen, urdeutsch ist und ihren Reiz nie verlieren wird.«[30]

Stadtkrone

Der Wasserturm ist das wohl bemerkenswerteste Reformgebäude, das in Delmenhorst vor dem ersten Weltkrieg entstand. Stoffregen hat den auf quadratischem Grundriss errichteten Turm ohne jeden Schmuck belassen. Die Fenstereinschnitte im grauen Putz sind die einzigen Gestaltungselemente.

Der Turm, der, so Bürgermeister Koch, keinem Stil zugeordnet werden konnte, sollte die Modernität der Industriestadt Delmenhorst weithin sichtbar verdeutlichen. Der Wasserturm war gleichzeitig ein Industriebauwerk und, durch die Verbindung mit dem Rathaus, ein Symbol einer Reformgesellschaft. Der Wasserturm bewies dem Betrachter, dass das Rathaus nicht Mittelpunkt einer Residenzstadt oder einer mittelalterlich geprägten Handelsstadt sei, sondern dass das Rathaus im Zentrum einer reformierten Industriestadt stehe.

Die schlichte, kaum profilierte Fassadengestaltung des Wasserturms ließ nur eine

Deutung zu: hinter dem nackten Putz befindet sich eine technische Nutzung, die eine besondere Bedeutung hat. Der nackte Putz verkündete zudem, dass in der Stadt Delmenhorst die industrielle und technische Nutzung nicht verkleidet werden solle, dass man vielmehr stolz auf die Errungenschaften der neuen Zeit sei. Diese Informationen sollte der Wasserturm keineswegs beiläufig vermitteln. Er sollte dem Betrachter die Bedeutung der Technik und damit der Industrie eindrucksvoll beweisen, er sollte in diesem Sinne repräsentieren.

Der Delmenhorster Wasserturm unterscheidet sich von anderen monumentalen Industriebauwerken der Zeit (und lässt sich fast nicht mit anderen Rathaustürmen der Zeit vergleichen). Die Stoffregen-Architektur war pragmatischer, weniger tempelähnlich als beispielsweise Peter Behrens´ zeitgleich in Berlin errichtete Turbinenfabrik. Sie erscheint wie ein Gehäuse, dem jeder historistische Aufputz genommen wurde – ohne ihn durch einen neuen Stil zu ersetzen, wie der Bürgermeister richtig feststellte.

Doch der Turm, der die kommunale Technik der Wasserdruckerzeugung ohne Überhöhung vermittelte, lässt sich nur im Kontext mit den anderen Bauteilen der Rathausanlage denken. Er ergänzt einen ganzen Tempelbezirk.

Das Feuerwehrhaus, das direkt an den Wasserturm angrenzt, erscheint wie ein althergebrachtes Gebäude. Im Obergeschoss angedeutete Säulen und ein hohes Satteldach verstärken noch die traditionelle Wirkung des Bauwerks. Geradezu eine Chiffre dieser vergangene Zeiten idealisierenden Architektur setzte Stoffregen an die Hauptstraßenseite (Bismarckstraße) des Wasserturms. Hier ließ er aus Ziegelsteinen eine Rundbogenornamentik aufmauern, die den schlichten, scharf geschnittenen Turm scheinbar konterkariert (»Steigergiebel«).

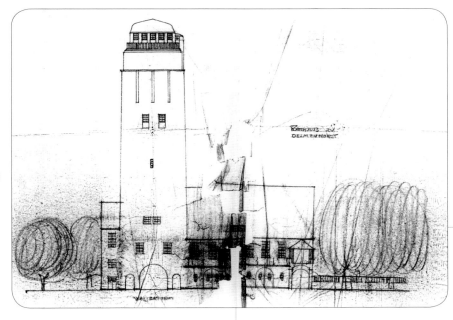

H.Stoffregen, Entwurfszeichnung zum »Rathaus zu Delmenhorst« mit »Wasserturm«, 1908

Doch das scheinbar althergebrachte Umfeld benötigte der Turm, um verständlich zu bleiben. Die moderne, die Technik beinahe unterkühlt darstellende Architektur sollte herauswachsen aus einem traditionellen Umfeld, sollte eingebunden sein in eine natürliche historische Entwicklung.

Zudem verlieh der Wasserturm dem schlossartig wirkenden Rathaustrakt, dem eigentlichen Tempel der Industriestadt, die notwendige Modernität, die notwendige Relevanz, die er sozusagen mittels seiner Architektur aus den Industriebezirken in das Stadtzentrum transformierte.

Das schlossähnliche Rathaus selbst sollte zuerst repräsentieren, die erreichten Reformleistungen in der Stadt bildlich herausstellen.

Das Rathaus besteht aus einer entsprechend monumentalen Hülle, an der die Zeichen der Läuterung angebracht sind: Atlanten, d.h. gestählte nackte Männer, die eine moderne, gesunde Körperlichkeit zur Schau stellen, tragen den Hautgiebel. Ein mittelalterlich wirkendes, in Sandstein gehauenes Geranke, das den Haupteingang umrahmt, verdeutlicht den Traditionsbezug, die sowohl historisch als auch naturgesetzlich richtige Stellung der Architektur. Der hohe, scharf geschnittene Giebel ruht ganz selbstverständlich auf der Kraft der Tradition und der Kraft menschlicher Körper.

Das eigentliche Heiligtum im sakralen Gebäude war zweifellos der Große Sitzungssaal, der in der Symmetrieachse zwischen seitlichen Pylonen unmittelbar unter dem hohen, glatten Giebel liegt. Stoffregen hatte den Saal halbhoch mit rötlichem Holz verkleiden lassen. Die hohen vertikalen Fenster, die zum Rathausplatz und zur Langen Straße zeigen, sind derart ornamentiert, dass ein Blick auf das Alltags- und Marktleben nicht möglich ist. Gebrochenes Licht fällt in den Raum, der in einem tonnenförmigen Gewölbe endet. Die Ratsherren sollten sich allein mit sich selbst beschäftigen, sollten nicht abgelenkt werden von ihrem Tun. Wie in einer Kirche, in der sich die Gläubigen allein mit Gott auseinanderzusetzen haben, so sollen sich die gewählten

Bruno Taut (1880–1928), Entwurfszeichnung zum museumspädagogischen Projekt »Folkwang-Museum und Schule« von K. E. Osthaus in Hagen mit dem »Haus der festlichen Andacht« als »Stadtkrone«, 1919

Vertreter des reformierten Gemeinwesens allein mit den Belangen des Gemeinwesens beschäftigen.

Die Fassadengestaltung des Rathauses diente der Vermittlung. Die Bürger sollten begreifen, dass sich im Inneren dieses Gebäudes der wichtigste Raum ihrer Stadt befand, dass hier gleichsam heilige Handlungen vorgenommen wurden.

Die auffällig starke Ornamentik, mit der das Delmenhorster Rathaus versehen ist, und die in das Werk des Reformarchitekten Heinz Stoffregen kaum hineinzupassen scheint, gewinnt ihre Berechtigung mit der Bedeutung des Bauwerks. Die Heiligkeit des Inhalts durfte mittels kalkulierter Zeichen an der Fassade und in der Innenraumgestaltung dargestellt werden.

Zusammen mit dem alles überragenden Wasserturm geriet das Rathaus zur Delmenhorster Stadtkrone.

Die geometrischen Großformen der Rathausanlage – die Markthalle von 1919 als Zylinder, der Rathausgiebel als Prisma, der Wasserturm als Quader – bilden in ihrer Gesamtheit einen vollständigen Tempelbezirk, einen Raum mit verschiedenen, abstrahierten, allgemeingültigen (keineswegs künstlerisch individuellen) Elementen. Arkadengänge verbinden die verschiedenen Bereiche – den technisch-industriellen Wasserturm, die niedersächsisch-ursprüngliche Feuerwache, die wie ein Forum wirkende Markthalle und das aufwändig gestaltete Heiligtum Rathaus – miteinander. Die scheinbar folgerichtige Linie vom niedersächsischen Mittelalter, von den Ursprüngen der Ackerbürgerstadt bis hin zur modernen Industrie wird gestalterisch hergestellt. Die Reformzeit wird als notwendiger Höhepunkt einer gesellschaftlichen Entwicklung herausgestellt, die Tempelanlage als der kulturelle Mittelpunkt der Reformstadt.

Betrachten wir die notwendigen Parameter, die das Delmenhorster Rathaus zur »Stadtkrone« geraten lassen: a) Auffälligkeit (Turm, Giebel); b) Geometrische Grundformen als Hinweise auf Allgemeingültigkeit; c) Hineingelegte zentrale Bedeutung (Sitzungssaal); d) Nachweis eines Ursprung-Bezuges (Mittelalter-Ornamente, Feuerwachen-Architektur, Rundbögen am Wasserturm); e) Zeichenhafte Verdeutlichung der eingeschriebenen Bedeutung (Giebel, Symmetrie, tragende Atlanten); f) Bezugnahme auf den Körperbezug der Reformbewegung, auf die im gesunden Körper liegende Wahrheit (Atlanten); g) Verbindung verschiedener Bauten, die unterschiedliche Bedeutungen tragen und unterschiedlichen Funktionen dienen, zu einem Tempelbezirk (Arkadengänge).

Nach dem Ersten Weltkrieg, nach Fertigstellung der Delmenhorster Rathaus-Anlage, veröffentlichte Bruno Taut die »Stadtkrone«: Architektur-Visionen, die man als eine fast groteske Überspitzung der Reform-Ideen betrachten kann, als eine Radikalisierung des Ordnungswunsches in einer chaotischen Industriegesellschaft. Tatsächlich hat Stoffregen Tauts Visionen – pragmatisch gemildert – vorweggenommen: In der einst ungeordneten Industriestadt Delmenhorst war im September 1914 die Stadtkrone verwirklicht worden – als Tempelanlage Rathaus, zugespitzt in einem Wasserturm und einem scharf geschnittenen, fast kristallinen Giebel.

Anmerkungen

1   zit. in Weser Zeitung, 16.02.1929

2   Heinz Stoffregen, »Zur Gartenstadt-Bewegung in Bremen«, in: Mitteilungen des Gewerbe-Museums zu Bremen, Jg. XXI, No. 11 und 12.

3   Emil Högg, »Aus den Kindertagen des Vereins für Niedersächsisches Volkstum«, in: Niedersächsisches Jahrbuch 1930, Bremen, S. 17, zitiert in: Holger Maraun, Hugo Wagner (1873–1944), ein Architekt der Reformbewegung, Bremen/Lilienthal 1995, S. 18f.

4   Siehe die Dokumentation beider Entwürfe in Werner Garbas (Bearbeitung), Zeitschnitte – Ein Festbuch zum 625jährigen Stadtjubiläum von Delmenhorst, S. 88; Stadtarchiv Delmenhorst 2040-11/11, 3815.

5   Bei diesem Bau kann seine Urheberschaft allerdings nur vermutet werden; der Bau gleicht in den Detaillösungen auffällig der Kaffeefabrik am Bremer Fabrikenufer, die Wagner 1907 fertiggestellt hatte.

6   Werkeverzeichnis Hugo Wagner in: Holger Maraun, Hugo Wagner (1873-1944) – ein Architekt der Reformbewegung, Bremen/Lilienthal 1995.

7   Werkeverzeichnis von Carl Eeg (bis 1916) in: Holger Maraun: »Reformen des Kunstgewerbes in Bremen«, in: Von der Volkskunst zur Moderne, Kunst und Handwerk im Elbe-Weser-Raum 1900–1930, Stade 1992, S. 196f.

8   1910 ließ Gericke von Heinz Stoffregen Fabrikbauten errichten, die durch Veröffentlichungen weit über Delmenhorst hinaus bekannt wurden. Vgl. Nils Aschenbeck, Heinz Stoffregen, Architektur zwischen Tradition und Avantgarde, Braunschweig/Wiesbaden 1990, S. 28-38.

9   Zu dem Wettbewerb ließ sich im Stadtarchiv keine Akte finden. Lediglich im Delmenhorster Kreisblatt wurden im Februar 1908 die Wettbewerbsergebnisse dokumentiert.

10 Delmenhorster Kreisblatt, 08.02.1908.

11 Abbildungen zur Bahnhofstraßen-Architektur in Nils Aschenbeck, Architektur, Skulpturen und Parkanlagen in Delmenhorst, Delmenhorst 1993, S. 11f.

12 Vermerk am 15.05.1908, gez. Koch.

13 Schriftliche Zusage von Emil Högg am 9.6.1908, von Rehorst am 26.6.08, Stadtarchiv Delmenhorst 652-100/2.

14 Delmenhorster Kreisblatt, 20.11.1908.

15 Delmenhorster Kreisblatt, 25.1.1909.

16 Die Kommission hatte sich längst in einer Planungskommission für einen Rathausneubau gewandelt.

17 Delmenhorster Kreisblatt, 16.01.1909: »Sitzung der städtischen Kollegien«.

18 Um welchen der beiden Leffers-Brüder, Begründer einer Textilhandelskette, es sich handelt ist nicht bekannt. Vermutlich war es Karl Leffers, der sich so kritisch zur Stoffregen-Architektur äußerte; sein Bruder Heinrich beauftragte Stoffregen 1909 mit dem Bau seines Privathauses an der Oldenburger Straße 191.

19 Vgl. zu den Wettbewerben Bismarckplatz und Viehmarkt: Stadtarchiv Delmenhorst, Bauverwaltungsamt, 610-12/0, Gestaltung der Marktplätze und Wettbewerbe 1925-26.

20 Hugo Wagner hatte 1914 Bremen verlassen.

21 Muthesius bestätigte am 10.03.1925 sein Kommen.

22 Allerdings wurden die Bauten ohne das Zutun von Eeg errichtet – er bekam keinen weiteren Bauauftrag in Delmenhorst.

23 Aus der Abrechnung der Architektenleistungen vom 12.11.1914, Stadtarchiv Delmenhorst 652-100/2.

24 Stadtarchiv Delmenhorst, Akte Rathaus 652.

25 gez. Rudolf Königer, 11.03.1919, Stadtarchiv Delmenhorst, Markthalle, 6537.

26 gez. Rudolf Königer, 11.03.1919, Stadtarchiv Delmenhorst, Markthalle, 6537.

27 Zur Baugeschichte der Denkmalsanlage vgl. Nils Aschenbeck, Heinz Stoffregen, Architektur zwischen Tradition und Avantgarde, Braunschweig/Wiesbaden 1990, S. 63-65.

28 26.03.1925, Stadtarchiv Delmenhorst 4976.

29 Stoffregen baute 1925 ein Trockenhaus für die Linoleumwerke »Hansa« an der Stedinger Straße.

30 Heinz Stoffregen: »Erläuterung der ›Kriegerehrung‹ Delmenhorst, in: Delmenhorster Kreisblatt, 25.10.1925.

Emil Högg

Über den Rathaus-Wettbewerb in Delmenhorst (1909)

Links:
Wandpfeiler im Haupttreppenhaus

Rechts:
Eingangsbereich im Erdgeschoss, aus der
»Präsentationsmappe« von H. Stoffregen

Das bedeutungsvollste öffentliche Bauwerk zwischen 1848 und 1945 ist das Rathaus. Sein ältester Vorgänger in dieser Zeit ist von 1821, allein als Delmenhorst dem Amt unterstellt wurde und seine Verwaltung infolgedessen auf Jahrzehnte erheblich schrumpfte, bedurfte man seiner zunächst nicht mehr, das Büro des Bürgermeisters kam in seine Wohnung und nachdem man 1854 noch einmal 307 R 18 g C auf seinen Umbau verwendet, vermietete man es bis 1.11.1867 für 300 R C jährlich an die Zollverwaltung, bis sie es nicht mehr brauchte, weil sie in den Bahnhof zog. Um diese Zeit kaufte man für 75 RC den Wagenschuppen des Amtes bei ihm.

Erst 1884 (3.10.) aber ist das Bürgermeisterbüro wieder in das Rathaus verlegt worden, das Magistratszimmer war damals schon längst wieder dort. Nicht lange währte es, bis man sich nach neuen Räumen umsehen mußte, denn die Verwaltung wuchs und wuchs. Einen Ausweg bot der Kauf der Besitzung Wieting am Markt 1895. Sie ging für 50.000 M an die Stadt, das Wohnhaus (27.000 M) wurde Rathaus und 1896/7 für 6.077 M ausgebaut. Das bisherige Rathaus samt Spritzenhaus brach man ab. Nur ein paar Jahre reichten die neuen Räume, aber nachdem 1901 die Besitzung v. Harbou, um den Marktplatz zu vergrößern und schon im Hinblick auf ein künftiges modernes Rathaus an die Stadt übergegangen

war, bestimmte man ihr Wohnhaus zum Rathaus I, das von 1895 war nun Rathaus II. Nach I) kamen die bisher Bahnhofstraße 6, Haus der Lürßen-Grauel-Stiftung, jetzt Barbier A. Segelken, untergebrachten Büros, Stadtbauamt, Gewerbegericht, Oberwachtmeister, Marktvogt und aus II) das Standesamt, das Stiftungshaus wurde für 17.600 M verkauft. Es war wieder bloß eine Notlösung, und 1908 schrieb man einen Wettbewerb aus zur Gestaltung des Markts und zum Neubau von Rat- und Spritzenhaus.

Das Preisgericht bestand aus Bürgermeister Koch, Landesbaurat a. D. Rehorst, Beigeordneter von Köln, Prof. Högg, Direktor des Bremer Gewerbemuseums, Großh. Baurat Rauchheld, Stadtbaumeister und Ratsherrn Kühn, Ratsherrn Gericke, Direktor der »Anker«, Stadtrat Mühlenbrock. Ausgesetzt waren drei Preise von 2.000, 1.000, 600 M. Es gingen 51 Entwürfe ein, der 1. und 2. Preis fielen zu gleichen Teilen an den Berliner Architekten G. Emmingmann und den Bremer Heinz Stoffregen; der 3. an die Bremer Hans und Heinrich Lassen . Außerdem empfahlen die Preisrichter die Entwürfe der Bremer Heinrich W. Behrens und H. W. Fritsche zum Ankauf.

Entsprechend dem Magistratsantrag entschied sich der Gesamtstadtrat (14.1.1909), Stoffregen mit den Plänen und das Stadtbauamt mit einem Kostenanschlag zu betrauen. Der Platz sollte nach Emmingmann gestaltet werden. In der Aussprache schieden sich die Geister, alte und neue Zeit lagen sich in den Haaren. Ein Stadtratsmitglied sorgte sich, ob der Wasserturm wohl auch zu Oberrealschule und Amtsgericht passen werde, ein anderes wünschte einen Plan nach Art des verkitschten Amtsgerichts, ein drittes wandte sich gegen Gebäude im Stil der Sparkasse: »Diese Geschmacksverirrung, die von der Ankermarke importiert sei, werde nicht lange Stand halten.« Rauhputz an den Gebäuden sei Unfug. Man verletze sich die Hand daran und solle auch gleich einen Verbandskasten anbringen. Der für das Amtsgericht eingenom-

mene Stadtrat meinte, der Geschmack der Preisrichter sei für Delmenhorst nicht maßgebend. Ratsherr Gericke hingegen setzte sich für den Magistratantrag ein. Man könne kein gotisches Rathaus bauen.

Die katholische Kirche sei kein Kulturwerk im Sinne heutiger Architektur, das Amtsgericht ein Renaissancebau voller Fehler. Bei der Abstimmung ging das Für und Wider quer durch die Parteien, Jan Schmidt z.B. war fürs alte, August Jordan fürs neue. Der Preisrichter Prof. Högg äußerte sich in den »Nachrichten für Stadt und Land« so: »Delmenhorst war einmal – man sieht das noch an den einzelnen bescheidenen Häusern, die sich ängstlich zwischen die protzenhaften Eindringlinge aus neuerer Zeit drücken – ein hübsches, dorfähnliches Landstädtchen einheitlich und gewiß auch malerisch reizvollen Charakters. Dann wurde es Industriestadt und nahm den sogenannten »ungeahnten Aufschwung«, d. h. eine heftige Bautätigkeit schuf Fabriken, Arbeiterkolonien, Villen und Warenhäuser – leider in einer Zeit, die man heute bereits als die des ausgesprochenen Tiefstandes unserer Baukunst und unseres guten Geschmacks erkannt und teilweise auch überwunden hat. Das Ergebnis war dementsprechend betrüblich. Genau so betrüblich übrigens, wie in allen anderen deutschen Städten, denen eine ähnliche Entwicklung widerfuhr.

Was aber Delmenhorst von sehr vielen dieser anderen Städte rühmlichst unterscheidet, das ist sein engeres (soll wohl heißen: »energisches«) und zielsicheres Bestreben, aus dieser unglücklichen Industrialisierungsarchitektur wieder herauszuwachsen, die Bausünden der Väter wieder gut zu machen und ein neues, schöneres Delmenhorst erstehen zu lassen. Diese Bestrebungen, die nicht sowohl aus den breiten Schichten der Bevölkerung entspringen, als vielmehr auf einige kunstsinnige führende Männer der Stadt hinweisen, haben schon vor Jahren eingesetzt. Damals kaufte die Stadt in großzügiger Weise Gelände, um eine Durchbruchstraße zwischen Lange

Über den Rathaus-Wettbewerb ■

Straße und Bahnhofstraße zu legen. Zur Erlangung von Plänen für die Architektur dieser Straße wurde ein Wettbewerb (s. Stadtrechnung 1907/8) ausgeschrieben, und seither wacht die Stadtverwaltung darüber, daß im Sinne der preisgekrönten Entwürfe gebaut wird.

Auch die Behandlung der Kirchenbaufrage erregte in weiteren Kreisen Interesse und Freude. In wievielen anderen deutschen »Kulturstädten« wäre die unscheinbare, etwas langweilig anmutende protestantische Kirche wohl stehengeblieben? Müssen sich doch sogar in Bremen die Kunstfreunde noch heute erbittert um die so ungleich bedeutendere St.-Paulikirche in der Neustadt verfechten, und man hört doch täglich Trauerkunden aus Nord und Süd vom rücksichtslosen Abbruch ehrwürdiger Baudenkmäler. In Delmenhorst aber gelang es, die alte Kirche zu retten und in vorsichtiger Weise durch Künstlerhand erweitern zu lassen. Nun ist der Turm gewachsen, ein Chorausbau schmiegt sich bescheiden an, und Delmenhorst besitzt in diesem Umbau ein dauerndes Ehrenmal verständiger Kunstpflege.

Gleichzeitig entstand eine Reihe städtischer, staatlicher und privater Bauten, die künstlerischen Geist atmen und als Geschmacksinseln inmitten der trostlosen Stucklumperei

berufen sind, ihre Umgebung langsam aber sicher zu beeinflussen. Es ist selbstverständlich, daß die öffentliche Meinung sich in ihrer Behaglichkeit dadurch zunächst auf das Empfindlichste gestört fühlt und durch Spötteln und Witzeln ihre Abneigung gegen die ihr zugemutete Umwertung und Prüfung ihrer Begriffe zu erkennen gibt. Aber genauso hat noch immer und überall die öffentliche Meinung dem ungewohnten Besseren gegenüber reagiert, und die jetzige Entrüstung über die neue Sparkasse in der Bahnhofstraße oder über die neuen Turnhallen, die katholische Schule und anderes mehr ist kein schlechtes Zeugnis für die Güte dieser Arbeiten. Die jüngste und wichtigste Aufgabe, welche sich Delmenhorst gestellt hat, ist die Bebauung seiner um das jetzige Rathaus herumliegenden großen Plätze, die durch Ankäufe von langer Hand systematisch abgerundet waren.

Auch zur Lösung dieser Aufgabe wurde der Weg des Wettbewerbs gewählt und zwar dabei nicht nur die architektonische Darstellung des Rathauses, Spritzenhauses und der Markthalle zur Bedingung gemacht, sondern die städtebaukünstlerische Seite der Angelegenheit in ihrer Wichtigkeit erkannt und die Forderung gestellt, da? der Bewerber die künftige bauliche Ausgestaltung der ganzen Platzgruppe ins Auge fassen und durch die

Stellung und Ausbildung der Architekturstücke festlegen und vorbereiten solle .... Augenfällig wie bei keiner anderen Gelegenheit erzählt uns diese Ausstellung (der Entwürfe im Oldenburger Kunstgewerbemuseum) von dem Gären in der Kunstanschauung unserer Tage, von dem heißen Kampf zwischen alter stilimitierender Richtung und junger selbständiger Entwicklung, und von dem endlichen Siege, der dieser letzteren schließlich mühelos in den Schoß fallen muß – denn immer siegt doch die Entwicklung über die Erstarrung und den Stillstand, und immer muß doch die Jugend recht behalten! .... Bekanntlich hat Delmenhorst den Entwurf »Festgemauert« (Stoffregen) auf dem Lageplan des Entwurfs »Weihnachten 1908« (Emmingmann) zur Ausführung bestimmt, eine Entscheidung, zu der man von Herzen Glück wünschen kann. Die Stadt wird damit einen Mittel- und Schwerpunkt erhalten, der maßgebend für seine (lies: ihre) künftige bauliche Umgestaltung und Gesundung werden kann, weil er das Wesen einer neuzeitlichen aufstrebenden Industriestadt ganz vortrefflich zum Ausdruck bringt ... Mögen andere deutsche Städte sich Delmenhorst zum Vorbild nehmen – sie haben es zumeist sehr nötig.

(aus Edgar Grundig, Delmenhorst. Stadtgeschichte 1848 bis 1945, Band IV, 1960)

Gerd Thume – Egon Büsing

Die Delmenhorster Rathausanlage – ein Werk der Epoche des Jugendstils und des Kubismus

Links:
Sandsteinerne Türumrahmung zum früheren
Standesamt

Rechts:
Die Delmenhorster Rathausanlage, aus der »Prä-
sentationsmappe« von H. Stoffregen

Die Delmenhorster Rathaus-Anlage ist die seit 1955 stark gestörte Lebensmitte unserer Stadt. Wie diese Architektur bis dahin bestanden hat, ist sie eine den umgebenden Raum nach allen Richtungen bestimmende und gestaltende Groß-Skulptur und ein demokratisch-republikanisches Superzeichen. Seitdem hat sich die kunstgeschichtliche Erkenntnis und die allgemeine Wertschätzung dieser Architektur kaum weiterentwickeln können. Die Bauglieder Wasserturm, Rathaus, Markthalle und Ehrenmal werden in den Listen der Denkmalbehörden als einzelne Baudenkmäler geführt.

Für die kunstgeschichtliche Einordnung sind bisher die Begriffe Jugendstil und Reformarchitektur in Übung. 1972 verfasste der Bremer Baurat Dillschneider im Auftrag der Stadt die Schrift »Das Delmenhorster Rathaus – Ein klassisches Beispiel des Jugendstils«. Fast ausschließlich vom Rathaus, vom Außen und Innen, ist die Rede; der Wasserturm, der nur unter der Bezeichnung Turm vorkommt, und die Gebäude dazwischen werden eher beiläufig behandelt. Die 1955 abgebrochenen Marktplatz-Arkaden sind vollständig ausgelassen, die Portal-Arkaden so beschrieben, als hätten sie von Anfang an so bestanden, ihre notwendig gewordene Ergänzung durch weitere Atlantenfiguren ist nicht erwähnt. Die Markthalle wird folgerichtig ebenso wenig erwähnt. Sie kommt in einer 1977 gleichfalls in Zusammenarbeit mit der Stadt von Dillschneider verfassten Schrift »Denkmalwerte Bauten in Delmenhorst« als eigenständiges Bauwerk vor. Ihre äußere Gestalt ist beschrieben, der Verbau des Inneren verschwiegen. 1990, in Zusammenhang mit einer entsprechenden Ausstellung in der Städtischen Galerie, brachte Nils Aschenbeck sein Buch »Heinz Stoffregen – 1879 – 1929 – Architektur zwischen Tradition und Avantgarde« heraus. Stoffregens Gesamtwerk wird vor allem unter dem Begriff Reformarchitektur gewürdigt und sein Hauptwerk, die Delmenhorster Rathaus-Anlage, in ihrer Gesamtheit dargestellt.

Der Marktplatz zu Delmenhorst mit der Rathausanlage, Ansichtskarte um 1930

Die Verfasser des vorliegenden Essays vertreten die These, dass die Delmenhorster Rathaus-Anlage auch von wesentlichen Zügen des Kubismus geprägt ist. In ihrer Kreativität, Nüchternheit und Funktionalität hat diese Architektur dem in kurzer Zeit neu entstandenen Industriezentrum Delmenhorst mustergültig entsprochen, und sie entspricht, auch im beschädigten Zustand, weiterhin der besonderen Eigenart dieser Stadt. An bestimmtem Ort zu bestimmter Zeit gebaut, ist die Rathaus-Anlage in Delmenhorst das authentische Baukunstwerk. In seiner Gesamtheit ist es einmalig und hat europäischen Rang. Es ist dafür disponiert, dass seine Zeichenhaftigkeit und seine Nutzungsmöglichkeiten auch in der Zukunft für die Entwicklung unserer Stadt tragfähig und bedeutsam sein können.

Im letzten Drittel des 19. Jahrhunderts hatte sich die kleine Stadt Delmenhorst durch Jute-, Linoleum- und Wolle-Produktion derart zu einer Industrie- und Arbeiterstadt entwickelt, dass am Beginn des 20. Jahrhunderts ein neues Stadtzentrum als notwendig erkannt wurde. Zur Verfügung stand das weitläufige, nur gering bebaute Gelände – unter anderem mit zwei kleinen Rathäusern, einem Spritzenhaus und einer kleinen Markthalle – zwischen dem Gebiet der ehemaligen Schlossherrschaft, der Graft, und der aus dem Mittelalter stammenden

Langen Straße, Hauptstraße der Stadt. Die Energien, die sich für das Bauvorhaben hier sammelten, kamen aus der Linoleumindustrie, aus einer genialen Stadtverwaltungsleitung und aus der Baukunst; ihre Namen sind Gericke, Koch-Weser und Stoffregen: Letzterer war zusammen mit dem Berliner Architekten und Städteplaner Gerrit Emmingmann erster Preisträger des Wettbewerbs, den die Stadt 1908 ausgeschrieben hatte – sie zeichneten sich durch sehr unterschiedliche, aber offenbar einander ergänzende Qualitäten aus. Stoffregen brachte neuartige Gebäude-Architektur auf den Plan, doch in mehr blockhafter Anordnung. Emmingmann dagegen organisierte mit seinen konventionellen Gebäuden und mit Arkadengängen das gesamte Gelände und gliederte es in drei große Plätze. Stoffregen wurde beauftragt, seine Architektur mit Emmingmanns Raumkonzeption zu verbinden und das Ganze zu realisieren.

Von der Zeitschrift »Jugend«, die sich am Ende des 19. und am Beginn des 20. Jahrhunderts allem Neuen und den Jungen gewidmet hat, leitet sich die Bezeichnung Jugendstil her. Mit der Vision von der Gestaltung sämtlicher Lebensbereiche war er

Die Delmenhorster Rathausanlage ■

vor allem ein linearer und flächiger Stil. Der Jugendstil verwirklichte sich besonders in den Bereichen des Ornamentalen und in dem, was man heute Design nennt. Körper und Raum traten eher zurück. In seiner Architektur wurden zum Beispiel die Kanten der Baukörper in ihrer Wirkung häufig durch Ornamentbänder zurückgehalten. Die Künstler des Jugendstils suchten die seit Jahrzehnten währende Orientierung der Kunst an den überkommenen historischen Stilen zu überwinden. Sie suchten einen neuen Anfang und fanden ihre Quellen in den Formen der außergeschichtlichen Natur und in den übergeschichtlichen Kategorien des Geistes, in den Formen der Geometrie. Am meisten ist der Jugendstil in seinen von der Natur inspirierten Formen bekannt, in seinem floralen Stil. Weniger bekannt ist er in seinen aus der Geometrie gewonnenen Formen, aus der auch die Künstler des Kubismus die Grundformen ihrer Anschauung und ihrer Bildsprache geschöpft haben.

In einem weiteren Motiv treffen sich die Künstler des Jugendstils und die des Kubismus: im Motiv des Wassers. Doch während die einen sich wie von den Formen pflanzlichen Wachstums so auch von der Bewegungsform der Welle angeregt fühlten, wurden die anderen vom Wasser selbst und seinem Fließen inspiriert, um es auf ihre Vision vom Raum zu übertragen. Die Jahrzehnte, in denen die großen Passagen für die weltweiten Wasserwege gebaut wurden, 1879 bis 1914 der Panama-Kanal und 1859 bis 1869 der Suez-Kanal, sind auch die Zeit, in der die neuen, grundlegenden Ideen der Künstler heranreiften. Die Architekten der 20er Jahre des 20. Jahrhunderts sprachen vom »fließenden Raum«; hervorragendes Beispiel: Mies van der Rohes Pavillon auf der Weltausstellung 1929 in Barcelona. Dieses Bauwerk wird als so beispielhaft angesehen, dass man es zum hundertsten Geburtstag des Architekten, 1986, rekons-

truiert und, mit allen Details, originalgetreu wieder aufgebaut hat.

Die Fläche ist auch die Sache des Kubismus, der, wie schon der Impressionismus, in Paris entstand; er entfaltete sich in Zeichnung und Malerei, später von hier aus auch im Raum. Im Gegensatz zur perspektivischen Weltsicht und ihren illusionistischen Räumen während vier Jahrhunderte Tafelbildmalerei verlassen die Künstler jetzt, wie schon vor ihnen Cezanne, die Bedingung für die perspektivische Darstellung des Raumes und der Dinge in ihm: Die feste Distanz gegenüber ihrem Motiv. Sie begeben sich gewissermaßen mitten in das Motiv und organisieren von hier aus ihre Bildfläche mit einer neuen Vision von Körper, Ich und Raum. Die Bildfläche lassen sie dabei als Fläche ausdrücklich bestehen.

Wandpfeilergestaltung im Haupttreppenhaus des Delmenhorster Rathauses, 1972

Ludwig Mies van der Rohe (1886–1969), Barcelona-Pavillon 1929, Grundriss und Ansicht der Rekonstruktion von 1986

Es handelt sich um eine Bildnerei, die an die Ursprünge geht, wie sie vergleichbar die Kinder üben, wenn sie auf Papier oder auf einer Wand oder Tafel kritzelnd und zeichnend ihre körperlichen und räumlichen Erlebnisse mit sich und der Welt verarbeiten und ihr Bild davon entwickeln.

1909 ist der Baubeginn der Delmenhorster Rathaus-Anlage; die Konzeptionen dafür liegen schon 1908 vor. 1909/1910 entstand die Zeichnung von Picasso »Stilleben mit Flakon«, einer von vielen Schritten auf dem Weg der Entwicklung kubistischer Bildsprache. In der Darstellung der drei Gegenstände ist der Wille zu erkennen, diese mit der umgebenden Raumfläche massiv zu verbinden. Bei ausdrücklicher Wahrung der Bildfläche soll der Raum der Welt ins Spiel kommen: Raumfläche. Aus der Tischkante ist zusammen mit den aus den Konturen des Flakons gewonnenen Achsen ein Koordinatensystem gebildet, in das sich die drei Gegenstände einordnen. Deren Integration steigert sich von links nach rechts; die Schale weist in ihrer Form am vorderen wie am hinteren Rand dergestalt Öffnungen auf, dass die umgebende Fläche beziehungsweise der umgebende Raum hindurchfließen kann. Schon Cezanne, Anreger der Kubisten, hat diese Formverbindung im Flächenraum seiner Bilder »Passage« genannt.

Die Delmenhorster Rathaus-Anlage: Verbunden durch Arkadengänge und das Arkadenmotiv überhaupt – durch »Passagen« also – drei in ihrer Klarheit, Einfachheit und Strenge sehr unterschiedliche und gegensätzliche Baukörper. An dem einen Ende dieser Architekturanlage der von Quader und Rechteck und Quadrat bestimmte Wasserturm, an dem anderen Ende die von Zylinder und Kreis geprägte Markthalle, in der Mitte das von Prisma und Dreieck dominierte Rathaus. Unmittelbar hiermit vergleichbar haben auf ihrem gemeinsamen Weg in Richtung Kubismus auch die Maler Braque und Picasso am Anfang ihrer Bildkonstruktionen die Elementarformen der Geometrie verwendet. Die beiden Bilder von Braque und Picasso, »Häuser bei L`Estaque«, 1908, und »Das Staubecken von Horta de Ebro«, 1909, sind zeitgleich mit Konzeption und Baubeginn von Emmingmanns und Stoffregens Rathaus-Anlage. Es ging um die innige Verbindung der Dinge mit dem Raum, um ihre gegenseitige Durchdringung, es ging um die Aufhebung der Distanz zur Welt, um die Aufhebung der Trennung und Entfremdung zwischen Subjekt und Objekt. Mit den Formen der Geometrie und mit der »Passage« entwickelten Picasso und Braque in freiem und bewegtem Umgang mit ihren Motiven, meistens Stilleben, Schritt für Schritt in einem Prozess von mehr aktiver

als kontemplativer Natur eine neue, in sich offene und aufnahmebereite Bildstruktur. Die unterschiedlichsten Aspekte zeitlicher, räumlicher und sächlicher Art kann diese Struktur gleichzeitig in sich fassen. »Simultan« haben das die beiden Maler genannt.

Das gesamte Jahrhundert ist nicht nur in seiner Kunst von der Möglichkeit zu dieser Simultaneität inspiriert worden, sie ist in die allgemeine Geistigkeit gelangt, und sie ist weiterhin wirksam. Der dritte wesentliche Kubist, Juan Gris, der als solcher begann, als die beiden ersten die neue Bildsprache entwickelt hatten, äußerte einmal: »Kubismus ist nicht ein Stil oder eine Stilrichtung, sondern eine Geisteshaltung.«

Das Prinzip Collage entsteht. Es entstand durch die Sprengung der geschlossenen Homogenität des herkömmlichen Bildes, das in einheitlicher Raumkonstruktion und in einheitlicher Technik zu bestehen hatte. Die enge Zusammenarbeit von zwei Künstlern führte zu einer Struktur des Bildes, die grundsätzlich von der Spannung zwischen zwei Energien bestimmt geblieben ist, der Energie des Ganzen und der Energie des Bruchstücks und des Details. Das Ganze will die Bruchstücke und Einzelheiten koordinieren, die Bruchstücke drängen zur Ergänzung und zum Ganzen. In der Dynamik zwischen diesen Energien ist das Bild im Geist des Künstlers wie im Geist des Betrachters andauernd im Entstehen begriffen. Es ist ein permanenter Prozess. Das aktive Element ist stärker angesprochen als das

Die Delmenhorster Rathausanlage ■

kontemplative; angesichts der Fläche ist es aufgefordert, die Dimensionen des Raumes und der Zeit zu ergänzen. Man missversteht die Bilder des Kubismus, wenn man sie rein kontemplativ nimmt.

Für die Delmenhorster Rathaus-Anlage lieferte zunächst Emmingmann die in alle Richtungen offene und aufnahmebereite Raumstruktur. Stoffregen hatte sie zu übernehmen, um dahinein seine Gebäude einzufügen. Dieser Vorgang hat bereits collagehafte Züge: In ein Etwas kommt ein Ganz-Anderes, oder ein Etwas kommt mit einem Ganz-Anderen zusammen. Stoffregen löste die Bauglieder aus dem Block seiner Architektur und konnte sie nun an voneinander im Raum entfernte, neue Stellen setzen. Die Raumstruktur erhielt von ihm noch entschiedenere Betonung durch den – im Vergleich zu dem von Emmingmann – sehr langen Arkadengang zur Markthalle. Und diese Struktur wurde jetzt aufnahmefähig für sehr unterschiedliche und, sowohl in Form als in Material, gegensätzliche Dinge; für das Prinzip Collage, wie man sagen kann: Der im ersten Entwurf an der Südwestseite des Wasserturmes mit zwei kleinen Giebeln vorgesehene Erker als Übergangsform zur Höhe der Stadthäuser wurde jetzt mit der davorgesetzten Vorrichtung für Kletterübungen der Feuerwehrleute durch eigene Firsthöhe und zum Teil eigenes Material ein Bauglied für sich und collagehaft an den Wasserturm angefügt. In der im Rathausgebäude zitierten Schlossform kann man die Aufbewahrung der Erinnerung an die frühere Delmenhorster Geschichte sehen, insbesondere an das frühere Weserrenaissance-Schloss des 16./17. Jahrhunderts auf der Burginsel. Die Angliederung der Markthalle in ihrer ganz eigenen Form und Materialität wurde möglich. In Plänen von 1909 und 1912 war sie rechteckig vorgesehen, in einem Plan von 1914 noch oval; erst 1919 erhielt sie ihre kreisförmige Gestalt.

Fünf Jahre nach Fertigstellung des Ganzen, 1925, konnte in den Kontext das Ehrenmal

für die Kriegerehrung aufgenommen werden, gebaut aus dem gleichen Material wie der untere Zylinder der Markthalle, aber in neuer, zeitgenössischer Gestaltung. Ein ganz eigener, neuer Raum ergab sich. Doch Zentrum dieser collagehaften Züge ist das Zusammentreffen der symmetrischen Portalfassade des Rathauses mit den Marktplatz-Arkaden. Sozusagen als ein Schlag ins Gemüt, wenn auch vorbereitet und ausgeglichen durch die unterschiedliche Gestaltung der beiden Rathausflügel, entstand hier eine besonders eindringliche Form der Asymmetrie. Erst durch die Auseinandersetzung mit Emmingmanns Strukturplan konnten Stoffregens Gebäudepläne zu dieser dynamisch entfalteten, entschieden asymmetrischen Form kommen und dem umgebenden Raum in seiner Gesamtheit Gestalt geben. Man kann diese Auseinandersetzung als einen notwendig gewordenen Dialog zwischen zwei Architekten und als dialektischen Prozess bezeichnen. Dialogisch aktives Prinzip ist in der Bauanlage geblieben. Es spricht vor allem aus der Beziehung zwischen Stoffregens drei aus dem Ganzen jeweils als gegensätzlich herausragenden oder hervortretenden Baukörpern

Zuerst ist der Turm gebaut worden: Leitungswasser für alle in der Stadt, ein elementar republikanischer Anfang, sehr bald das Wahrzeichen der Stadt. Das Wasser muss für Stoffregen inspirierende Wirkung gehabt haben, denn der Turm ist entsprechend gestaltet. Oben geben an jeder Seite drei lange Fensterschlitze die Lage des Wasserbehälters an, kaum merklich, doch sichtbar, verjüngen sie sich nach unten, wirken zugleich als Gegenperspektive, und zusammen mit der Folge der weiteren Fenster weisen sie auf das herabkommende Wasser beziehungsweise auf seinen Druck. Am Fuß des Turmes nimmt das gewissermaßen «flüssige» Baumotiv Arkaden das Wasser sozusagen auf. Von hier aus ziehen sich Arkaden horizontal durch die ganze Bauanlage: Sie setzen sich in den Toren der Feuerwache fort, greifen als Gang bis unter das Rathaus, setzen auf der Marktplatzseite in

den Portal-Arkaden wieder ein und führen durch die Marktplatz-Arkaden, in denen sie ihren Höhepunkt haben und die an einen Aquädukt erinnern, bis in die Markthalle, wo dieses Baumotiv als Gewölbebogen ringsherum läuft. Man kann von einer fließenden Bewegung innerhalb des Ganzen sprechen, an dessen Enden und in dessen Mitte die ruhigen Pole der drei großen kubistischen Baukörper als deutliche Zeichen stehen. Will man die wesentlichen Züge der Rathaus-Anlage wahrnehmen, muss man sich innerhalb ihres Bereiches bewegen, um zum Beispiel auch die Durchlässigkeit und die beginnende Transparenz erfahren zu können. Wie in einem kubistischen Bild kann man sich hier bewegen.

Pablo Picasso (1881–1973), »Stilleben mit Flakon«, Zeichnung von 1909/10; »Das Starbecken von Horta de Ebro«, Öl auf Leinwand, 1909

131

Georges Braque (1882–1963), »Häuser in L'Estaque«, Öl auf LEinwand, 1908

Stoffregen konnte an dem vom Rathaus abgesetzten Standort seine Idee des Wasserturmbaus zur vollen Entfaltung bringen; er gewann dort auch die Voraussetzung für das Gelingen des Gesamtwerks. Der monolithisch geputzte quadratische Quader erhebt sich dort wie ein riesiger Grenzstein, indem er einerseits in der Achse der Bismarckstraße steht und andererseits den über hundertsechzig Meter tiefen Hans-Böckler-Platz beherrscht. Um die Beherrschung der Statik des Turmes zu demonstrieren, führen durch den Turmfuß zwei Arkadengänge; sie verbinden die Plätze. An Stelle einer offenen Turmflanke bereitet die mit Klinkerpfeilern und vier Arkadenreihen besetzte Steigerwand, waagerecht abgeschlossen vor den geputzten Giebel des Treppenaufganges geschichtet, als kubistisches Collageelement den Auftakt.

Das zweite Bauglied herausragender Höhe ist der Mittelbau des Rathauses. Um seinen Beitrag zur Architektur der Anlage zu erfassen, ist es wichtig, die Größenverhältnisse abzuklären: Die Giebelfront ist mehr als doppelt so hoch wie die dreigeschossigen Seitentrakte und erreicht sechzig Prozent der Wasserturmhöhe; das Giebelrechteck und das Giebeldreieck sind gleich hoch, sie sind jeweils schon höher als die Seitentrakte. Giebel sind zwar entgegenkommende und sich öffnende Gebilde, das Giebeldreieck schließt sich aber mit den Dachflächen zu einem Prisma zusammen, das, von Eckpfeilern gestützt, als Körper in Erscheinung tritt. Deutlich emporgehoben und profiliert, nehmen Dreieck und Prisma eine hervorragende Stellung ein.

Im Raum und nach Form und Inhalt dem Wasserturm entgegengesetzt, steht auch die Markthalle in der Sichtachse einer Straße, der östlichen Langen Straße. Die Rotunde ist in sich gekehrt; sind die Türen geschlossen, so fällt das Tageslicht vor allem über die hohe Lichtkrone in das Innere. Der geschlossene Klinkermantel birgt ein Geheimnis: das innen umlaufende Arkaden-Gewölbe. Der Rundbau gibt sich als Angelpunkt von Stadt und Kommune. Er leitet als Gelenk über die Marktplatz-Arkaden zu den weit gespannten rechtwinkligen Bezügen der Rathaus-Anlage, er eröffnet die Abfolge der freiräumlich wirkenden Zeichen von Markthallen-Zylinder, Rathaus-Prisma und Wasserturm-Quader.

Betritt man den Marktplatz, so gewinnt man einen großartigen Eindruck; er geht von dem perspektivischen Bild der Rathaus-Anlage aus. Das Urbild einer Stadt erscheint: Haus, Turm, Markt. Die bestimmenden Körper schälen sich heraus. Der Blick fällt auf den höchsten, den Wasserturm, der dank seines Standortes am äußersten rückwärtigen Flügel nun die Bildmitte einnehmen kann. Die Blickachse, links begleitet vom Rathaus-Giebeldach und rechts von der Markthalle, erweist sich als Richtschnur für die Wahrnehmung der ausgewogenen Gegensätzlichkeit der Baukörper. Die Formen und Materialien bestätigen einander, indem sie kontrastieren. Der Arkadengang bindet sie in das Gesamtwerk ein. Die konträren geometrischen Formungen verleihen jedem Körper ein eigenes geistiges Profil, und aus jedem dieser Körper sprechen Handlungsmaxime. Der Wasserturm: Das Quadratische ist die einfachste Form allseitiger Einpassung in städtische Verhältnisse. Der Turm ist das Zeichen für Recht und Ordnung, für das Selbstbewusstsein des Gemeinwesens, für die technische Zivilisation, für das Prinzip des Handelns. Das Rathausgiebel-Prisma: Der dreieckige Querschnitt konzentriert die Verhältnisse auf berechenbare Grundlagen. Das Prisma ist das Zeichen für die geistige Auseinandersetzung um das Wohl der Stadt, für faire Politik, für das Prinzip der Sachlichkeit. Die Markthalle: Der Kreis erfasst gleichmäßig und in großem Umfang Belange aller Art und bewahrt vor Übergriffen. Die Halle ist das Zeichen für Gleichheit und Brüderlichkeit, für Wohlfahrt und für den Vorrang des Gemeinwohls, für das Prinzip des Beschützens und des Bewahrens.

In der Entwicklung des Kubismus' unterscheidet man drei Phasen: Die frühkubistische, die bestimmt ist durch den Wechsel von der Betrachtung der Dinge im Raum aus einer Position von außen, aus der Distanz also, zum Umgang mit den Dingen im Raum selbst, aus der Nähe, und von der Besinnung auf das Elementare der Geometrie. Die analytische Phase, in der systematisch die Möglichkeiten der Fläche und der Geometrie für die Darstellung der Wechselbeziehungen zwischen Figur und Raum und Zeit untersucht und erprobt wurden, für das Figur-Raum-Zeit-Kontinuum, die Simultaneität. Schließlich die synthetische Phase, in der die neu gewonnenen Bildelemente und auch die Farbe wieder in ihrem ganzen Spektrum in die freie Verfügung genommen werden konnten. Die Farbigkeit war in den beiden ersten Phasen zugunsten der Konzentration auf die Formentwicklung reduziert worden. Auf diesem Weg wurde das Bild mehr und mehr als ein Ding eigener Art aufgefasst, das seine konkret objekthafte Existenz behauptete, um von hier aus seine Wirkung in alle Lebensbereiche hinein entfalten zu können, besonders in die Architektur.

Die Delmenhorster Rathaus-Anlage ist in der Zeit des Frühkubismus konzipiert und

*Fritz Stuckenberg (1881–1944), »Schwüle«, Öl
auf Leinwand, um 1919*

ARCHAISCHER TORSO APOLLOS

Wir kannten nicht sein unerhörtes Haupt,
darin die Augenäpfel reiften. Aber
sein Torso glüht noch wie ein Kandelaber,
in dem sein Schauen, nur zurückgeschraubt,

sich hält und glänzt. Sonst könnte nicht der Bug
der Brust dich blenden, und im leisen Drehen
der Lenden könnte nicht ein Lächeln gehen
zu jener Mitte, die die Zeugung trug.

Sonst stünde dieser Stein entstellt und kurz
unter der Schultern durchsichtigem Sturz
und flimmerte nicht so wie Raubtierfelle;

und bräche nicht aus allen seinen Rändern
aus wie ein Stern: denn da ist keine Stelle,
die dich nicht sieht. Du mußt dein Leben ändern.

Rainer Maria Rilke, 1907

begonnen worden; auch fertiggestellt und vollendet, ist sie von wesentlichen Grundzügen des Kubismus' geprägt. Ob und in welchem Maße der Architekt Stoffregen von den Vorgängen in Paris Kenntnis hatte, ist nicht bekannt. Der Kubismus lag, wie man so sagen kann, in der Luft, er war fällig geworden. Selbst Braque und Picasso waren unabhängig und ohne Kenntnis voneinander an den Anfang ihres dann gemeinsamen Weges vorgestoßen. Falls Stoffregen von diesen beiden Pionieren in Frankreich nichts gewusst haben sollte – von deren Anfängen hat er sicher nichts gewusst, doch der Kubismus und seine Ideen breiteten sich sofort wie ein Lauffeuer in ganz Europa und in aller Welt aus –, so wäre die Delmenhorster Architekturanlage ein selbständiger kubistischer Fall, parallel zu Paris.

In der Architektur bekam das Neue Bauen nach dem Ersten Weltkrieg entscheidende Anregungen durch die Ideen des Kubismus. Epoche machend wurde die Institution Bauhaus; in Weimar begonnen, bekam sie in Dessau ihren neuen Sitz. Zu ihren Lehrern gehörte von Anfang an Paul Klee: »Kunst gibt nicht das Sichtbare wieder, sondern macht sichtbar.« Möglicherweise ist die Erfüllung des Kubismus in Klees Lebenswerk zu erkennen. Braque und Picasso, zusammen mit Kirchner, haben Klee 1937 in Bern besucht und ihn möglicherweise so gesehen. Die Delmenhorster Rathaus-Anlage war damals durch die Fachliteratur in Architekturkreisen sicher bekannt, und man kann vermuten, dass auch Gropius sie gekannt hat und von ihr beeindruckt gewesen ist. Die Rathaus-Anlage war 1920 fertiggestellt,

1925 durch den Bau der Kriegerehrung vollendet.

Der Kern des Kubismus ist aktiv und fordert zur Aktivität auf. Besonders deutlich trat dies zuerst bei den Künstlern in Russland im Umkreis der Revolution und im DADA hervor; beide Bewegungen zielten ins Gesellschaftliche und Politische und richteten sich gegen alle Obrigkeit. Soweit hier Bildsprache gebraucht wurde, war sie weitgehend kubistisch; beide Bewegungen waren vom Prinzip Collage inspiriert. Auf der ersten DADA-Austellung in Berlin, 1919, war auch Fritz Stuckenberg mit seinen Bildern vertreten.

Die Eigenschaften symmetrisch, passiv und bequem kann man zwar nicht gleichsetzen, doch gibt es Entsprechungen zwischen ihnen und so auch Entsprechungen zwischen asymmetrisch, aktiv und unbequem. Die Delmenhorster Rathaus-Anlage in ihrer monumentalen Asymmetrie ist hoch aktiv, und der Kern ihrer Asymmetrie und Aktivität, er liegt an der Stelle, wo die Marktplatz-Arkaden an der Portalfassade des Rathauses ihren Ansatz haben beziehungsweise hatten.

Stoffregens erster Entwurf trug noch, außer durch die abgewandelte Grundform des barocken Schlosses, besonders in der Dreigliedrigkeit des Portals ausgesprochen monarchisch-hierarchische Züge: Die mittlere Arkade größer und etwas höher als die beiden flankierenden, alle drei wandgebunden. Auch für die Passage durch den Wasserturm war diese dreigliedrige Form vorgesehen. In seiner notwendigen Auseinandersetzung mit Emmingmann kam Stoffregen auch hier zu einer grundlegenden Änderung. Er entschied sich für vier gleich hohe Arkaden, deren Pfeiler mit selbständigem Charakter aus der Wand hervortreten und mit Trägerfiguren bekrönt sind. Angesichts einer solchen Änderung ist diese Lösung eine unmissverständlich egalitäre, demokratisch-republikanische Form. Und von hier aus, also von der vierten Portal-Arkade an, bewegt sich beziehungsweise bewegte sich

Die Delmenhorster Rathausanlage ◼

der seit 1955 fehlende Gang der Marktplatz-Arkaden in klarem Rhythmus auf die Stadt zu und integrierte Rathaus und Markthalle und Wasserturm in die Asymmetrie der gesamten Anlage. Hier hat die Asymmetrie ihre schärfste Zuspitzung und das Ganze seinen – heute brachliegenden – hochaktiven Kern.

Der Mensch sei von Natur aus bequem, sagt manche Erfahrung. In unserer Zeit würden Kultur und Kunst erst in einer Atmosphäre gedeihen, die mehr von Unbequemlichkeit, Aktivität und Asymmetrie bestimmt sei, sagt die heutige Ästhetik. Es gibt Leute in Delmenhorst, die im Wegfall der Marktplatz-Arkaden die Rückkehr des Rathauses zur Symmetrie sehen und schätzen, der Wiederaufbau würde doch nur eine – ganz und gar vermeintliche! – Symmetrie wieder stören. Manche sagen auch, das weiß doch keiner mehr. Ebenfalls gibt es hier Leute, die sagen, die Markthalle passe doch gar nicht mit dem Rathaus zusammen, das sei doch eine völlig andere Architektur. Es stammt das Ganze der Rathaus-Anlage samt Wasserturm, ehemaliger Feuerwache, Rathaus, Markthalle, verbindenden Arkadengängen und dem Ehrenmal zwar anfangs von zwei Architekten, dann aber schließlich von einem Architekten, Stoffregen, und das bis in alle Einzelheiten der Gestaltung, bis hin zu den Schreibtischen und Türklinken. Und dieses Ganze hat enorme Spannweite. Die Form obrigkeitlicher Herrschaft ist die Symmetrie; Asymmetrie dagegen ist die Form der Demokratie und der Republik. Demokratie ist bekanntlich unbequem.

Delmenhorst steht mit seiner Umgestaltung des Stadtzentrums vor einer bedeutsamen Aufgabe und vor bedeutsamen Entscheidungen. Zuerst kommt die dreißig Jahre brachliegende Markthalle an die Stadt zurück. Sie muss unbedingt wieder die »Halle für uns alle« werden und in der Verfügung unserer Stadt bleiben. Als Markthalle ist sie einmal gebaut worden. Doch jetzt, nach ihrem Dornröschenschlaf, besteht die große

Chance, dass aus ihr etwas ganz Neues wird: ein Forum, in dem wir Delmenhorster unsere Gesprächs- und Streitkultur, unsere demokratischen und republikanischen Fähigkeiten und unsere allgemeine Kultur überhaupt üben und entwickeln könnten und damit unser Selbstbewusstsein und unsere Identität.

Unabhängig von der Rückgewinnung der Markthalle gilt: Die Marktplatz-Arkaden gehören wieder aufgebaut! Aber auch, damit die Verbindung zwischen der Politik und der Verwaltung und einem solchen Bürgerforum »Neue Markthalle« hergestellt ist. Erst so kann die ganze gesellschaftliche, politische und ästhetische Spannweite unseres Stadtzentrums wieder deutlich werden und erkennbar sein. Für uns alle liegt dann darin die Aufforderung, dann täglich sichtbar, diese Spannweite zu erkennen und in uns selber zu entwickeln: Auch das für uns zunächst Unvereinbare, und dies schließlich ganz allgemein, miteinander zu vereinen. Die Rathaus-Anlage gehört uns allen!

Literatur:

- Karl Dillschneider, Das Delmenhorster Rathaus, Delmenhorst 1972

- Karl Dillschneider, Denkmalwerte Bauten in Delmenhorst, Delmenhorst 1977

- Nils Aschenbeck. Heinz Stoffregen 1879–1929. Architektur zwischen Tradition und Avantgarde, Braunschweig/Wiesbaden 1990

- Dolf Sternberger, Über Jugendstil, Hamburg 1956

- Gabriele Sterner, Jugendstil. Kunstformen zwischen Individualismus und Massengesellschaft, Köln 1975

- Daniel-Henry Kahnweiler, Der Weg zum Kubismus, Stuttgart 1958

- Edward Fry, Der Kubismus, Köln 1966

- Walter Hess, Dokumente zum Verständnis der modernen Malerei, Hamburg 1956

- Wolfgang Grözinger, Kinder kritzeln zeichnen malen, München 1961

- Werner Hofmann, Grundlagen der modernen Kunst, Stuttgart 1978

- Herta Wescher, Die Geschichte der Collage, Köln 1987

- Werner Busch/Peter Schmoock, Kunst. Die Geschichte ihrer Funktionen, Weinheim/Berlin 1987

- Wolfgang Welsch, Ästhetisches Denken, Stuttgart 1990

- Wolfgang Welsch, Grenzgänge der Ästhetik, Stuttgart 1996

- Giulio Carlo Argan, Die Kunst des 20. Jahrhunderts. 1880–1940, Berlin 1977

- Uwe Schneede, Die Geschichte der Kunst im 20. Jahrhundert, München 2001

Abbildungsverzeichnis

Norbert Gerdes, Oldenburg, 6, 8, 14, 34, 44, 58, 66, 88, 106, 122, 126
Staatsarchiv Bremen, 9, 15, 35, 45, 59, 60, 62, 63, 67, 89, 107, 123, 127
Stadtmuseum Münster, 10, 11
Stadtarchiv Delmenhorst, 11, 21, 22, 23, 24, 70, 93, 114
N. Aschenbeck, Delmenhorst, 13, 95, 97, 100, 103, 108, 110, 111, 113, 115, 116, 119, 128
Staatsarchiv Oldenburg, 20
Städt. Hochbauamt Delmenhorst, 28
U. M. Schute, Rathäuser zwischen Ems und Elbe, Oldenburg 1985, 38, 40
Stadtarchiv Wilhelmshaven, 42, 68, 71, 76, 77, 78, 79
Stadtmuseum Oldenburg, 41
M. Mende, Hannover, 46, 48, 49, 52, 53, 54, 57
Elmshäuser/Hoffmann/Manske (Hrsg.), Das Rathaus und der Roland auf dem Marktplatz in Bremen 2003, 65
Preuß. Messbildanstalt Berlin, 64
Ingolf Bauer (Hrsg.), Das Bayerische Nationalmuseum 1892-1900, München 2000, 64
Stadtmuseum Delmenhorst u.a. (Hrsg.), außen vor – der Backsteinbaumeister Fritz Höger 1877-1949, Oldenburg 1999, 65
C. Turtenwald, Melle, 72, 73, 75, 80, 81
Magistrat der Stadt Delmenhorst (Hrsg.), Delmenhorst (Deutschlands Städtebau), Berlin-Halensee 1930, 117, 118,
G. Kaldewei, Ganderkesee, 120
K. Dillschneider, Das Delmenhorster Rathaus (Delmenhorster Schriften Bd. 5), Delmenhorst, 1972, 129
Vitra Design Museum (Hrsg.), Mies van der Rohe, Möbel und Bauten in Stuttgart, Barcelona, Brno, Weil am Rhein 1998, 130
Ingo F. Walther (Hrsg.), Pablo Picasso 1881-1973, Band I, Werke 1890-1936, Köln 1991, 131
John Russel, G. Braque, Köln 1959, 132
A. Wandschneider/B. Alms (Hrsg.), Fritz Stuckenberg 1881-1944 Retrospektive, Berlin 1993, 133

Alle anderen Abb. Museen der Stadt Delmenhorst